PAISAGENS
NAS VEREDAS DA TRAVESSIA

Editora Appris Ltda.
1.ª Edição - Copyright© 2024 do autor
Direitos de Edição Reservados à Editora Appris Ltda.

Nenhuma parte desta obra poderá ser utilizada indevidamente, sem estar de acordo com a Lei nº 9.610/98. Se incorreções forem encontradas, serão de exclusiva responsabilidade de seus organizadores. Foi realizado o Depósito Legal na Fundação Biblioteca Nacional, de acordo com as Leis nos 10.994, de 14/12/2004, e 12.192, de 14/01/2010.

Catalogação na Fonte
Elaborado por: Josefina A. S. Guedes
Bibliotecária CRB 9/870

T266p
2024
	Teixeira, Faustino
	    Paisagens: nas veredas da travessia / Faustino Teixeira. – 1. ed. – Curitiba: Appris, 2024.
	    237 p. ; 23 cm. – (Coleção Ciências Sociais).
	
	    Inclui referências.
	    ISBN 978-65-250-6903-6
	
	    1. Diálogos. 2. Mística. 3. Literatura. 4. Canção. I. Teixeira, Faustino. II. Título. III. Série.
	
	                                                                    CDD – 800

Livro de acordo com a normalização técnica da ABNT

Appris
editora

Editora e Livraria Appris Ltda.
Av. Manoel Ribas, 2265 – Mercês
Curitiba/PR – CEP: 80810-002
Tel. (41) 3156 - 4731
www.editoraappris.com.br

Printed in Brazil
Impresso no Brasil

Faustino Teixeira

PAISAGENS
NAS VEREDAS DA TRAVESSIA

Appris editora

Curitiba, PR
2024

FICHA TÉCNICA

EDITORIAL	Augusto Coelho
	Sara C. de Andrade Coelho

COMITÊ EDITORIAL
- Ana El Achkar (Universo/RJ)
- Andréa Barbosa Gouveia (UFPR)
- Antonio Evangelista de Souza Netto (PUC-SP)
- Belinda Cunha (UFPB)
- **Délton Winter de Carvalho (FMP)**
- **Edson da Silva (UFVJM)**
- **Eliete Correia dos Santos (UEPB)**
- Erineu Foerste (Ufes)
- Fabiano Santos (UERJ-IESP)
- Francinete Fernandes de Sousa (UEPB)
- Francisco Carlos Duarte (PUCPR)
- Francisco de Assis (Fiam-Faam-SP-Brasil)
- Gláucia Figueiredo (UNIPAMPA/ UDELAR)
- Jacques de Lima Ferreira (UNOESC)
- Jean Carlos Gonçalves (UFPR)
- José Wálter Nunes (UnB)
- Junia de Vilhena (PUC-RIO)
- Lucas Mesquita (UNILA)
- Márcia Gonçalves (Unitau)
- Maria Aparecida Barbosa (USP)
- Maria Margarida de Andrade (Umack)
- **Marilda A. Behrens (PUCPR)**
- **Marília Andrade Torales Campos (UFPR)**
- Marli Caetano
- Patrícia L. Torres (PUCPR)
- Paula Costa Mosca Macedo (UNIFESP)
- Ramon Blanco (UNILA)
- Roberta Ecleide Kelly (NEPE)
- Roque Ismael da Costa Güllich (UFFS)
- Sergio Gomes (UFRJ)
- Tiago Gagliano Pinto Alberto (PUCPR)
- Toni Reis (UP)
- Valdomiro de Oliveira (UFPR)

SUPERVISORA EDITORIAL	Renata C. Lopes
REVISÃO	Ana Lúcia Wehr
DIAGRAMAÇÃO	Amélia Lopes
CAPA	Mateus Porfírio
REVISÃO DE PROVA	Bruna Santos

COMITÊ CIENTÍFICO DA COLEÇÃO CIÊNCIAS SOCIAIS

DIREÇÃO CIENTÍFICA Fabiano Santos (UERJ-IESP)

CONSULTORES
- Alícia Ferreira Gonçalves (UFPB)
- Artur Perrusi (UFPB)
- Carlos Xavier de Azevedo Netto (UFPB)
- Charles Pessanha (UFRJ)
- Flávio Munhoz Sofiati (UFG)
- Elisandro Pires Frigo (UFPR-Palotina)
- Gabriel Augusto Miranda Setti (UnB)
- **Helcimara de Souza Telles (UFMG)**
- Iraneide Soares da Silva (UFC-UFPI)
- João Feres Junior (Uerj)
- Jordão Horta Nunes (UFG)
- José Henrique Artigas de Godoy (UFPB)
- Josilene Pinheiro Mariz (UFCG)
- Leticia Andrade (UEMS)
- Luiz Gonzaga Teixeira (USP)
- Marcelo Almeida Peloggio (UFC)
- Maurício Novaes Souza (IF Sudeste-MG)
- Michelle Sato Frigo (UFPR-Palotina)
- Revalino Freitas (UFG)
- Simone Wolff (UEL)

Tenha paciência com tudo o que é insolúvel em seu coração e tente se afeiçoar às próprias questões como quartos trancados e como livros escritos numa língua desconhecida. Não busque agora as respostas; não lhe podem ser dadas porque não poderia vivê-las. E se trata de viver tudo. Viva agora as questões. Viva-as talvez aos poucos, sem notar, até chegar à resposta num dia distante.

(Rilke)

A amigos fundamentais que me acompanham com alegria nessa nova travessia existencial: Lou Grecca, Paula Oliveira, Maria José Amaral, Márcia Rivas, Carolina Duarte, Alexia Fernanda e Laine Amorim.

APRESENTAÇÃO

Paisagens de uma travessia

> *"O que é mais importante",* perguntou o grande Panda,
> *"a jornada ou o destino?"*
> *"A companhia",* disse o pequeno Dragão.
>
> (James Norbury, O grande Panda e o Pequeno Dragão)

Gosto de pensar a vida como uma viagem em que diferentes paisagens se apresentam. E como é rico e desafiador esse caminho! Devemos seguir viagem, percebendo a fluidez da vida, sempre em contínuo movimento. Herman Hesse pontua que a arte secreta da viagem está em apreciar plenamente tudo o que se encontra ao longo do percurso, e não apenas a destinação final. É preciso viver sorvendo cada passo do caminho, percebendo cada um deles como se fosse o destino e desfrutando das companhias nessa trajetória.

Tenho, há cerca de 50 anos, a alegria de partilhar essa viagem com o Dudu (Faustino), um companheiro que, se, por um lado, valoriza o cotidiano ordenado, metódico e previsível, por outro, tem dentro de si uma energia criativa, alegre, ousada e transgressora, que se traduz em uma busca de novos horizontes e de paisagens de uma rica diversidade. E um traço que o caracteriza é sua vontade de compartilhar essas paisagens.

O jovem de cabelos muito pretos e compridos e barba ainda rala que me impressionou por sua intensidade e sensibilidade ao apresentar uma palestra sobre "A coragem de ser", baseada no livro de Paul Tillich, foi me cativando. Nossa viagem teve início nesse encontro de vários grupos de jovens no Seminário da Floresta – JF. Eu vinha com o grupo de Volta Redonda, minha cidade natal. Acabara de ser aprovada no vestibular para o curso de Medicina e encantava-me encontrar pessoas, que, como eu, buscavam seu lugar na construção de um mundo melhor.

Durante todo o período de nossa formação universitária (1973-1978), em um cenário nacional de fechamento e perseguições, desfrutamos, nos feriados prolongados (Carnaval, Semana Santa, Independência e Proclamação da República), de um oásis, os encontros da Tropa, quando estudávamos os temas escolhidos e preparados por nós e partilhávamos nossa vida, nossos sonhos e nosso compromisso, com celebrações marcantes e muita música nas madrugadas (Dudu sempre presente com seu violão e sua voz única). Tenho viva na memória a expressão do Libânio, nosso mestre, que nos alertava para a experiência de eternidade contida naqueles momentos de intensa união, conosco, com os companheiros, com o mundo ao redor e com o divino. Nesse ambiente, de tanta amorosidade, muitos casais se formaram e seguiram viagem. Ainda hoje, esse grupo se reúne, agora ampliado pelas novas gerações.

Seguimos, Dudu e eu, juntos pela vida, e novas paisagens foram surgindo. Os anos no Rio, onde desfrutamos nossos primeiros anos de casados e acolhemos com muito amor o nascimento de Pedro e João. Vivíamos com intensidade a riqueza das CEBs. Entre aulas na PUC e Santa Úrsula, residência em Saúde Pública, aulas na faculdade de Medicina e o trabalho no Hospital de Curicica, Dudu finalizou seu mestrado com a dissertação sobre "a gênese das comunidades eclesiais de base no Brasil". Dali seguimos para a Itália, com a motivação principal do doutorado em Teologia na Universidade Gregoriana. João tinha 50 dias, e Pedro, 1 ano e 10 meses quando a família se reencontrou em Roma, pois Dudu partira um mês antes para preparar o novo ninho. Foi um tempo especial, de dedicação total ao estudo, à família e aos amigos e à descoberta do Velho Mundo. Atribuímos a esses quatro anos vividos entre Roma e Ladispoli (sem internet!) a rica oportunidade de nos conhecermos melhor e aprendermos a pactuar e a repactuar nossa convivência.

Novamente um período no Rio, onde redescobrimos um Brasil pós--movimento das Diretas Já. Dudu retomou as aulas e as assessorias às CEBs, e eu, após um breve período na Fiocruz, ingressei no Instituto Nacional do Câncer (INCa). A família, muito bem acolhida no seu retorno, se ampliou com a chegada do Tiago e do Daniel. Foram anos desafiadores e de muito aprendizado.

Sempre cuidamos do desafio de respeitar e incentivar a vocação e os sonhos de cada um, de assumir com alegria o cuidado dos filhos e da casa e de valorizar o tempo do casal. Temos, com avanços, paradas e recuos, mas sempre caminhando juntos, construído nossa paisagem.

Nossa jornada prosseguia, e a ideia de voltar para Juiz de Fora para acolher o desafio de construir um programa de pós-graduação em Ciência das Religiões na UFJF foi crescendo e ganhando apoiadores preciosos. Assim, após dois anos do Dudu trabalhando no Rio e em JF, simultaneamente, a família optou pela mudança para as terras mineiras, mais especificamente, para o Tiguera, um espaço privilegiado pela natureza e rico em memórias da família Couto Teixeira.

Dessa vez, nós, que sempre tivemos nossas vidas profissionais independentes, trabalharíamos em uma mesma instituição, a UFJF – uma mudança de perspectiva que me preocupava na ocasião, que se comprovou sem fundamento. Foi um tempo de muita dedicação aos projetos acadêmicos, agora em um contexto mais laico, em que a questão do diálogo inter-religioso despertou a necessidade de um tempo de aprofundamento. Nova jornada se apresentava com mais um período de Itália. Malas prontas, dessa vez com a família ampliada e o desafio de um pós-doutorado para o Dudu, de um doutorado-sanduíche para mim e, para os meninos, a experiência de viver em outro país.

Conviver com o Dudu é fácil e sempre estimulante. Penso que a palavra que o define melhor é entusiasmo. Está sempre vibrando com algo, que pode ser uma ideia, um livro, pessoas, objetos, filmes, viagens, projetos. O melhor é que gosta de partilhar suas paixões e descobertas. Tem consigo uma alegria genuína, que brota mesmo nas situações de risco e dor, como as que enfrentou recentemente devido ao transplante de medula óssea. Sabe valorizar o prazer das pequenas coisas e, com alma de jardineiro cuidadoso, acompanha o crescimento e o desabrochar de suas plantas. Algumas vezes o alerto para o risco de ficar ranzinza, pois é determinado e não gosta de mudar seus planos, mesmo quando os imprevistos da vida se apresentam. Mas devo reconhecer a importância desses projetos, que, embora, por vezes, sejam muito exigentes, o mantêm sempre vibrante e norteiam o seu caminho.

Há um contraste interessante entre nós nesse sentido. Sou também determinada e levo avante os projetos, mas danço mais no ritmo da vida, enquanto Dudu não gosta de dar chance aos imprevistos e se antecipa para que tudo aconteça da forma como planejou.

O momento atual traz o desafio das novas paisagens vividas por cada um de nossos filhos e suas famílias queridas. Procuramos estar sempre presentes, mas entendemos que o voo é de cada um. Nosso desejo é de poder acompanhar e aproveitar muito esse tempo especial que são os netos em nossa vida. Lis, Sergio, Caetano, Mel, Iara e José crescendo em sabedoria e graça.

Neste livro *Paisagens: nas veredas da travessia*, podemos perceber a trajetória dos últimos anos. Dudu divide conosco suas buscas e nos convida a viajar por diferentes paisagens que refletem suas paixões, suas inquietações e seus encantamentos. Inicia com uma convocação ao diálogo, pensado a partir da acolhida da diversidade e do pluralismo religioso entre os seres humanos e avança para um horizonte muito mais amplo, o da ecoantropologia relacional, em que esse "teólogo adaptado" se redescobre e se abre ao tema do diálogo interespécies, quando o "nós" incorpora todos os seres que habitam o ambiente em que vivemos. Questiona a excepcionalidade do humano e aponta para uma nova sensibilidade, a de habitar a terra, sem dominá-la ou submetê-la, mas instaurando laços de parentesco, de cuidado e de irmandade.

Em seguida, apresenta-nos novas paisagens que ressaltam os caminhos da mística, da literatura e da canção, a partir de textos tocantes que tem o poder de abrir nosso olhar e despertar nossa sensibilidade. Somos convidados a partilhar essa travessia, pois estamos sempre no caminho e a nos debruçar sobre a Vida no Amor. É um convite corajoso e sincero para buscarmos uma vida boa e nobre que contemple esse Outro ampliado.

Percorrer juntos tantos caminhos tem sido uma bênção e uma conquista cotidiana. Agradecemos sempre pelo dom da Vida e queremos estar atentos a apreciar cada etapa como um espetáculo sem repetição.

Ouvindo Riobaldo, em *Grande Sertão: Veredas*:

> *O correr da vida embrulha tudo,*
> *a vida é assim: esquenta e esfria,*
> *aperta e daí afrouxa,*
> *sossega e depois desinquieta.*
> *O que ela quer da gente é coragem.*
> *O que Deus quer é ver a gente*
> *aprendendo a ser capaz*
> *de ficar alegre a mais,*
> *no meio da alegria,*
> *e inda mais alegre*
> *ainda no meio da tristeza!*
> *A vida inventa!*
> *A gente principia as coisas,*
> *no não saber por que,*
> *e desde aí perde o poder de continuação*
> *porque a vida é mutirão de todos,*
> *por todos remexida e temperada.*
> *O mais importante e bonito, do mundo, é isto:*
> *que as pessoas não estão sempre iguais,*
> *ainda não foram terminadas,*

mas que elas vão sempre mudando.
Afinam ou desafinam. Verdade maior.
Viver é muito perigoso; e não é não.

Maria Teresa Bustamante Teixeira (Teita)

Professora da UFJF

PREFÁCIO

A conversão do olhar

O princípio de interpretação de uma obra, deve-se convir, reside na própria obra, mesmo quando a lemos, e sempre o fazemos, com o nosso olhar pessoal, educado por outras referências e perspectivas. Buscar as razões e perguntas do autor sem a ele impor as nossas próprias razões e perguntar parece ser um bom conselho hermenêutico, pois nos propicia aquela necessária "simpatia metodológica" sem a qual permanecemos aprisionados em nossas convicções e certezas sem nos deixarmos tocar pela fecundidade das dúvidas e a riqueza das alternativas.

No caso dos escritos de Faustino Teixeira, como a coletânea que o leitor tem em mãos, o que mais fascina é a diversidade temática motivada não pelo gosto do ecletismo, mas pelo aguilhão de uma busca incessante e faminta de horizontes cada vez mais amplos. Não é difícil perceber nos temas abordados o entrelaçamento da horizontalidade dos diálogos, exemplificada em textos como "Malhas da hospitalidade" e "A teia colaborativa do mundo invisível", e a verticalidade da mística, representada por Hildegarda de Bingen, São Tomás de Aquino e Charles de Foucauld. Deve-se advertir, contudo, que as expressões que eu acabei de usar – a horizontalidade dialógica e a verticalidade mística – podem suscitar o equívoco de contrapor duas experiências existenciais como se fossem diversas, antagônicas ou, até mesmo, excludentes, quando a mística ao nos silenciar os ruídos do egocentrismo nos convida ao encontro dos outros e ao abraço do mundo. Palavras como "malha", "teia", "acolhida" e "caminho" assinalam a natureza carnal de uma espiritualidade jamais confundida com o culto de um isolamento cioso de sua excepcionalidade. Ao contrário, os textos mostram como a vocação do "céu", imagem do acolhimento cósmico, não se faz em detrimento da "terra", da consciência do chão, habitado por múltiplas e invisíveis realidades. Não é de se estranhar, portanto, como céu e terra, visível e invisível, o maior e o menor, contemplação e ação, não se cristalizam em oposições fixas, mas convergem no concreto sensível, diria mesmo no sensível à flor da pele, como nos é dado pela literatura, pela música e pelo cinema.

Os muitos escritos sobre cinema deverão sair proximamente, mas, nesta coletânea, o autor oferece a sua leitura fina e intuitiva de Guimarães Rosa, Clarice Lispector e Graciliano Ramos, assim como a força poética das canções de Gilberto Gil, João Gilberto, Geraldo Vandré, Sinéad O'Connor e Os Mutantes. Sons, imagens e narrativas que testemunham os desafios, enigmas e encantamentos da existência, assim como os escritos de Faustino Teixeira testemunham uma vida de crescente abertura. Na introdução de um artigo recentemente publicado pela revista *Perspectiva Teológica*, ele retraça brevemente o seu itinerário.

A sólida formação filosófica e teológica, lastreada por seu doutorado na Universidade Gregoriana, não o enclausurou nos muros da academia. Ao contrário, sob a inspiração de um grande mestre, o padre jesuíta João Batista Libânio, e após ter realizado importante e abrangente pesquisa sobre as Comunidades Eclesiais de Base, Faustino não somente se comprometeu na assessoria de diversas instituições e movimentos da Igreja Católica, mas o fez com inequívoca opção ecumênica e firme compromisso com o diálogo inter-religioso. As condições para a efetivação desse "estar entre" não poderiam ser encontradas nas vias institucionais, quase sempre reiterativas de uma atitude defensiva, nem mesmo nas aproximações doutrinárias que, apesar de muitos méritos, podem se limitar às boas intenções e às abstrações intelectuais. A perspectiva que se lhe descortinou foi a da experiência viva, que residia na conversação indireta, mas surpreendentemente convergente das intuições místicas. Bom conhecedor da tradição mística ocidental, Faustino mergulhou, então, no estudo árduo, desafiante e compensador das místicas islâmica e budista. Para além de sua atuação como professor, pesquisador e fecundíssimo orientador de dissertações e teses na Universidade Federal de Juiz de Fora, ele fundou e foi a presença catalisadora dos seminários de mística, que, a partir de setembro de 2001, reuniram naquela cidade eminentes pesquisadores de todo país. Os participantes desses seminários apresentavam os resultados de suas pesquisas e submetiam a discussões que fluíam na fraternidade das diferenças. Os frutos foram abundantes, e não é aqui a ocasião de mencioná-los como numa sequência curricular, razão pela qual registro superficialmente apenas três títulos: *No limiar do mistério: mística e religião* (2004), *Nas teias da delicadeza. Itinerários místicos* (2006) e *Caminhos da mística* (2012). O último livro citado ilustra o largo espectro de interesses que animava os pesquisadores participantes dos seminários realizados em Juiz de Fora: da mística de Plotino à das beguinas medievais, de Mestre

Eckhart a Thomas Merton, de Simone Weil a Heidegger e à poesia moderna. O capítulo intitulado "Teilhard de Chardin e a epifania de deus no universo", escrito pelo próprio Faustino, se inicia com a seguinte epígrafe: *"Tempera-te na Matéria, Filho da Terra, banha-te em suas dobras ardentes, pois ela é a fonte e a juventude da tua vida"*. Nela, o grande paleontólogo e pensador jesuíta exalta a *"potência espiritual da matéria"*, reafirma *"sua apaixonada abertura ao mundo"* e a sua sensibilidade para com a "imensa música das coisas", expressões que bem caberiam na sempre retomada e renovada perquirição do autor nesta coletânea de textos.

A sua inteligência peregrinante não se conteve, no entanto, nos limites das grandes tradições religiosas e espirituais e se enveredou nas sendas da transdisciplinaridade. Esta mobiliza não apenas o espaço "inter" das diversas disciplinas científicas, mas, sobretudo por meio das contribuições essenciais da etnologia, nos dá acesso aos relatos e costumes dos povos nos quais o antropólogo imergiu e, assim, nos põe em contato com modos de perceber o ser humano, a natureza e suas relações inusitados na perspectiva do pensamento ocidental. A maneira mesma em que eu acabei de me expressar – relações entre a cultura humana e a natureza não humana – é portadora da tradição filosófica à qual eu pertenço e que é profundamente marcada pelo antropocentrismo moderno. Afinal, por que deveríamos separar a cultura humana, estudada pelas chamadas "ciências do espírito", e a natureza não humana, tomada como objeto das "ciências da natureza", se o espírito, como nos ensinam os místicos, tudo penetra, da poeira em que pisamos aos mais longínquos astros? Se, como ensina a maestria poética e sapiencial de Rumi, o amor enlouquecido convida todos os seres para a "dança cósmica"?

A aprendizagem dos místicos e dos antropólogos descortinou para o teólogo Faustino, em sua busca da epifania de Deus em todas as coisas, novas fronteiras ou, conforme o título do livro da antropóloga Anna Tsing, que o inspirou, novas "paisagens multiespécies" invisíveis do ruinoso promontório do Antropoceno.

Não poderia deixar de concluir estas poucas palavras prefaciais acerca de tão instigante trajetória de vida e pensamento sem uma nota pessoal. Eu conheci Faustino Teixeira quando ele, muito jovem, ainda era para nós o familiar "Dudu". Um estudante entusiasmado pelas discussões intelectuais e políticas da "Tropa", grupo de universitários que se encontravam para refletir, conversar e celebrar naqueles tempos de escuridão da ditadura militar. O "nosso Dudu" trazia em sua alegre presença não só o brilho de sua inteligência, mas a força de sua musicalidade que, na capela do seminário redentorista de Juiz de Fora, traduzia as nossas emoções em sua voz e seu violão. Chorávamos, então, o destino de um Brasil injusto e opressivo que punia os seus melhores filhos com a prisão, a tortura e o exílio. Não foi um choro vão, simples lamúria, porque, temperado pela esperança, desabrochou em tantas e tão ricas vocações, dentre as quais, a do "nosso Dudu", que se tornou Faustino Teixeira, professor e pesquisador exemplar e fecundo escritor que agora lança esta nova coletânea de textos. Sobre ela caberia ainda mais uma observação pessoal. Há alguns anos, o Faustino foi submetido a uma difícil cirurgia de transplante de medula, e muitos foram seus percalços e padecimentos. O sofrimento não pode ser eludido com palavras de fácil consolo. Foi uma dura travessia, mas uma travessia da qual emergiu com o olhar ainda mais ampliado, ainda mais sensível ao chão e mais aberto ao céu. Dessa conversão, forjada no indevassável do coração, talvez possamos dizer, com os belos versos de Rumi, traduzidos por seu amigo Marco Lucchesi:

Quando eu voltar ao mar absoluto,
Meus átomos irão resplandecer.
Eu ardo como a vela da paixão.
Hei de viver o instante para sempre.

Carlos Roberto Drawin

Professor da UFMG e da FAJE-BH

SUMÁRIO

INTRODUÇÃO 23

DIÁLOGOS
MALHAS DA HOSPITALIDADE 27
    Introdução 27
    1 Hospitalidade e diálogo 29
    2 Disposições para o diálogo 31
    3 O impacto da alteridade 32
    4 Novas malhas da hospitalidade 36
    5 Habitar espiritualmente a Terra 41
    Conclusão 43

A TEIA COLABORATIVA DO MUNDO INVISÍVEL 45
    Introdução 45
    1 A pegada do Antropoceno 47
    2 O excepcionalismo humano em questão 48
    3 A abertura para as "espécies companheiras" 50
    4 Novos caminhos com a virada vegetal 53
    5 A teia de vida sob os pés 56
    6 Caminhos colaborativos do mundo invisível 60
    7 O cuidado com a Casa Comum 62
    8 Provocações para a teologia 63
    Conclusão 67

MÍSTICA
**UMA MÍSTICA DE ACOLHIDA AO COSMOS:
HILDEGARDA DE BINGEN** 69
    Introdução 69
    O ato de falar numa ordem escriturária masculina 71
    Breves traços biográficos 72
    A trilogia visionária e o apoio redacional 75
    A peculiaridade de sua mística 77
    Outras obras de Hildegarda de Bingen 81
    Conclusão 83

A DIMENSÃO CONTEMPLATIVA DE TOMÁS DE AQUINO 85

CHARLES DE FOUCAULD E A IMERSÃO NA "INFINITA DELICADEZA" 97
Introdução 97
Um caminho singular de abertura. 98
A vocação de uma solidão sonora 102
A hospitalidade sagrada 104

LITERATURA
GRANDE SERTÃO: VEREDAS, UMA EPOPEIA METAFÍSICA 107

RIOBALDO E O ROTEIRO DE DEUS – *GRANDE SERTÃO: VEREDAS*... 123
O eixo central do livro 124
Riobaldo peregrino 125

A PULSAÇÃO DA VIDA: PERTO DO CORAÇÃO SELVAGEM 131

CLARICE LISPECTOR E O CHAMADO ANCESTRAL. 143
Introdução 143
Clarice e o apelo da animalidade e vegetalidade. 143
O mistério da coisa. 145
O chamado primordial. 148
Conclusão. 149

GRACILIANO RAMOS E OS PERSONAGENS DO DRAMA SOCIAL BRASILEIRO 151
Introdução 151
A reificação em São Bernardo. 153
Os sinais de ressurgência em Vidas Secas 155
Conclusão. 159

CANÇÃO

O MISTÉRIO NA TESSITURA DA VIDA: A ESPIRITUALIDADE DE GILBERTO GIL 161
- O amor pela vida 161
- O mundo espiritual 163
- A canção das coisas 172
- O sussurro do Deus Mu-dança 175

JOÃO GILBERTO E O ENIGMA DA BOSSA NOVA 179

GERALDO VANDRÉ E SEUS CANTOS DE AMOR 187
- Introdução 187
- O enigma Vandré 188
- O LP Geraldo Vandré – 1964 190
- O LP Hora de Lutar – 1965 192
- O LP 5 Anos de Canção – 1966 194
- O LP Canto Geral – 1968 197
- O LP Das Terras de Benvirá – 1973 202
- O retorno ao Brasil 205

A ARTE DE HERALDO DO MONTE 207

O CANTO MUTANTE QUE ENCANTOU O BRASIL 213
- Introdução 213
- No clima da tropicália 213
- A formação dos Mutantes 215
- A presença dos Mutantes nos festivais 217
- Os álbuns dos Mutantes 219
- Do salto no escuro a uma nova infância 223

CANTO DE DOR E BELEZA: A ARTE DE SÍNEAD O'CONNOR 227

INTRODUÇÃO

Estar aqui é esplendor.

(Rilke)

Depois que me aposentei na Universidade Federal de Juiz de Fora, em 2017, resolvi reunir em livro minhas pesquisas sobre a mística comparada das religiões, que tinha sido objeto de meus cursos no Programa de Pós-Graduação em Ciência da Religião. Durante mais de uma década, tinha-me dedicado ao tema, tendo, inclusive, criado a disciplina de Mística no mesmo programa. Foram, então, publicados três livros sintetizando o meu trabalho: *Malhas da mística cristã* (2019), *Mística islâmica. A dança da unidade* (2021) e *Mística Zen Budista* (2021). Foi o caminho que encontrei para poder deixar registrado um trabalho que foi tão prazeroso na universidade.

No plano da vida, ocorreram mudanças bem substantivas na minha visão de mundo depois da aposentadoria. Tomei a decisão de abordar temas que me cativavam e que não tive oportunidade de trabalhar com afinco enquanto estava atuando como professor da universidade. Resolvi dar um salto na minha reflexão, dedicando-me, a partir de então, ao estudo da literatura e mística, bem como a temas relacionados ao cinema. Foi uma transformação novidadeira na minha vida, que proporcionou novos focos de investigação e leitura, que resultaram num novo modo de ver o mundo. Pude também ampliar minha visão de diálogo, acrescentando, ao tema do diálogo inter-religioso, outras reflexões envolvendo o diálogo de espiritualidades e interconvicções, até chegar ao horizonte do diálogo interespécies.

No início do novo trajeto, passei por período bem delicado de saúde, tendo que me submeter a um transplante de medula óssea, em junho de 2020, o que resultou num longo período de recuperação, que ainda está em processo. No primeiro ano, envolveu difíceis e complexos procedimentos terapêuticos, que consegui superar com esforço, dedicação e uma excelente assistência, com a presença de um profissional fabuloso, Angelo Atalla, que coordenou a equipe do transplante e desde então vem me acompanhando com inigualável dedicação. Fui sempre envolvido por uma ciranda de orações vindas de toda parte.

Depois da fase mais difícil do transplante, comecei a me dedicar ao tema da literatura e do cinema, oferecendo cursos gratuitos no Instituto Humanitas da Unisinos (IHU). Pude percorrer as amplas obras de Guimarães Rosa, Clarice Lispector e Graciliano Ramos, com diversos cursos on-line enriquecidos pela presença de um corpo discente cativante e exemplar. Além desses cursos, pude também me dedicar ao comentário de filmes, também no IHU, sendo que muitos dos apresentados resultaram em artigos que reuni num caderno especial do IHU (Caderno Ideias).

O presente livro, *Paisagens: nas veredas da travessia*, é resultado desse momento vivido após o transplante e retrata de forma singular o novo caminho que foi tomando o meu olhar sobre o mundo. A maioria dos artigos inseridos na obra, com exceção de três, foi redigida após o transplante e traduz com fidelidade o meu novo momento reflexivo.

Escolhi este título em razão da diversidade de temas que a obra inclui, mas também por expressar um sentimento pessoal singular, bem sintonizado com as paisagens de nosso tempo. Escolhi abordar no livro quatro grandes temas, que se tornaram os capítulos dele.

Na abertura, inseri o tema que me acompanha há décadas e envolve a questão do diálogo. Inseri no **primeiro capítulo** dois artigos que sintetizam de certa forma o meu pensamento atual sobre o diálogo. Estão presentes nesse capítulo dois textos mais recentes: "Malhas da hospitalidade"[1] e "A teia colaborativa do mundo invisível"[2].

No **segundo capítulo**, apresento os textos mais recentes em torno da mística. No primeiro tópico, a mística da acolhida do cosmos, de Hildegarda de Bingen[3]; em seguida, uma reflexão sobre a dimensão contemplativa de Thomas de Aquino[4], bem como a mística de Charles de Foucauld, entendida como a imersão na "infinita delicadeza"[5].

No **terceiro capítulo**, recolho alguns dos textos que escrevi recentemente em torno do tema da literatura e mística. Em primeiro lugar, trago um ensaio sobre a epopeia metafísica em *Grande Sertão: Veredas* (GSV)[6].

---

[1] Disponível em: https://periodicos.pucminas.br/index.php/horizonte/article/view/P.2175-5841.2017v15n45p18.
[2] Disponível em: https://www.faje.edu.br/periodicos/index.php/perspectiva/article/view/5349.
[3] Disponível em: https://revistaeclesiasticabrasileira.itf.edu.br/reb/article/view/4740.
[4] Disponível em: https://www.ihu.unisinos.br/categorias/630580-a-dimensao-contemplativa-de-tomas-de-aquino.
[5] LOSSO, E.; BINGEMER, M.C.L.; REIS. M. (org.). **A mística e os místicos**. Petrópolis: Vozes, 2022.
[6] Disponível em: https://www.ihuonline.unisinos.br/artigo/7604-grande-sertao-veredas-uma-epopeia-metafisica.

Ainda sobre o GSV, um artigo sobre Riobaldo Tatarana e o roteiro de Deus[7]. Sobre Clarice Lispector, foram dois ensaios: "A pulsação da vida: Perto do coração selvagem"[8] e um artigo em torno da "Paixão Segundo GH: Clarice Lispector e o chamado ancestral"[9]. No fecho do capítulo, um ensaio sobre Graciliano Ramos[10].

Depois de trabalhar os temas de diálogo, mística e literatura, no **quarto capítulo,** busco apresentar alguns ensaios envolvendo a questão da canção, que igualmente está no meu radar de atenção em tempos recentes. No início, apresento um ensaio sobre a mística de Gilberto Gil e sua singular atenção ao mistério do cotidiano[11]; na sequência, busco refletir sobre o cancioneiro de João Gilberto e sua dinâmica minimalista, ao estilo dos koans da tradição zen[12]. A ocular se volta também para as canções de Geraldo Vandré[13], bem como para a presença de um de seus instrumentistas mais peculiares, Heraldo do Monte, do Quarteto Novo[14]. Não podia faltar uma palavra sobre Os Mutantes e sua presença no cenário musical brasileiro e tropicalista, com uma atenção especial à contribuição de Arnaldo Baptista. Por fim, trago um breve ensaio sobre uma das cantoras mais enigmáticas do tempo atual, cujos trabalhos envolvem a temática religiosa de forma bem peculiar, a irlandesa Sinéad O'Connor[15].

Aproveito, ao final, para agradecer as preciosas contribuições de minha companheira Teita, que fez a apresentação do livro, e ao amigo de antigas e novas jornadas, Carlos Drawin, que brindou o trabalho com um maravilhoso prefácio.

---

[7] Disponível em: https://www.vidapastoral.com.br/edicao/riobaldo-e-o-roteiro-de-deus-grande-sertao-veredas/.

[8] Publicado em: LISPECTOR, Clarice. **Perto do coração selvagem.** Rio de Janeiro: Rocco, 2022 (Edição com manuscritos e ensaios inéditos).

[9] Disponível em: https://www.vidapastoral.com.br/edicao/clarice-lispector-e-o-chamado-ancestral/.

[10] No prelo da revista **Vida Pastoral** (com publicação em 2024).

[11] Disponível em: https://www.ihuonline.unisinos.br/artigo/7309-o-misterio-na-tessitura-da-vida-a-espiritualidade-de-gilberto-gil.

[12] Disponível em: https://www.ihu.unisinos.br/categorias/605947-joao-gilberto-e-o-enigma-da-bossa-nova.

[13] Disponível em: https://periodicos.ufjf.br/index.php/numen/article/view/40265.

[14] Disponível em: https://www.ihu.unisinos.br/categorias/605948-a-arte-de-heraldo-do-monte.

[15] Disponível em: https://www.ihu.unisinos.br/categorias/632236-canto-de-dor-e-beleza-a-arte-de-sinead-o-connor-artigo-de-faustino-teixeira.

DIÁLOGOS

MALHAS DA HOSPITALIDADE

Introdução

O diálogo e a hospitalidade traduzem o desafio mais essencial nesse século XXI. Deixar-se hospedar pelo outro, com todos os desdobramentos aí envolvidos, é o caminho que se abre nesse tempo sombrio das afirmações identitárias e dos fundamentalismos nefastos. Para tanto, firma-se o passo do diálogo. Dizia com vigor o teólogo suíço Hans Küng, no final do século passado, que a paz no mundo implicava a paz entre as religiões, e que a paz entre as religiões era pressuposto para o diálogo entre as religiões[16]. Esse projeto de calor ecumênico veio assumido com empenho pelo papa Francisco. Em sua visita ao Brasil, em julho de 2013, assumiu seu papel protagônico nesse campo. Em discurso no Teatro Municipal do Rio de Janeiro, traduziu a convocação que o move: diálogo, diálogo, diálogo – a nobre palavra, repetida por três vezes, como forma de expressar o único caminho que se abre para o crescimento de uma sociedade e das pessoas. Estava lançado o seu projeto em favor de uma "cultura do encontro"[17]. Mais recentemente, em entrevista concedida ao jornal *El País*, volta a insistir no diálogo, num momento histórico sombrio, quando lideranças conservadoras vão assumindo a rédea de muitos países. Sublinha que, em tempos de crise, o discernimento tende a falhar. Busca-se, em várias partes, um "salvador" que resgate a identidade, protegendo as fronteiras com muros e arames farpados e realçando a diferença com os outros povos. O medo do terrorismo e dos atentados acaba provocando uma reação contra os estrangeiros, os diferentes, e suscitando o controle rígido das fronteiras. Francisco reconhece o direito desse controle, mas reage contra sua radicalização, insistindo no caminho

---

[16] KUNG, Hans. **Projeto de ética mundial**. Uma moral ecumênica em vista da sobrevivência humana. São Paulo: Paulinas, 1992, p. 7.

[17] PAPA FRANCISCO. **Palavras do Papa Francisco no Brasil**. São Paulo: Paulinas, 2013, p. 82-83.

do diálogo: "Nenhum país tem o direito de privar seus cidadãos do diálogo com os vizinhos"[18].

Na mesma linha dialogal, está o posicionamento do estudioso palestino, Edward Said, na sua contundente crítica à visão de Samuel Huntington, autor de polêmico artigo sobre o "choque das civilizações", publicado no verão de 1993. Foi a visão que predominou em determinados segmentos do mundo, indicando que as civilizações são homogêneas e monolíticas. Para Said, é um posicionamento que acaba mobilizando as paixões nacionalistas e seus frutos mortíferos. Ideólogos como Huntington acabam transformando as "civilizações" e "identidades" em algo que não são, ou seja:

> [...] entidades fechadas, lacradas, que foram expurgadas da miríade de correntes e contracorrentes que animam a história humana, e que ao longo dos séculos tornaram possível para essa história incluir não apenas guerras de religião e conquista imperial, mas também ser uma história de trocas, fertilização mútua e compartilhamento[19].

Quando se acentua o "choque de civilizações" ou culturas, apaga-se o traço silencioso, mas muitas vezes efetivo, do intercâmbio e diálogo que anima os povos em seu processo de afirmação. Como apontou Said, "as culturas são em geral mais naturalmente elas mesmas quando entram em parceria com outra"[20]. Esse empreendimento cooperativo se dá em vários setores, como na música e nas artes em geral. Trata-se de um espírito essencial, envolvendo a cooperação e o intercâmbio. É também um compromisso existencial, como expresso por buscadores singulares, entre os quais Louis Massignon e tantos outros, que fizeram de sua vida uma peregrinação no terreno da alteridade. Fora desse caminho, não há futuro promissor, mas apenas o bater estridente e superficial da defesa cega da cultura das particularidades contra todas as demais.

A acolhida da diversidade e do pluralismo não é algo simples ou natural, mas envolve um esforço e uma dedicação particulares. Abraçar o pluralismo como um valor é um dom presente entre alguns "virtuosos", pois a maioria das pessoas vive uma resistência surda ou ativa contra tal desafio, pois o mundo plural provoca nelas insegurança e temor. Nada mais complexo do

---

[18] PAPA FRANCISCO. O perigo em tempos de crise é buscar um salvador que nos devolva a identidade e nos defenda com muros. **El País**, 22 jan. 2017. Disponível em: http://brasil.elpais.com/brasil/2017/01/21/internacional/1485022162_846725.html. Acesso em: 04 fev. 2017.
[19] SAID, Edward W. **Cultura e política**. São Paulo: Boitempo, 2003, p. 43.
[20] SAID, Edward W. **Reflexões sobre o exílio e outros ensaios**. São Paulo: Companhia das Letras, 2003, p. 330.

que um "mundo confuso e cheio de possibilidades de interpretação", um mundo que abre diferentes possibilidades de vida[21].

A hospitalidade envolve uma gama de intrincadas relações e diz respeito à acolhida do outro e à aceitação da diferença. É um tema-chave na abordagem relacional entre os seres humanos. O objetivo proposto neste livro é reconhecer a força dessa dinâmica, mas indicar os novos desafios que envolvem esta temática, ampliando as cordas da hospitalidade, de modo a incluir o traço da interligação com toda a dinâmica da criação. Daí se falar em novas malhas da hospitalidade.

1 Hospitalidade e diálogo

Há uma relação mútua entre hospitalidade e diálogo. O diálogo requer hospitalidade. O diálogo está para além de uma mera coexistência, envolve o reconhecimento e o respeito pelas diferenças, bem como o lugar das convicções. Nas relações que se estabelecem entre os interlocutores, ocorre a busca de "um conhecimento mútuo e um recíproco enriquecimento"[22].

O diálogo verdadeiro envolve uma acolhida do pluralismo religioso[23]. Para tanto, busca-se superar a ideia limitada de que o pluralismo religioso é um fator negativo ou passageiro, fruto de uma compreensão equivocada da realidade ou de uma percepção maculada do religioso. É uma proposta que supera a visão tradicional e recorrente de que a religião particular é a única verdadeira e que as outras tradições não passam de expressões limitadas do divino ou, no máximo, de antecipações ou marcos de espera de uma verdade que não está a seu alcance. Semelhante perspectiva acaba por entender o pluralismo religioso como um dado de fato, contingente ou passageiro, a ser "aturado" ou dizimado pelo trabalho missionário. Em sua **Carta a um religioso**, Simone Weil expressou com clareza sua dificuldade em acatar tal perspectiva:

> A religião católica contém explicitamente verdades que outras religiões contêm implicitamente. Mas, reciprocamente, outras religiões contêm explicitamente verdades que só são implícitas no cristianismo. O mais instruído cristão ainda pode

---

[21] BERGER, Peter; LUCKMANN, Thomas. **Modernidade, pluralismo e crise de sentido.** A orientação do homem moderno. Petrópolis: Vozes, 2004, p. 54.

[22] PONTIFÍCIO Conselho para o Diálogo Inter-Religioso. **Diálogo e anúncio.** Petrópolis: Vozes, 199, p. 11.

[23] É extensa a bibliografia sobre o diálogo inter-religioso e o pluralismo religioso. Ver a respeito: TEIXEIRA, Faustino. **Cristianismo e diálogo inter-religioso.** São Paulo: Fonte Editorial, 2014.

aprender muito sobre as coisas divinas em outras tradições religiosas, embora a luz interior também possa fazer com que ele perceba tudo através da sua. Contudo, se essas outras tradições desaparecessem da superfície da Terra, seria uma perda irreparável. Os missionários já fizeram desaparecer demasiadas[24].

Para Simone Weil, o sentimento de respeito e acolhida das religiões era uma questão de honestidade e honradez. Sua abertura à beleza do mundo e à totalidade da criação envolvia a receptividade interreligiosa. Já anunciava, assim, em meados de 1950, um tema que ganharia presença na teologia posteriormente, com a abertura ao pluralismo de princípio ou de direito. Trata-se de um pluralismo acolhido por Deus em seu mistério, como expressão mesma de sua vontade, que "necessita da diversidade das culturas e das religiões para melhor manifestar as riquezas da Verdade última"[25]. Não há como apagar o mistério que habita na pluralidade dos caminhos que levam a Deus[26]. Há algo de irredutível e irrevogável nas religiões, que não pode ser sumariamente reduzido a um implícito cristão.

É verdade que as religiões como tais são envolvidas também por situações de ambiguidade e limitação. Há que manter sempre aceso o discernimento, reconhecendo que nem tudo que brilha nas religiões é fruto da graça[27]. Mas o caminho que se abre não é o de firmar simplesmente as diferenças, mas o de indicar a dignidade das singularidades e originalidades, e não simplesmente reiterar uma assimetria. É desconhecer e macular a extraordinária diversidade das tradições religiosas querer delas conservar como valor simplesmente o seu potencial de se abrir positivamente àquilo que ignoram[28]. Em sua exortação apostólica, *Evangelii Gaudium*, sobre o anúncio do evangelho no mundo atual, o papa Francisco sublinhou com ênfase que "a diversidade é bela", acolhendo assim esse campo novo e audaz de abertura ao pluralismo de princípio[29].

---

[24] WEIL, Simone. **Carta a um religioso**. Petrópolis: Vozes, 2016, p. 21-22.
[25] GEFFRÉ, Claude. **De Babel à Pentecôte**. Essais de théologie interreligieuse. Paris: Cerf, 2006, p. 137.
[26] GEFFRÉ, Claude. A crise da identidade cristã na era do pluralismo religioso. **Concilium**, Petrópolis, v. 311, n. 3, 2005, p. 21.
[27] PONTIFÍCIO Conselho para o Diálogo Inter-Religioso. **Diálogo e anúncio**, p. 23.
[28] DUQUOC, Christian. **O único Cristo**. A sinfonia adiada. São Paulo: Paulinas, 2008, p. 168.
[29] PAPA FRANCISCO. **Evangelii Gaudium**. A alegria do evangelho. São Paulo: Paulus/Loyola, 2013, p. 130.

2 Disposições para o diálogo

A acolhida inter-religiosa requer do sujeito um leque de disposições que são essenciais. Para que ocorra um diálogo autêntico, é necessário, em primeiro lugar, alimentar a vida com uma atitude de busca essencial e profunda; partir sempre animado pela convicção de que se está trilhando um caminho "em solo sagrado"[30]. O outro é portador de um "patrimônio religioso" que não pode ser relevado ou minimizado. A busca de um contato estreito e desarmado com o outro é também um requisito essencial:

> Uma justa avaliação das outras tradições religiosas supõe normalmente um estreito contato com elas [...]. Devemo-nos aproximar destas tradições com grande sensibilidade, porque encerram valores espirituais e humanos. Exigem respeito da nossa parte visto que, no curso dos séculos, deram testemunho dos esforços feitos para encontrar as respostas "aos mais árduos problemas da condição humana" (NA 1) e expressão à experiência religiosa e às expectativas de milhões de adeptos seus, e continuam a fazê-lo hoje[31].

Há que partir animado por esse "espírito do diálogo", que envolve uma atitude primeira de respeito e amizade. E ter o reconhecimento sincero do "valor da convicção religiosa" do outro, fundada numa experiência autêntica de revelação[32]. Como mostrou Christian Sevenaer, um dos mais singulares buscadores jesuítas, com longa atuação dialogal no Egito com os muçulmanos, o respeito ao outro é condição primeira, ou seja, o respeito pelas pessoas, por suas convicções de fé e suas tradições religiosas, reconhecendo que ali vivenciam o que há de mais precioso[33]. Esse clima espiritual deve circundar todos os passos do processo de abertura, com a disposição atenta para se colocar sempre em discussão. O diálogo não pode ser entendido como alavanca para outra coisa; não pode ser captado como passo para a evangelização. Na verdade, o diálogo "tem seu próprio valor", é autofinalizado, guarda um valor intrínseco. A razão do diálogo é o diálogo e como horizonte visado, "uma conversão mais profunda de todos para Deus"[34]. E isso sucede

---

[30] PANIKKAR, Raimon. Religion (Dialogo intrarreligioso). *In*: FLORISTAN, Casiano; TAMAYO, Juan José (ed.). **Conceptos fundamentales del cristianismo.** Madrid: Trotta, 1993, p.1149.
[31] PONTIFÍCIO Conselho para o Diálogo Inter-Religioso. **Diálogo e anúncio**, p. 13.
[32] TILLICH, Paul. **Le christianisme et les religions.** Paris: Aubier, 1968, p. 133.
[33] SEVENAER, Christian Van Nispen Tot. **Cristiani e musulmani:** fratelli davanti a Dio? Venezia: Marcianum Press, 2006, p.131.
[34] PONTIFÍCIO Conselho para o Diálogo Inter-Religioso. **Diálogo e anúncio**, p. 28.

em todas as formas de diálogo, seja no diálogo da vida, seja das obras, seja dos intercâmbios teológicos ou da experiência religiosa.

Ao lado da busca essencial, o diálogo requer igualmente uma atitude de humildade. A abertura ao outro exige esse desprendimento, essa consciência da contingência e da vulnerabilidade. Como indica Panikkar, "nenhum indivíduo, nenhum grupo humano, nem mesmo toda a humanidade vivente em dado momento da história pode encarnar a medida absoluta da verdade"[35]. Nada mais letal para o diálogo do que o sentimento de superioridade, de *hybris* arrogante ou de desprezo, ainda que escamoteado. O diálogo requer esse esvaziamento de si, essa *kenosis*, para poder deixar valer o outro, esse deslocamento essencial, essa abertura de coração.

Há também outra disposição importante, que envolve a simpatia e a atenção para com o outro. Há que se lançar ao outro, se expor ao seu enigma e mistério com a cuidadosa aplicação do espírito; estar atento e vigilante para se adentrar nas suas fronteiras, se sintonizar com a sua vida. Tem um toque de perigo e de risco nessa aventura, como bem descrito por Thomas Merton: "Quando as cordas são largadas e o barco já não está mais preso à terra, mas avança para o mar sem amarras, sem restrições! Não o mar da paixão, pelo contrário, o mar da pureza e do amor sem preocupações"[36]. Simone Weil falava da "virtude milagrosa da simpatia", caminho essencial para se adentrar no mundo interior do outro; e da atenção, como "a forma mais rara e mais pura da generosidade"[37]. Essas virtudes são essenciais para o conhecimento do outro a partir de dentro, quebrando as hierarquizações problemáticas. Ela dizia, com acerto, que "aquele que conhece o segredo dos corações é o único que conhece também o segredo das diferentes formas de fé"[38]. A atenção é porta de entrada para a hospitalidade.

3 O impacto da alteridade

A alteridade vem resguardada por um patrimônio de mistério que se revela a cada momento, deixando a todo tempo uma virtualidade a ser captada. Ela sempre desconcerta e seduz. Traduz, primeiramente, o mistério

---

[35] PANIKKAR, Raimon. **Dialogo interculturale e interreligioso.** Culture e religioni in dialogo tomo 2. Milano: Jaca Book, 2013, p. 149.
[36] HART, Patrick; MONTALDO, Jonathan (ed.). **Merton na intimidade.** Sua vida em seus diários. Rio de Janeiro: Fisus, 2001, p. 270.
[37] WEIL, Simone; BOUSQUET, Joë. **Corrispondenza.** Milano: SE SRL, 1994, p. 13, Ver também: WEIL, Simone. **A la espera de Dios.** 3. ed. Madrid: Trotta, 2000, p. 113.
[38] WEIL, Simone. **A la espera de Dios,** p. 113.

da maravilha, que é fascínio e admiração. É quando a alteridade se apresenta de maneira substantiva e se dá o impacto com o outro, com a sua inusitada e improgramável presença. É essa admiração que faculta o estupor e aciona uma provocação inédita de desarme e abertura. Em sua preleção sobre a metafísica, em 1929, Martin Heidegger sinaliza esse encontro com a "estranheza do ente". A admiração acontece justamente no momento em que essa estranheza acossa o sujeito, levando à indagação e ao porquê[39].

A presença do outro suscita não apenas maravilha, mas também agonia, na medida em que sua presença provoca desconcerto e um desvio do caminho seguro até então trilhado[40]. É a outra face da dinâmica da alteridade, que convoca à experiência do limite e da fronteira, de autoexposição ao mundo do outro. Os caminhos da hospitalidade envolvem também esse processo de agonia e estranhamento. Isso foi apontado com acerto pelo estudioso Alain Montandon, em precioso prefácio ao livro por ele organizado[41]. Para tratar do tema, parte de uma indagação feita por Ulisses na Odisseia, quando percorria os mares em aventuras que eram testes de hospitalidade. Quando chegava a uma nova praia, defrontava-se sempre com uma singular pergunta: "Vou encontrar brutos, selvagens sem justiça, ou homens hospitaleiros, tementes aos deuses?"[42]. A hospitalidade era, assim, um sinal de civilização e humanidade. Com base no clássico ensaio de Marcel Mauss sobre a dádiva, Montandon indica que a hospitalidade não se reduz simplesmente ao oferecimento de um abrigo ou repasto, mas se revela como um "fenômeno social total". O que se partilha "não são apenas bens de consumo, mas cortesias, banquetes, ritos, danças, festas"[43].

A hospitalidade tem início na soleira da porta, quando se dá o "embate" com o rosto de um desconhecido, de um estranho ou estrangeiro. Ali se coloca a delicada questão do "limite entre dois mundos", o de dentro e o de fora. Trata-se "da linha de demarcação de uma intrusão, pois a hospitalidade é intrusiva, ela comporta, querendo ou não, uma face de violência, de ruptura, de transgressão, até mesmo de hostilidade" (Montandon, 2011, p. 32). É o que Derrida chamou de "hostipitalidade", na medida em que essa dinâmica de encontro/embate sinaliza uma fronteira e mesmo uma ameaça. A hos-

---

[39] HEIDEGGER, Martin. **Que é metafísica ?**. São Paulo: Duas Cidades, 1969, p. 43.
[40] FORTE, Bruno. **Teologia in dialogo**. Milano: Raffaello Cortina, 1999, p. 61.
[41] MONTANDON, Alain (org.). **O livro da hospitalidade**. Acolhida do estrangeiro na história e nas culturas. São Paulo: Senac, 2011.
[42] HOMERO. Odisseia, XIII, vv. 200-202 *apud*. MONTANDON, 2011, p. 31.
[43] MONTANDON, Alain (org.). **O livro da hospitalidade**, p. 32.

pitalidade demarca um limiar, ou seja, uma linha que envolve transgressão, intrusão. Penetrar no domínio do outro:

> [...] é um problema tanto de proxêmica[44] quanto de propriedade. "Território é terra mais terror". Eis a questão do próprio, daquilo que constitui minha identidade no pertencimento a um território, a um espaço em que o outro é visto, de uma maneira ou de outra, como um intruso[45].

O território do outro vem resguardado por uma "sensibilidade escrupulosa". Há que bater devagar, com cuidado, na porta do outro. Entrar no novo circuito requer cautela, delicadeza e atenção. Há que manter despojamento e renunciar a se impor. O gesto da hospitalidade pressupõe romper resíduos de hostilidade sempre implicados nos atos que envolvem o encontro[46]. Isso não significa romper a distância, que permanece vigente: "O paradoxo do gesto hospitaleiro é o de dever oferecer preservando, de manter a distância instaurando uma presença"[47]. Não se trata apenas de uma "acolhida integradora", mas também de radical respeito à alteridade, que é irredutível e irrevogável. Na prática da hospitalidade, ocorre a transformação que implica uma dádiva de si.

Como condição essencial da hospitalidade, está o diálogo, o passo do eu ao nós, do exercício da amizade, que envolve a acolhida do outro na esfera da intimidade. Há no diálogo um singular exercício de ultrapassar fronteiras, de avançar para além dos limites de nossa finitude e contingência. O diálogo deixa sempre uma "marca" que é reveladora de um horizonte inaudito:

> O que perfaz um verdadeiro diálogo não é termos experimentado algo de novo, mas termos encontrado no outro algo que ainda não havíamos encontrado em nossa própria experiência de mundo [...]. O diálogo possui uma força transformadora. Onde um diálogo teve êxito ficou algo para nós e em nós que nos transformou. O diálogo possui, assim, uma grande proximidade com a amizade[48].

---

[44] Trata-se de um termo cunhado pelo antropólogo inglês Edward T. Hall para descrever o espaço pessoal de indivíduos num meio social. Diz respeito às distâncias físicas que as pessoas estabelecem espontaneamente entre si no convívio social, bem como às variações que podem ocorrer, dadas as mudanças sociais e culturais.

[45] MONTANDON, Alain (ed.). **O livro da hospitalidade**, p. 35.

[46] Curioso verificar que, na derivação etimológica de *hostes*, estão tanto o hóspede quanto o inimigo (*hospes/hostis*). Nesse sentido, "da hospitalidade à hostilidade há apenas um passo". O desafio dialogal é o de propiciar "relações de amizade no interior de uma relação suscetível de conter os germes de relações adversárias" (Haroche-Bouzinac, 2011, p. 1259).

[47] MONTANDON, Alain (ed.). **O livro da hospitalidade**, p. 35.

[48] GADAMER, Hans-Georg. **Verdade e Método II**. Petrópolis: Vozes, 2002, p. 247.

Não há caminho promissor senão por meio do diálogo, mesmo reconhecendo as dificuldades e tensões que marcam sua realização. É sempre "um tesouro precioso, uma zona de aventura, espanto e inquietação". É uma "zona de passagem", uma "cartografia inacabada", em que os interlocutores são convidados, mantendo sua identidade, a refletir sob nova luz. Deslocados de seu eixo, são direcionados a um novo ponto de luz e a um gesto solidário. No centro do diálogo, está a acolhida: "na beleza do rosto que contemplo, no olhar do outro que me indaga e me convida a mover os lábios"[49]. O diálogo é expressão viva da nobre virtude da hospitalidade. Ele requer a abertura das portas, do respiro aberto, do espaço luminoso. É condição essencial para uma cultura da paz.

O encontro com o outro não pode reduzir-se a um "rebuliço sonoro", mas deve envolver os corações e mentes num movimento de amizade e busca de compreensão mútua. Não são individualidades estanques e impenetráveis que se encontram, mas dois mundos que se envolvem, ainda que resguardando um mistério que é intransponível[50]. É a própria individualidade que é convocada a se expandir e se apropriar de novas possibilidades. Não é algo simples, pois envolve um embate interior, de remoção das entranhas para se deixar hospedar pelo diferente. Desse encontro novidadeiro, surge sempre algo de novo, uma marca diferencial.

Nesse imprescindível processo dialogal, os interlocutores entram com a alegria de suas convicções religiosas. Não se exige a abdicação das identidades para que esse processo se realize com êxito. Ao contrário, são as próprias autenticidade e sinceridade do diálogo que convocam os parceiros a embarcarem nessa travessia, mantendo viva a integralidade de sua própria fé[51]. Para exemplificar, o testemunho vivo do jesuíta e padre do deserto, Paolo dall'Oglio, quando provocado sobre a sua experiência de diálogo com os muçulmanos no deserto de Mar Musa (Síria). Indagado sobre seu itinerário, respondeu com tranquilidade: "Abrimo-nos profundamente à religião muçulmana e à sua civilização, em virtude da tranquilidade de nossa fé em Cristo, e não por uma dúvida a seu respeito"[52].

---

[49] LUCCHESI, Marco. Guerras de religião. **O GLOBO**, 03 dez. 2014. Disponível em: http://noblat.oglobo.globo.com/geral/noticia/2014/12/guerras-de-religiao.html. Acesso em: 4 fev. 2017.

[50] Rainer Maria Rilke abordou com precisão esse mistério/enigma que envolve o exercício do amor: "O amor de duas criaturas humanas talvez seja a tarefa mais difícil que nos foi imposta, a maior e última prova, a obra para a qual todas as outras são apenas uma preparação". Não há como apagar a "solidão" que permeia esse encontro. Há que saber lidar com ela: RILKE, Rainer Maria. **Cartas a um jovem poeta**. Rio de Janeiro: Globo, 2013, p. 54-55.

[51] TILLARD, Jean-Marie Roger. **Dialogare per non morire**. Bologna: EDB, 2000, p. 34. E também: PONTIFÍCIO Conselho para o Diálogo Inter-Religioso. **Diálogo e anúncio**, p. 32-33.

[52] LUCCHESI, Marco. **Os olhos do deserto**. Rio de Janeiro/São Paulo: Record, 2000, p. 57.

O diálogo pressupõe pertença e domiciliação, amor à própria identidade, mas uma identidade sempre em construção, aberta ao sussurro contínuo do plural. Uma das finalidades do diálogo é "o de poder viver a diferença de modo positivo, no respeito, na aceitação do outro assim como é, sem violência nem desprezo e sem dever esconder a diferença"[53].

4 Novas malhas da hospitalidade

As novas reflexões em torno da espiritualidade da criação indicam um caminho novo para o tema da hospitalidade. Não há como pensar o ser humano desligado de sua relação com o campo mais amplo. A antropologia requer uma cosmologia. Como mostrou Matthew Fox, "a história humana não pode ser separada da história planetária, da história galáxica, e de toda a história da criação que continua a desenvolver-se"[54]. O ser humano se define por sua relação com toda a criação, formando um parentesco que abre frestas singulares para a dinâmica de sua inserção no mundo. Em sua encíclica sobre o cuidado da casa comum, *Laudato si*, o papa Francisco realça essa sintonia: "Esquecemo-nos de que nós mesmos somos terra (*cf.* Gn 2,7). O nosso corpo é constituído pelos elementos do planeta; o seu ar permite-nos respirar, e a sua água vivifica-nos e restaura-nos"[55].

Pensar a hospitalidade e o diálogo, dentro desse novo quadro complexivo, envolve uma percepção nítida do que significa habitar a Terra. Entender agora o ser humano em sua relacionalidade mais radical, como um ser que se move e se articula e se deixa transformar. Tudo provoca um novo olhar: "Estar atento significa estar vivo para o mundo"[56]. E estar vivo é poder captar o "nexo singular de crescimento criativo"[57] do humano inserido no âmbito dos relacionamentos. A expressão "malha" é a que melhor traduz a nova situação. Considerando que a malha implica a textura de fios entrelaçados, essa percepção se aplica à vida, que igualmente perfaz uma trilha, ou fios que compõem o mundo habitado. A vida é pontuada por linhas entrelaçadas que formam uma malha.

Exercer a condição de ser humano é poder habitar a Terra, reinserindo-se na continuidade do mundo da vida. A textura do mundo envolve esse

---

[53] SEVENAER, Christian Van Nispen Tot. **Cristiani e musulmani**, p. 116.
[54] FOX, Matthew. **La spiritualità del creato**. Manuale di mistica ribelle. San Pietro in Cariano: Gabrielli, 2016, 31.
[55] PAPA FRANCISCO. **Laudato si**. Sobre o cuidado da casa comum. São Paulo: Paulinas, 2015, p. 3.
[56] INGOLD, TIM. **Estar vivo**. Ensaios sobre movimento, conhecimento e descrição. Petrópolis: Vozes, 2015, p. 13.
[57] *Ibidem*, p. 12.

entrelaçamento. Não se trata apenas de ocupar o mundo, mas de habitá-lo com sentido. E o mundo deixa de ser visto como um substrato inerte, em que os seres vivos se locomovem, mas como um mundo em movimento:

> Onde quer que haja vida, há movimento. Nem todo movimento, no entanto, indica vida. O movimento da vida é especificamente o de tornar-se, em vez do de ser, da incipiência da renovação ao longo de um caminho, em vez do da extensividade do deslocamento no espaço [...]. O sol está vivo devido à maneira como se move através do firmamento, mas também o estão as árvores, devido aos modos peculiares de seus ramos se moverem e suas folhas tremularem ao vento, e devido aos sons que emitem ao fazê-lo[58].

Essa percepção de um mundo em movimento, de um mundo "encantado", vem recuperar cosmologias antigas e primordiais, com os seus dons e inquietudes. Curioso verificar que o recurso a tais cosmologias vem sendo apontado por estudiosos da antropologia como um caminho importante para um novo modo de inserção na história[59]. A Carta da Terra pontua a importância do reconhecimento e da preservação dos conhecimentos tradicionais, bem como da sabedoria espiritual presente entre os povos das diversas culturas, como condição essencial para a proteção ambiental e o bem-estar humano[60].

Em sugestiva abordagem, Tim Ingold fala da singularidade da ontologia anímica, quebrando a imagem de que o mundo inanimado seja simplesmente uma superfície a ser ocupada. Na verdade, segundo tal ontologia, os seres vivos "fazem o seu caminho através de um mundo nascente, em vez de pela sua superfície pré-formada"[61]. O desafio maior está na capacidade de VER o mundo nessa perspectiva de vitalização, abrindo novas pontes para o pensamento. Isso significa reconectar o pensamento com a vida. A retomada de antigas cosmologias, entre as quais o animismo dos povos originários, suscita na prática uma "reanimação" da própria "tradição 'ocidental' de pensamento" [62].

---

[58] *Ibidem*, p. 122,

[59] LATOUR, Bruno. **Enquête sur les modes d'existence.** Une anthropologie des modernes. Paris: La Découverte, 2012, p. 452. Veja também Eduardo Viveiros de Castro, no prefácio de: KOPENAWA, Davi; ALBERT, Bruce. **A queda do céu.** 3 ed. São Paulo: Companhia das Letras, 2015, p. 35.

[60] BOFF, Leonardo. **Do iceberg à arca de Noé.** O nascimento de uma ética planetária. Rio de Janeiro: Garamond, 2002, p. 154.

[61] INGOLD, TIM. **Estar vivo**, p. 123.

[62] *Ibidem*, p. 126. Num dos preciosos trabalhos do mestre Dôgen, *Sansuikyô* (Montanhas e rios como sutras), ele assinala que as montanhas e os rios traduzem a presença do caminho primordial do despertar. Não captar o movimento das montanhas e rios é desconhecer a via. Colocar em dúvida a marcha das montanhas é desconhecer os passos da realização de si (Dogen, 2005, p. 103-104).

A atuação construtiva no mundo vem presidida pela habitação. O primeiro e essencial passo consiste em habitar o mundo. Só depois vem a atividade de construir. Trata-se da perspectiva da habitação. Não se pode, porém, circunscrever o acontecimento da habitação humana ao espaço antropocêntrico. Há que pensar o tema de forma mais arejada, envolvendo toda a criação. Talvez seja um dos limites do pensamento heideggeriano, como indica Ingold, na restrição da percepção do modo de habitar o mundo dos animais. Para Heidegger, os animais simplesmente existem no seu ambiente, mas "permanecem privados de um mundo"[63].

O que domina a visão tradicional, ainda muito vigente, é uma separação rígida entre a vida social humana e a natureza. Com a ecoantropologia relacional, rompe-se essa perspectiva e aponta-se para um horizonte distinto, pontuado pela dinâmica da tessitura e do entrelaçamento dos seres humanos com seu ambiente. A humanidade se insere num campo vivo de dignidades peculiares, como a animalidade, a plantidade, a vegetalidade e a mineralidade. Toda a esfera do vivente guarda um valor intrínseco, com seus direitos característicos. No âmbito dessa ocular, o diálogo e a hospitalidade ganham uma tessitura nova e abrangente.

A espécie humana se viu enredada numa dinâmica civilizatória mortífera, pautada pela exclusão e pela violência. E como eixo central, a ideia de excepcionalidade:

> Nós começamos por nos considerarmos especiais em relação aos outros seres vivos. Isso foi o primeiro passo para, em seguida, alguns de nós começar a se achar melhores do que os outros seres humanos. E nisso começou uma história maldita em que você vai cada vez excluindo mais. Você começou por excluir os outros seres vivos da esfera do mundo moral, tornando-os seres em relação aos quais você pode fazer qualquer coisa, porque eles não teriam alma. Esse é o primeiro passo para você achar que alguns seres humanos não eram tão humanos assim. O excepcionalismo humano é um processo de monopolização do valor. É o excepcionalismo humano, depois o excepcionalismo dos brancos, dos cristãos, dos ocidentais... Você vai excluindo, excluindo, excluindo... até acabar sozinho, se olhando no espelho da sua casa [64].

---

[63] INGOLD, TIM. **Estar vivo**, p. 36.
[64] BRUM, Eliane. Diálogos sobre o fim do mundo. **El país**, 29 set. 2014. Disponível em: http://brasil.elpais.com/brasil/2014/09/29/opinion/1412000283_365191.html. Acesso em: 3 fev. 2017. Trata-se de uma citação de Eduardo Viveiros de Castro, com base num pensamento de Lévi-Strauss.

É o chamado tempo do Antropoceno, quando o ser humano deixa de ser um agente biológico para se tornar uma força geológica, alterando radicalmente a paisagem do planeta e comprometendo sua própria existência e sobrevivência. Daí a urgência da superação do antropocentrismo, com todos os seus descaminhos. Uma mudança de rumo é possível, ainda que difícil. Na contramão do itinerário traçado pelos humanos, estão os terranos, os povos de Gaia, com seus sonhos e suas esperanças. Trata-se, porém, de uma tensão assimétrica, de uma "estranha guerra" cujo destino sombrio está quase definido[65].

O questionamento do antropocentrismo implica o redimensionamento do conceito de "nós", não mais restrito à esfera do humano[66]. O ambiente, como aquilo que circunda o organismo, passa a ter uma valência substantiva. Deixa de ser visto como a realidade para a qual olhamos, sendo percebido agora como "um mundo no qual vivemos"[67]. Trata-se de uma importante mudança de ocular, que reconfigura a tônica relacional; um passo importante para acolher o mundo da diversidade e ressignificar os conceitos de diálogo e hospitalidade.

A ampliação de perspectiva requer um novo olhar, ou, ainda melhor, uma nova atitude contemplativa sobre o mundo. Em reflexão singular, Octavio Paz fala do processo que acompanha a atitude diante do mundo natural, de um estranhamento inicial a um encantamento peculiar, quando se dá a percepção das malhas de conexão do humano com o seu ambiente:

> Diante do mar ou de uma montanha, perdidos entre as árvores de um bosque ou na entrada de um vale que se estende aos nossos pés, nossa primeira sensação é a da estranheza ou separação. Nós nos sentimos diversos. O mundo natural se apresenta como algo alheio, possuidor de uma existência própria. Esse distanciamento se transforma logo em hostilidade. Cada galho de árvore fala uma linguagem que não entendemos; em cada matagal dois olhos nos espiam; criaturas desconhecidas nos ameaçam ou escarnecem de nós. Também pode ocorrer o contrário: a natureza se recolhe em si mesma e o mar se enrola e desenrola à nossa frente, com indiferença;

---

[65] Na visão de Bruno Latour, nessa "guerra", os terranos estão com a causa perdida, dada a força da dinâmica antropocena: LATOUR, Bruno. **Enquête sur les modes d'existence**, p. 483. Os humanos são os modernos, e os terranos, os povos de Gaia: DANOWSKI, Débora; VIVEIROS DE CASTRO, Eduardo. **Há mundo por vir? Ensaio sobre os medos e os fins**. Florianópolis/São Paulo: Cultura e Barbárie/Instituto Socioambiental, 2014, p. 122.

[66] VIVEIROS DE CASTRO, Eduardo. **Encontros**. Rio de Janeiro: Azougue, 2008, p. 257.

[67] INGOLD, TIM. **Estar vivo**, p. 153.

as rochas se tornam ainda mais compactas e impenetráveis; o deserto mais vazio e insondável. Não somos nada diante de tanta existência fechada em si mesma. E desse sentir-nos nada passamos, se a contemplação se prolonga e o pânico não nos embarga, ao estado oposto: o ritmo do mar se adapta ao compasso do nosso sangue; o silêncio das pedras é o nosso próprio silêncio; andar nas areias é caminhar pela extensão da nossa consciência, ilimitada como elas; os sons do bosque nos aludem. Todos nós fazemos parte de tudo[68].

Isso é o que os povos originários captam com frequência natural. Uma das importantes lideranças indígenas brasileiras, Ailton Krenak, sublinha que a natureza é algo que existe e brilha em cada uma das células de seu corpo. Todo o entorno vem pontuado pelo toque da fragrância do mistério. Como ele assinala, o sagrado "pode ser tudo aquilo em que botamos os olhos, a depender dos olhos com que enxergamos o mundo"[69]. Não há por que ver nas montanhas apenas o seu potencial mineralógico ou nos rios o seu capital energético. Há que desvendar a dimensão de mistério que se esconde por trás de sua aparência superficial[70].

Firma-se, como essencial no novo século, a questão da relação dos humanos com a natureza. Não há como continuar acreditando que a natureza seja um mundo à parte, deslocada da vida social[71]. Os caminhos que se apresentam são outros, para além do antropocentrismo. O ser humano deixa de ser o "umbigo do mundo" para ser parte do vivente, uma "espécie de companhia", em que todos os seres da criação passam a ser considerados "parentes". E não só as coisas visíveis, mas também as invisíveis[72].

Abordando especificamente o tema da hospitalidade, com o foco na questão do animal, a pesquisadora Lucille Desblache reconhece na reflexão uma forma de ampliação da teia da acolhida. Ao alargar os canais de acolhida para criaturas não humanas, o que ocorre é uma abertura de horizontes para o entendimento do próprio ser humano, como nó de relações. A abordagem sobre os animais suscita uma nova compreensão dos humanos mesmos. Os animais "nos chamam a partilhar e a nos abrir a outros universos, a outras maneiras de pensar, outras linguagens, outras maneiras diferentes de ser"[73].

---

[68] Paz, Octavio. **O arco e a lira**. São Paulo: Cosac Naify, 2012, p. 160-161.
[69] KRENAK, Ailton. **Encontros**. Rio de Janeiro: Azougue, 2015, p. 83.
[70] *Ibidem*, p. 231-232.
[71] DESCOLA, Philippe. **L'ecologia degli altri**. L'antropologia e la questione della natura. Roma: Linaria, 2013. A edição brasileira: Para além de natureza e cultura. Niterói: EDUFF, 2023.
[72] FOX, Matthew. **La spiritualità del creato**. Manuale di mistica ribelle. San Pietro in Cariano: Gabrielli, 2016, p. 22.
[73] MONTANDON, Alain (ed.). **O livro da hospitalidade**, p. 1249.

Thomas Merton, com base em Rilke, chamou a atenção para a simplicidade do animal. Ele está "sempre em contato imediato com a vida", sem as interposições da consciência. Na sua espontaneidade, simplesmente vive. O seu movimento "é para a eternidade", sem nostalgia[74]. Outro aprendizado importante lançado para o ser humano é: viver simplesmente.

5 Habitar espiritualmente a Terra

A tomada de consciência de que tudo está interligado favorece a retomada do senso da maravilha, que é a única bússola que indica o polo do significado[75]. Há que se deixar tomar pelo estupor que move a consciência diante da textura do mundo e da dinâmica da vida. A espiritualidade é essa capacidade de celebrar a vida em profundidade. Ela aciona qualidades essenciais e potencialidades de abertura que procedem do espírito. É dela que se irradiam, com uma fragrância única, os toques singulares do amor desinteressado, da gratuidade, da atenção, da cortesia e da hospitalidade. São traços da dinâmica humana quando atuada em profundidade. A espiritualidade aciona o movimento desses valores fundamentais que são irradiados por todo canto. Deixar-se habitar pela espiritualidade é criar o espaço garantido e especial para a emergência de fragrâncias essenciais, que constituem a razão fundamental da existência.

Uma "nova reverência face à vida", eis o desafio que se apresenta a todos nesse século XXI. É a responsabilidade que envolve hoje todos os povos da Terra, em favor de outro mundo possível. Há que somar forças e unir corações numa comunidade global sintonizada com o cuidado da Terra e a afirmação da dignidade de todos. Como indica a Carta da Terra, "a escolha é nossa: formar uma aliança global para cuidar da Terra e uns dos outros, ou arriscar a nossa destruição e da diversidade da vida"[76].

O papa Francisco, na sua encíclica sobre o cuidado da casa comum, lançou algumas pistas importantes para essa espiritualidade ecológica. Assumir uma atitude de cuidado da ecologia pressupõe uma atenção ao mundo interior, à paz interior. É desse âmbito interior que procedem os valores

---

[74] CARDENAL, Ernesto. **Vida no amor**. Rio de Janeiro: Civilização Brasileira, 1979, p. 11 (Prefácio de Thomas Merton). Ver também: RILKE, Rainer Maria. **Elegias de Duíno**. 6. ed. São Paulo: Globo, 2013, p. 67.

[75] HESCHEL, Abraham Joshua. **L'uomo non è solo**. Milano: Mondadori, 2001, p. 29.

[76] BOFF, Leonardo. **Do iceberg à arca de Noé**. O nascimento de uma ética planetária. Rio de Janeiro: Garamond, 2002, p. 149. E também: KRENAK, Ailton. **Ideias para adiar o fim do mundo**. São Paulo: Companhia das Letras, 2019, p. 31.

essenciais, como a capacidade de admiração e a percepção da profunda interligação que irmana as criaturas. Cada uma delas tem o seu lugar, a sua função e dignidade, não podendo ser descartada como supérflua: "Todo o universo material é uma linguagem do amor de Deus, do seu carinho sem medida por nós. O solo, a água, as montanhas: tudo é carícia de Deus"[77].

A harmonia serena com a criação é fruto de um processo peculiar, de trabalho interior, que envolve simples gestos do cotidiano, favorecendo a quebra da lógica de domínio, exclusão ou violência. Da fonte interior secreta, a percepção viva de que o mistério está em toda parte: "há um mistério a contemplar em uma folha, em uma vereda, no orvalho, no rosto do pobre"[78]. É uma espiritualidade que retoma uma dimensão nova, receptiva e gratuita, de celebração do mundo da vida. Há uma dimensão espiritual que preside a ligação do ser humano com toda a criação. É um tema muito recorrente na visão da Igreja oriental antiga. Para os santos dessas comunidades, aqueles que são puros de coração são capazes de perceber nitidamente esses laços. O mundo inteiro, como lembra Massimo o Confessor (580-662), é uma "liturgia cósmica". A criação como um todo é um "livro sagrado"[79]. A relação com a Terra ganha, assim, uma dimensão mística e sacramental, daí o desafio singular de atenção e escuta ao ritmo do tempo, do silêncio necessário para ouvir o canto das coisas.

Essa nova sensibilidade espiritual vai envolvendo as tradições religiosas, na busca de um "ecumenismo" mais profundo. Como mostrou o monge vietnamita, Thich Nhat Hanh, os seres vivos estão entrelaçados na Terra. Ela não é simplesmente o ambiente em que se vive, mas um componente da trama existencial. Sublinha ainda que um dos motivos que provocam o medo, o ódio ou a raiva relaciona-se com a ideia que desvincula o ser humano da Terra e do planeta, bem como a visão antropocêntrica de que o sujeito é o centro referencial. O olhar despretensioso, purificado, capta outra perspectiva: "Quando vemos verdadeiramente que a Terra faz parte de nós, captamos algo de extraordinário. A Terra é viva"[80].

---

[77] PAPA FRANCISCO. **Laudato si.** Sobre o cuidado da casa comum. São Paulo: Paulinas, 2015, p. 68-69.
[78] *Ibidem*, p. 184.
[79] BARTHOLOMEUS I. **Nostra madre terra.** Magnano: Qiqajon, 2015, p. 34 e 51.
[80] TICH NHAT HANH. **Lettera d'amore alla madre terra.** Milano: Garzanti, 2016, p. 8.

Conclusão

A reflexão sobre a hospitalidade e o diálogo ganha um significado novo quando inserida nesse leque mais amplo da textura do mundo, da reverência à Terra. Não se trata de uma mera questão intersubjetiva, que envolve a provocação entre as religiões e espiritualidades. É algo mais radical, que suscita uma percepção de irmandade mais alargada. Dialogar é traçar um novo modo de ser com as espécies companheiras, na abertura incessante ao mistério maior que se revela a cada momento, nos espaços mais inusitados. Como sublinhou o compositor brasileiro, Gilberto Gil, o "Mistério sempre há de pintar por aí". Ele está por toda parte a convocar o olhar e a sensibilidade.

A perspectiva espiritual do habitar a Terra firma-se como decisiva nesse século XXI, apontando para um âmbito novo de vitalidade. Uma sensibilidade nova que pressupõe uma ruptura de paradigma. Não mais dominar e submeter a Terra e os seres da criação, mas instaurar laços de parentesco e irmandade. Cada criatura tem seu valor intrínseco, e nenhuma é supérflua. Na verdade, tudo está intimamente relacionado. As malhas do diálogo e da acolhida ganham, assim, um novo perfil. Na medida em que o ser humano cresce no mundo, é o mundo mesmo que cresce nele[81].

Mesmo reconhecendo as dificuldades que acompanham os que defendem um novo paradigma, os povos de Gaia, é preciso reconhecer que a sua luta é essencial para mudar a fisionomia do mundo, ou mesmo garantir a sua sobrevivência. Na manutenção do atual paradigma, defendido pelos humanos no Antropoceno, o risco maior é o da autodestruição e devastação da biodiversidade. No novo paradigma há uma sintonia mais fina com os ritmos da natureza e uma dinâmica de cortesia e cuidado com os seres criados, compreendidos como parceiros de uma aliança. O que ocorre é uma grande crise de civilização, em que "há gente de menos com mundo de mais e gente demais com mundos de menos"[82] A grande e decisiva questão que se coloca é: em que mundo se quer viver?[83]

---

[81] INGOLD, TIM. **Estar vivo**, p. 30.

[82] DANOWSKI, Débora; VIVEIROS DE CASTRO, Eduardo. **Há mundo por vir?**, p. 129.

[83] Recorrendo a uma citação de Bruno Latour, Viveiros de Castro sinaliza: "Para falarmos de maneira direta: alguns de nós estão se preparando para viver como Terranos no Antropoceno; outros decidiram permanecer como Humanos no Holoceno": DANOWSKI, Deborah; VIVEIROS DE CASTRO, Eduardo. **Há mundo por vir?**, p. 123.

A TEIA COLABORATIVA DO MUNDO INVISÍVEL

Introdução

Venho trabalhando há décadas a questão do diálogo inter-religioso. É um dos temas candentes neste primórdio do século XXI. Inúmeros e ricos estudos e trabalhos foram desenvolvidos em torno do tema. Com o tempo, fui me dando conta de que a questão do diálogo era ainda mais ampla que a do diálogo entre as religiões. Ampliei minha reflexão para abrigar os temas do diálogo entre espiritualidades, mas percebi que ainda apresentava restrições. Avancei para o tema do diálogo interconvicções, de modo a poder incluir no debate aqueles que não se entendem como religiosos, mas estão igualmente em cena quando se trata de dialogar. E agora, nos anos mais recentes, fui percebendo, com a ajuda de cientistas de várias áreas das ciências humanas e biológicas, um passo que se mostra ainda mais radical e inclusivo, que é o tema do diálogo interespécies. Para tanto, foi essencial a pista aberta pela antropóloga americana Anna L. Tsing, nascida em 1952. Foi uma luz que se abriu na minha mente, desvendando caminhos novidadeiros para a minha pesquisa de "teólogo adaptado", que busca entender a reflexão teológica como ampliação das malhas de entendimento, tendo em vista os novos sinais dos tempos. O livro que abriu novas veredas foi Viver nas ruínas: paisagens multiespécies no Antropoceno, publicado no Brasil, em 2019[84]. Um dos focos centrais apontados pela autora indica o essencial horizonte de habitabilidades interespécies, como uma forma precisa de ampliar o repertório de "pessoas" no diálogo, de forma a incluir também outros seres vivos[85]. Assim, o diálogo ganha a sua beleza maior, pois recupera a dignidade da diferença em sua devida amplitude, quando o "nós" em questão incorpora os seres que habitam o ambiente em que vivemos[86].

O diálogo, em todas as suas malhas, se torna um imperativo nevrálgico para um horizonte distinto. O historiador britânico Eric Hobsbawm concluiu o seu livro Era dos Extremos com a palavra "escuridão", a fim de mostrar o quão violento foi o "breve século XX", um dos mais catastróficos

---

[84] TSING, A. L. **Viver nas ruínas**: paisagens multiespécies no Antropoceno. Brasília: IEB Mil Folhas, 2019.
[85] *Ibidem*, p. 228.
[86] VIVEIROS DE CASTRO, E. **Encontros**. Rio de Janeiro: Azougue, 2007, p. 256-257.

de que se tem registro[87]. O século XXI não mostrou sinais de mudança, e, em obra posterior, o historiador sinalizou que o novo século começou na mesma linha de deterioração, "com crepúsculo e obscuridade", exigindo uma atuação rigorosa e profética daqueles que almejam uma mudança substantiva no rumo das coisas, pois "o mundo não vai melhorar sozinho"[88].

A situação mundial se agrava ainda mais com a afirmação agressiva da perturbação humana sobre a Terra, envolvendo um novo ciclo geológico, que se segue ao Holoceno. Esse ciclo, que vem sendo nomeado como Antropoceno, marca um fim de epocalidade e indica a presença desastrosa do humano sobre a Terra. Os sinais problemáticos são percebidos e sentidos com o agravamento da mudança climática, da erosão da biodiversidade, da poluição atmosférica, da devastação das florestas e da deterioração do solo, das crises sanitárias, da explosão das desigualdades e dos movimentos migratórios impactantes[89].

As transformações impostas pelo ser humano no Antropoceno são impressionantes, de intensidade jamais vista, e produzem profunda inquietação em todos[90]. O futuro se ameaça hostil caso não se processe uma rápida transformação nas condições que provocam e acirram o novo regime climático instalado. O desafio maior se relaciona ao imperativo de mudanças substanciais para reverter as condições de habitabilidade na Terra. Habitar é simplesmente favorecer a inserção saudável do ser humano e dos outros seres no "interior da continuidade do mundo da vida"[91]. Habitar de forma distinta o planeta é convocar a uma nova reverência[92], respeito e cuidado com o ambiente onde estamos inseridos. Estamos todos envolvidos, emaranhados na textura do mundo, em profunda inter-relação nem sempre percebida e destacada.

O diálogo envolve o deixar-se hospedar pelo outro, o que requer um ritmo de atenção singular, além de um profundo mergulho no sensível, no que está aí, bem diante dos nossos olhos, e que nos escapa continuamente. Trata-se de acionar uma atenção inovadora, tão bem definida por Simone

---

[87] HOBSBAWM, E. **Era dos extremos**. O breve século XX (1914-1991). São Paulo: Companhia das Letras, 1995, p, 22 e 562.

[88] HOBSBAWM, E. **Tempos interessantes**. Uma vida no século XX. Rio de Janeiro: Forense Universitária, 2002, p. 448 e 455.

[89] GEMENE, F.; RANKOVIC, A. (ed.). **Atlas de L'Anthropocène**. Paris: Presses de Sciences, 2019.

[90] *Ibidem*, p. 18.

[91] INGOLD, T. **Estar vivo**. Ensaios sobre movimento, conhecimento e descrição. Petrópolis: Vozes, 2015, p. 26.

[92] KRENAK, A. **Ideias para adiar o fim do mundo**. São Paulo: Companhia das Letras, 2019, p. 31. E também: PAPA FRANCISCO. **Carta encíclica Laudato si**. Sobre o cuidado da casa comum. São Paulo: Paulinas, 2015, p. 166.

Weil como "a forma mais rara e mais pura da generosidade"[93]. O caminho não é sinuoso, mas indica, simplesmente, uma atenção particular: manter os olhos e ouvidos despertos para captar o canto das coisas, "observar os seus movimentos e escutar os seus sons, flagrar o mundo em ação"[94]. Isso significa reconhecer que:

> [...] o mundo é uma grande rede, é um todo único, e não existe nada que esteja isolado. Cada fragmento do mundo, até o menor deles, está interligado com os outros através de um complexo cosmos de correspondência, onde uma mente simplória dificilmente penetra[95].

1 A pegada do Antropoceno

O Antropoceno é a expressão patente da pegada humana sobre a Terra, da "bagunça" que esses seres implantaram com sua gana de domínio sobre o Planeta, transformando e maculando as fundamentais condições ecológicas de permanência e sobrevivência dos seres vivos. Com ele, inaugura-se um ciclo de perturbação humana, com a irradiação necrófila do terror e a crise de habitabilidade. O mundo agora vive sob ameaça contínua, no fio da navalha. No novo regime climático, irradiam-se eventos extremos e aterradores, como a explosão das desigualdades, as migrações forçadas, a devastação das florestas, a perda da biodiversidade, a extinção crescente de espécies animais e vegetais. E outras graves ameaças já se anunciam com a degradação e a falta de água doce, a acidificação dos oceanos e as transformações no uso do solo[96].

A mudança climática em curso traz graves consequências. É uma preocupação que vem sendo acionada por órgãos de controle mundial. Num estudo de 2017, estimou-se que:

> [...] mesmo se conseguíssemos, até meados do século, limitar o aumento médio da temperatura a apenas 2°C em comparação ao nível pré-industrial – uma perspectiva quase impossível nos dias de hoje –, o número de mortes nas cidades ultrapassaria 350 milhões devido unicamente aos efeitos das ondas de calor[97].

---

[93] WEIL, S.; BOUSQUET, J. **Corrispondenza**. Milano: SE SRL, 1994, p. 13.
[94] INGOLD, T. **Antropologia**. Para que serve? Petrópolis: Vozes, 2019, p. 17.
[95] TOKARCZUK, O. **Sobre os ossos dos mortos**. São Paulo: Todavia, 2019, p. 59.
[96] DANOWSKI, Débora; VIVEIROS DE CASTRO, Eduardo. **Há mundo por vir?** p. 20-21.
[97] MANCUSO, S. **A planta do mundo**. São Paulo: Ubu, 2021, p. 62-63.

Não estamos apenas diante de um novo regime climático, mas também de uma crise ecológica sem comparação e, ainda mais, uma crise de civilização. É a diversidade mesma que vem sendo colocada em questão com as políticas de crescimento implantadas. A paisagem do planeta vem sendo alterada, e o risco de extinção de povos inteiros já se anuncia. O diagnóstico apontado por Lévi-Strauss em *Tristes Trópicos* torna-se cada vez mais evidente: "O mundo começou sem o homem e se concluirá sem ele"[98].

Diante desse crescimento ilimitado e dessa sede de poder do homem-humano, não há futuro alvissareiro possível. O que se vislumbra é um "nós" cada vez mais privado de mundo e uma "humanidade desmundanizada ou desambientada"[99]. Não há muito o que oferecer aos que virão, às crianças que crescem sem muitas perspectivas[100]. Com efeito, estamos diante de um tempo de precariedade, de perturbação. É preciso, porém, reconhecer que nesse tempo difícil, de ruínas, ocorrem também emergências que facultam a esperança. Mesmo num espaço pontuado por "diversidade contaminada", vislumbram-se "gestos barreira"[101], centelhas ou brechas alvissareiras, indicando a possibilidade de artimanhas de resiliência e sobrevivência[102].

2 O excepcionalismo humano em questão

No importante debate em torno do tema da inter-relação do humano com os outros animais e seres não humanos, coloca-se em questão a tradicional ideia do excepcionalismo humano, que tem provocado muitas interrogações e dúvidas extremamente pertinentes. Em salutar debate acadêmico, autores reconhecidos buscam "redimensionar o lugar do humano em sua relação ao mesmo tempo amorosa e conflituosa com as alteridades que o cercam e o constituem como de fato humano"[103]. Com os estudos multidisciplinares em curso, revelou-se cada vez mais caduca a ideia de concentrar a perfeição e a maturidade exclusivamente no ser humano, como se tudo que

---

[98] LÉVI-STRAUSS, C. **Tristes Trópicos**. São Paulo: Companhia das Letras, 1996, p. 390.
[99] DANOWSKI, D.; VIVEIROS DE CASTRO, E. **Há mundo por vir?**, p. 34.
[100] PAPA FRANCISCO. **Carta encíclica Laudato si**. Sobre o cuidado da casa comum. São Paulo: Paulinas, 2015, p. 130.
[101] LATOUR, Bruno. **Onde aterrar?** Como se orientar politicamente no Antropoceno. Rio de Janeiro: Bazar do Tempo, 2020, p. 131.
[102] TSING, A. L. **Viver nas ruínas**: paisagens multiespécies no Antropoceno. Brasília: IEB Mil Folhas, 2019, p. 23.
[103] NASCIMENTO, E. **O pensamento vegetal**. Rio de Janeiro: Civilização Brasileira, 202, p. 21.

o precedesse fosse apenas uma preparação para a sua silhueta, considerada o destino de toda da criação[104].

As reflexões tecidas no campo da antropologia foram decisivas nesse questionamento, com a busca de superação da problemática cisão entre cultura e natureza, presente no pensamento ocidental. Lévi-Strauss teve um papel singular e pioneiro na quebra dessa barreira. Para ele,

> [...] a separação do homem de sua matriz natural, bem como sua promoção a um lugar definitivo da verdade, fundam historicamente um humanismo pervertido, que, instalando fronteiras entre a humanidade e o resto do vivo (reinos animal e vegetal), inaugurou um "ciclo maldito": aquele que, com a ajuda da "mesma fronteira constantemente recuada, serviria para afastar os homens de outros homens"[105].

A cisão instaurada acabou justificando um "humanismo sem restrição e sem limites", guiado por uma duvidosa perspectiva teleológica, que acabou provocando tantas violências no campo histórico e social. As relações de interdependência foram ganhando relevo com os estudos voltados para uma visada mais holística, como no exemplo da retomada do valor do animismo indígena empreendido por Philippe Descola e outros[106]. A antropologia foi pioneira nesse trabalho da defesa da diversidade cultural, bem como na dinâmica que levou à complexificação da ideia de humanidade[107]. Trata-se de um sadio movimento de avançar para além do humano[108], situando-o, com justeza, como parte do vivente, e não seu eixo centralizador. Considerar os seres humanos como protagonistas da história não constitui apenas um preconceito ordinário, mas uma visão que defende "uma agenda cultural atrelada ao sonho do progresso pela modernização"[109]. Na verdade, "existem outros modos de fazer mundos"[110].

A crença no excepcionalismo humano traduz igualmente uma perigosa arrogância, com frutos problemáticos. Impõe-se mais do que nunca muita humildade e consciência da vulnerabilidade. Tem razão Ailton Krenak, ao

---

[104] COCCIA, E. **Metamorfoses**. Rio de Janeiro: Dantes, 2020, p. 18.
[105] LOYER, E. **Lévi-Strauss**. São Paulo: Edições Sesc, 2018, p. 560. Ver ainda: DESCOLA, P. **L'ecologia degli altri**. L'antropologia e la questione della natura. Roma: Linaria, 2013, p. 97.
[106] DESCOLA, P. **Oltre natura e cultura**. Firenze: Seid, 2014, p. 195 e 208; INGOLD, T. **Estar vivo**, *p. 115-116*.
[107] INGOLD, T. **Estar vivo**, p. 22.
[108] KOHN, E. **Comment pensent les forêts**. Paris: Zone Sensible, 2017, p. 48.
[109] TSING, A. L. **O cogumelo no fim do mundo**. Sobre a possibilidade de vida nas ruínas do capitalismo. São Paulo: n-1 Edições, 2022, p. 229
[110] TSING, A. L. **O cogumelo no fim do mundo**, p. 229.

dizer que "os humanos não são os únicos seres interessantes" que podem contribuir para a dinâmica da existência[111]. Nada mais obtuso hoje em dia do que defender como dado natural o credo pitagórico que situa o ser humano como "medida de todas as coisas". Como apontou Stefano Mancuso, estudioso na neurobiologia vegetal, é mais do que ridícula e perigosa a ideia "de que o que vale para o nobre 0,3% da vida (os animais) é o que caracteriza toda a vida e é digno de ser conhecido – o resto é marginal"[112].

3 A abertura para as "espécies companheiras"

Em reflexão sobre a nova classe ecológica, Bruno Latour e Nikolaj Schultuz relatam esse novo momento, de apreensão significativa do biológico. Indicam que não há hoje:

> [...] uma obra, uma publicação, um festival que não fale dos "seres vivos" [...]. O que se quer é ligar-se a eles, inserir-se em seus atalhos e meandros, aprender com eles quais são os fios que tecem o mundo [...]. É com todos os seres vivos que se quer reaprender os valores, a simbólica, o humano, o espiritual outrora erroneamente situado à parte da "biologia"[113]

Recentemente vem-se falando muito em "virada animal", termo que designa um novo momento de abertura às "espécies companheiras", para utilizar uma expressão de Donna Haraway. No Brasil, o chamado a tal apelo veio também do mundo da literatura, com as precisas reflexões de Evando Nascimento e Maria Esther Maciel, entre outros. Recorrendo a Clarice Lispector, que falou em "chamado" animal, Evando Nascimento abriu uma fresta importante na reflexão literária para acentuar esse desafio essencial, no seu livro *Clarice Lispector: uma literatura pensante*[114] . Por sua vez, Maria Esther Maciel se embrenhou-se em debates substantivos sobre a zooliteratura, trazendo para o cenário perspectivas fundamentais na linha de um repensamento da relação humanos-animais[115]. Exerceu ainda a tarefa de trazer à tona outros autores e estudiosos da literatura que serviram de porta de entrada para essa reflexão no cenário internacional, como John Maxwel

---

[111] KRENAK, A. **Ideias para adiar o fim do mundo**. São Paulo: Companhia das Letras, 2019, p. 32.
[112] MANCUSO, S. **A planta do mundo**. São Paulo: Ubu, 2021, p. 82.
[113] LATOUR, B.; SCHULTZ, N. **Memorando sobre a nova classe ecológica**. Petrópolis: Vozes, 2023, p. 84-85.
[114] NASCIMENTO, E. **Clarice Lispector**: uma literatura pensante. Rio de Janeiro: Civilização Brasileira, 2012.
[115] MACIEL, M.E. **Literatura e animalidade**. Rio de Janeiro: Civilização Brasileira, 2016; Id. Animalidades. **Zooliteratura e os limites do humano**. São Paulo: Instante, 2023.

Coetzee (2002), John Berger (2021), Dominique Lestel (2004), Jacques Derrida (2002) e outros.[116] Tais autores:

> [...] buscam também desafiar a natureza antropocêntrica que determinou grande parte da ficção ocidental de todos os tempos, avançando e reinventando as contribuições de escritores animalistas do passado que retiraram os animais do mero papel de símbolos, alegorias e metáforas a serviço dos valores humanos[117].

No campo geral da antropologia, a virada animal ocorreu com pensadoras importantes, como Donna Haraway (2021, 2022), Vinciane Despret (2007, 2021) e Nastassja Martin (2021)[118]. Em colóquio internacional realizado no Brasil, em setembro de 2014, "Os mil nomes de Gaia: do Antropoceno à Idade da Terra", estiveram presentes Haraway e Despret, com atuações singulares no debate da questão. Foi uma realização do Departamento de Filosofia da PUC-RJ e do Programa de Pós-graduação em Antropologia Social, do Museu Nacional (UFRJ). O evento foi publicado em dois volumes[119]. Na sequência, vieram diversas publicações no Brasil com essas e outras autoras e autores que se dedicam ao tema.

A antropóloga Nastassja Martin, que foi orientanda de Philippe Descola no doutorado em Paris, concluído em 2014, retomou o tema do chamado animal a partir de uma pesquisa acidentada sobre o clã even, envolvendo um urso no coração de uma floresta na Sibéria. No evento, que transformou sua vida, ela passou a viver, sentir, pensar e escutar com mais cuidado a floresta e as forças nela envolvidas. Assim se expressou: "As árvores, os animais, os rios, cada parte do mundo guarda tudo o que se faz e tudo o que se diz"[120]. Em sintonia com seu orientador, Descola, Nastassja reabilita o animismo e se abre generosamente para um diálogo com os animais. Tem consciência

---

[116] COETZEE, J.M. **A vida dos animais**. São Paulo: Companhia das Letras, 2002; BERGER, John. **Por que olhar para os animais**. São Paulo: Fósforo, 2021; LESTEL, D. **L'animal singulier**. Paris: Seuil, 2004; DERRIDA, J. **O animal que logo sou**. São Paulo: Unesp, 2002.

[117] MACIEL, M.E. Nas fronteiras do humano e do não humano. Vozes animais na ficção. *In*: SECCHES, F. (org.). **Depois do fim do mundo**. Conversas sobre literatura e antropoceno. São Paulo: Editora Instante, 2022, p. 99.

[118] HARAWAY, D. **O manifesto das espécies companheiras**. Cachorros, pessoas e alteridade significativa. Rio de Janeiro: Bazar do Tempo, 2021; HARAWAY, D. **Quando as espécies se encontram**. São Paulo: Ubu, 2022; DESPRET, V. Être bête. Arles: Actes Sud, 2007; DESPRET, V. **O que diriam os animais?** São Paulo: Ubu, 2021; MARTIN, N. **Escute as feras**. São Paulo: Editora 34, 2021.

[119] DANOWSKI, D.; VIVEIROS DE CASTRO, E.; SALDANHA, R. (org.). **Os mil nomes de Gaia**. Vol. 1. Rio de Janeiro: Editora Machado, 2022. O volume 2, com o mesmo título e editora, foi publicado em 2023.

[120] MARTIN, N. **Escute as feras**, p. 80.

de "viver num mundo em que todos se observam, se escutam, se lembram, dão e retomam"[121].

O que a literatura, a antropologia e a biologia conseguiram captar com agudeza, escapou, em muitos casos, ao olhar filosófico, tomado por certo esnobismo teórico e um antropocentrismo cerrado. É o caso de Martin Heidegger, que foi incapaz de avançar em sua reflexão, envolvido e inebriado pelo seu encantamento com o humano. Como ele mesmo expressou em sua obra *Os conceitos fundamentais da metafísica*: mundo, finitude e solidão, os animais e as plantas seriam "pobres de mundo" (*weltarm*)[122]. A seu ver, só o homem poderia ser considerado um formador ou construtor de mundo. O seu foco particular é o humano, enquanto os outros animais seriam apenas um "efeito colateral". Como mostrou com clareza Anna Tsing, "Heidegger oferece uma afirmação excepcionalmente clara do sonho do humano, que nos captura em seu encantamento, cegando-nos aos outros"[123].

A criativa expressão "espécies companheiras" (*companion species*), cunhada por Donna Haraway, vem justamente resgatar a alteridade significativa que habita o mundo dos animais, entendidos como companheiros na mesma jornada na Terra. Em seu "manifesto das espécies companheiras", Haraway buscou mostrar isso com firmeza, tendo, sobretudo, em vista a dignidade dos cães como espécies de presença e sentido. Para ela, o manifesto era sobretudo "uma incursão acadêmica em excessivos territórios semiconhecidos, um ato político de esperança num mundo à beira de uma guerra mundial"[124]. Quando utiliza a categoria "espécies companheiras", Haraway indica que ela é "turbulenta", pois provoca uma reviravolta na visão de mundo. Ela é, na verdade, "um indicador para um contínuo devir-com, é uma teia muito mais rica para se habitar do que qualquer dos pós-humanismos em exibição após a sempre adiada desaparição do homem (ou em referência a ela)"[125].

Ao buscar uma perspectiva dialogal, que envolva as outras criaturas, temos que criar alianças, compromissos, respeito, delicadeza e cuidado

---

[121] *Ibidem*, p. 77. Ver também: MARTIN, N. **A leste dos sonhos**: respostas even às crises sistêmica. São Paulo: Editora 34, 2023.

[122] HEIDEGGER, M. **Os conceitos fundamentais da metafísica**: mundo, finitude, solidão. 2 ed. Rio de Janeiro: Gen / Forense Universitária, 2015, p. 248.

[123] TSING, A. L. **Viver nas ruínas**: paisagens multiespécies no Antropoceno. Brasília: IEB Mil Folhas, 2019, p. 261. Ver ainda: DERRIDA, J. **O animal que logo sou**. São Paulo: Unesp, 2002, p. 62 e NASCIMENTO, E. **O pensamento vegetal**, p. 49-55.

[124] HARAWAY, D. **O manifesto das espécies companheiras**. Cachorros, pessoas e alteridade significativa. Rio de Janeiro: Bazar do Tempo, 2021, p. 10.

[125] HARAWAY, D. **Quando as espécies se encontram**. São Paulo: Ubu, 2022, p. 26-27.

com os demais. Ailton Krenak fala em reverência e em "alianças afetivas", o que "pressupõe afetos entre mundos não iguais"[126], sem desconhecer o que há de íntegro e digno em cada ser particular. Para Krenak, há que "tirar as sandálias" para adentrar com grandeza no mundo sagrado do outro. Isso, sim, é diálogo e acolhida.

4 Novos caminhos com a virada vegetal

Em tempos de recuperação do pensamento animal em várias áreas do saber, testemunhamos igualmente a emergência de uma reflexão vitalizadora sobre o mundo vegetal. Foi o que ocorreu no Brasil num evento único, no final de 2021: a Festa Literária Internacional de Paraty (Flip), dedicada ao pensamento vegetal, com a presença de vários nomes nacionais e internacionais, como Stefano Mancuso e Emanuele Coccia. Dentre os curadores do festival, conta-se a presença marcante de Hermano Vianna. Foi uma das mais bruscas guinadas ocorridas nesse festival desde sua primeira edição, em 2003, servindo de plataforma para lançar no país um debate inovador. A Flip 2021 foi um marco nessa reflexão e deu eco a um debate que já estava em curso na biologia, na filosofia e nas artes visuais, conferindo ao evento um pioneirismo único.

O despertar do interesse pelo mundo vegetal é hoje um fenômeno amplo, envolvendo várias áreas de conhecimento, como as ciências biológicas, a política, a literatura, as artes e a filosofia. Em grande parte, isso é "motivado pelo lugar central que as plantas ocupam no debate acerca da crise ambiental, climática e ecológica em curso, com seus desafios para os coletivos a um só tempo humanos e não humanos"[127].

A eclosão do interesse pelos animais reverberou na atenção ao mundo das plantas. Desconsiderar esse universo vegetal é excluir parte essencial da biomassa, ou seja, da massa total de tudo o que é vivo. Vivemos num planeta coberto de verde, num planeta de presença vital das plantas[128]. Elas são também protagonistas na paisagem do planeta. As plantas "constituem

---

[126] KRENAK, A. **Futuro ancestral**. São Paulo: Companhia das Letras, 2022, p. 82.

[127] OLIVEIRA, J.C. *et al.* (org.). **Vozes vegetais**. Diversidade, resistências e histórias da floresta. São Paulo: Ubu/IRD, 2020, p. 13.

[128] MANCUSO, S. **A planta do mundo**. São Paulo: Ubu, 2021, p. 10; MANCUSO, S.; VIOLA, A. **Verde brillante**. Sensibilità e intelligenza del mondo vegetale. Firenze: Giunti, 2015, p. 107.

a nervura, o fundamento, o mapa (ou planta) com base nos quais se constrói o mundo que vivemos"[129].

Assim como as plantas constroem o seu cotidiano voltadas para a luz, esse fototropismo ilumina também nossa visão peculiar da vida, que perde o seu sentido se excluímos de seu mapa a dinâmica que envolve o mundo vegetal. Vemos hoje com alegria o interesse de segmentos da filosofia por esse tema, pois, em geral, as plantas foram uma "ferida sempre aberta no esnobismo metafísico"[130]. Diante das evidências apresentadas pelas ciências sobre esse mundo vegetal, o filósofo não pode mais passar indiferente. Junto ao conhecimento do passado, eclode também agora o desafio de entender a vida e história das espécies animais e vegetais que modelam o seu cotidiano[131]. Reconhecemos hoje que "as plantas são os verdadeiros mediadores: são os primeiros olhos que se colocaram e abriram para o mundo, são o olhar que consegue percebê-lo em todas as suas formas"[132]. Todos estamos mergulhados num mundo do sensível, com sua música, seu aroma e suas cores. Não haveria vida se prescindíssemos das plantas, pois são elas que possibilitam a atmosfera para a nossa respiração. Seria uma ilusão nos imaginarmos destacados dessa paisagem, pois "todo ser vivo se constrói a partir dessa mesma matéria que desenha as montanhas e as nuvens"[133].

A sensibilidade para o mundo natural não é algo que ocorre sem dificuldade, mas demanda um processo de aproximação e sensibilização. São passos progressivos, que nos levam a perceber essa maravilha fundamental de nosso entorno verde. O senso da maravilha é essencialmente fonte de conhecimento. A maravilha, diz Abraham Heschel, é o canal que nos conduz ao polo do significado. Sem ela, perdemos nossa bússola. É com ela que nasce o senso da admiração, fonte de qualquer filosofia: "O seu vibrar é música, o seu ornamento é ciência, mas o que nela se esconde é imperscrutável. O seu silêncio permanece intacto: nenhuma palavra dá conta de cancelá-lo"[134].

O ensaísta e pensador Octavio Paz, em sua obra *O arco e a lira*, sublinha que nossa atitude diante do mundo natural segue um processo gradual, marcado por restrições iniciais precisas. Dada a beleza de sua reflexão, vou reproduzi-la na sua inteireza:

---

[129] MANCUSO, S. **A planta do mundo**, p. 11.
[130] COCCIA, E. **A vida das plantas**. Uma metafísica da mistura. Florianópolis: Cultura e Barbárie, 2018, p. 11.
[131] *Ibidem*, p. 23.
[132] *Ibidem*, p. 26.
[133] *Ibidem*, p. 42.
[134] HESCHEL, A.J. **L'uomo non è solo**. Milano: Mondadori, 2001, p. 29.

> Diante do mar ou de uma montanha, perdidos entre as árvores de um bosque ou na entrada de um vale que se estende aos nossos pés, nossa primeira sensação é a de estranheza ou separação. Nós nos sentimos diversos. O mundo natural se apresenta como algo alheio, possuidor de uma existência própria. Esse distanciamento se transforma logo em hostilidade. Cada galho de árvore fala uma linguagem que não entendemos; em cada matagal dois olhos nos espiam; criaturas desconhecidas nos ameaçam ou escarnecem de nós. Também pode ocorrer o contrário; a natureza se recolhe em si mesma e o mar se enrola e desenrola à nossa frente, com indiferença; as rochas se tornam ainda mais compactas e impenetráveis; o deserto mais vazio e insondável. Não somos nada diante de tanta existência fechada em si mesma. E desse sentir-nos nada passamos, se a contemplação se prolonga e o pânico não nos embarga, ao estado oposto: o ritmo do mar se adapta ao compasso do nosso sangue; o silêncio das pedras é o nosso próprio silêncio; andar nas areias é caminhar pela extensão da nossa consciência, ilimitadas como elas; os sons do bosque nos aludem. Todos nós fazemos parte de tudo. O ser emerge do nada. Um mesmo ritmo nos move, um mesmo silêncio nos rodeia[135].

Essa bonita experiência de comunhão com a natureza, que, segundo Paz, ocorre se nos deixamos tocar pela contemplação, é algo naturalmente presente nos povos originários. Deles podemos aprender essa bonita reverência para com a natureza. Numa de suas entrevistas, o líder indígena Ailton Krenak expressou com clareza esse seu vínculo indissolúvel com a natureza. Mesmo estando fisicamente distante das matas, quando em viagem, ele indica que a natureza o acompanha por onde ele vai. Ela está enraizada em cada uma de suas células do corpo: nas plantas do quintal, na chuva que escorre, no brilho dos raios de sol, mesmo no espesso concreto, que esconde as brechas bonitas do céu[136].

Tanto a virada animal como a vegetal, quem sabe também a mineral, que já se anuncia, são expressões patentes de que o mundo é um lugar de inter-relações, como "o espaço metafísico da forma mais radical da mistura", que revela a "coexistência do incompossível"[137]. Todo e qualquer ser vivo, humano ou não, está emaranhado na teia da vida, imerso no sensível. Todo

---

[135] PAZ, O. **O arco e a lira**. São Paulo: Cosac Naify, 2012, p. 160-161.
[136] KRENAK, A. **Encontros**. Rio de Janeiro: Azougue, 2015, p. 83.
[137] COCCIA, E. **A vida das plantas**, p. 51.

ser vivo, como indica Emanuele Coccia, "vive já, desde sempre, na vida dos outros"[138].

Nesse mergulho no seio vital, os vegetais encontram o seu caminho de brilho e sobrevivência. Com artimanhas incríveis e criativas, encontram soluções para os problemas, em vista de sua sobrevivência. E tudo de uma forma bonita e sensível. Nada mais equivocado do que excluir as plantas do domínio da sensibilidade. Como sublinha Coccia, "a planta encarna o laço mais íntimo e mais elementar que a vida pode estabelecer com o mundo. O inverso também é verdadeiro: ela é o observatório mais puro para contemplar o mundo em sua totalidade"[139].

5 A teia de vida sob os pés

Brindados com o dom de ver, somos testemunhas da abundância de vida que nos rodeia. Estamos numa paisagem ou ambiente repleto de movimento e vibração de vida, que se encaminha maravilhosamente em direção à luz. Estudiosa do mundo invisível dos fungos, a antropóloga Anna Tsing nos faz um convite:

> Da próxima vez que você caminhar por uma floresta, olhe para baixo. Uma cidade está a seus pés. Se você fosse de alguma forma descer sob a terra, você se encontraria cercado ou cercada pela arquitetura de teias e filamentos. Os fungos criam essas teias à medida que interagem com as raízes das árvores, formando estruturas conjuntas de fungos e raízes chamadas "micorrizas". As teias micorrízicas conectam não apenas raízes e fungos, mas, através de filamentos fúngicos, árvores com árvores, conectando a floresta em emaranhados. Essa cidade é uma cena animada de ação e interação [140].

O que existe sob os pés é uma verdadeira cidade subterrânea movida por vivas e criativas interações e transações cosmopolitas. Os que derrubam as árvores não se dão minimamente conta da violência que praticam ao agredir esse tecido de relações. Esse emaranhamento subterrâneo é o que constitui a "textura da vida". Na visão de Ingold, há que se dar conta desse "ambiente" vital que nos circunda. Para ele, "ambiente" é o "domínio de emaranhamento.

---

[138] *Ibidem*, p. 51.
[139] *Ibidem*, p. 13.
[140] TSING, A. L. **Viver nas ruínas**, p. 43; E ainda: **O cogumelo no fim do mundo**. Sobre a possibilidade de vida nas ruínas do capitalismo. São Paulo: n-1 Edições, 2022, p. 229.

É dentro desse emaranhado de trilhas entrelaçadas, continuamente se emaranhando aqui e se desemaranhando ali, que os seres crescem ou 'emanam' ao longo das linhas de suas relações"[141]. O famoso naturalista e cientista alemão Alexander von Humboldt (1769-1859) já tinha captado bem anteriormente a presença dessa rede de emaranhamentos. Hoje, os estudiosos do assunto seguem essa pista, desenvolvendo com mais atenção pesquisas em torno desse "tecido" emaranhado em forma de rede.

A dinâmica dessa vida invisível, como também perceberam Guattari e Deleuze em seus estudos sobre o rizoma[142], é marcada por grande complexidade. Não dá para compreender esse universo com ideias teleológicas preconcebidas. Nada mais equivocado do que querer buscar um "fundamento" para o que ocorre nesse mundo invisível de relações vitais. Como dizem esses autores, não há começo ou fim em um rizoma. Eles se esparramam em fluxos subterrâneos, movidos por hastes milagrosas, que configuram um mundo de diversidade e multiplicidade. Não se pode fixar um ponto ou conceber uma ordem, mas o que ocorre é que "qualquer ponto de um rizoma pode ser conectado a qualquer outro, e deve sê-lo"[143].

Não há ali ponto de partida ou de chegada. Para a cognição do fenômeno, há que se perceber a singularidade das operações em curso. Se existem, por um lado, linhas de segmentaridade organizadas e territorializadas, existem, por outro, "linhas de desterritorialização", que rompem qualquer lógica. Essas linhas impressionantes se conectam umas com as outras sem que consigamos perceber onde está o início ou o fim. O rizoma "não é feito de unidades, mas de dimensões, ou antes, direções movediças. Eles não têm começo nem fim, mas sempre um meio pelo qual ele cresce e transborda"[144].

Esse mundo invisível ainda é bem desconhecido pela ciência. Por mais que avancem as pesquisas a seu respeito, em diversas ciências, o potencial de mistério que envolve esse domínio ainda é muito grande. Trata-se de uma vida prodigiosa, como se fosse um outro mundo, disperso aos nossos olhos, cujos habitantes, em verdade, têm um peso maior do que toda a matéria existente sobre a Terra[145].

---

[141] INGOLD, T. **Estar vivo**, p.120.
[142] Alguns, como Ingold, preferem a imagem do micélio fúngico.
[143] DELEUZE, G.; GUATTARI, F. **Mil platôs 1**. 2. ed. São Paulo: Editora 34, 2011, p. 22 e 48-49.
[144] *Ibidem*, p. 43.
[145] WILSON, E. **A criação. Como salvar a vida na terra.** São Paulo: Companhia das Letras, 2008, p. 136 e 175.

Até meados do século XIX, bactérias e fungos eram classificados como plantas. Hoje em dia, ganharam independência e têm uma classificação à parte, como reinos independentes. Por anos a fio, não se teve um consenso sobre o que são realmente os fungos. Como mostrou o biólogo Merlin Sheldrake, conhecido por suas pesquisas sobre redes fúngicas subterrâneas nas florestas do Panamá, "o sistema taxonômico de Lineu foi projetado para animais e plantas, e não lida facilmente com fungos, líquens e bactérias"[146].

As cadeias micorrízicas[147], como indicou Sheldrake, "conseguem ligar árvores em redes compartilhadas, chamadas de 'internet das árvores'"[148]. É desse mundo invisível que brotam por todo lado os cogumelos, que nada são senão os esporomas, ou seja, o local onde os esporos aparecem. Eles podem emergir no solo, mas igualmente estar alguns centímetros sob a superfície, revelando sua presença apenas aos bons catadores, que percebem a ligeira elevação do solo[149].

Os fungos se nutrem por meio dos micélios.

> [Eles] digerem o mundo em que vivem e o absorvem. Suas hifas são longas e ramificadas, e com uma única célula de espessura – entre dois e vinte micrômetros de diâmetro, mais de cinco vezes mais finas que um fio de cabelo humano médio [...]. A diferença entre animais e fungos é simples: os animais colocam comida em seus corpos, enquanto os fungos colocam seus corpos na comida"[150].

É incrível o poder de resiliência desses fungos e cogumelos. São muito mais resistentes do que os seres humanos às adversidades. O seu poder de ressurgência é impressionante. São poucos os ambientes onde se veem obstruídos. Brotam por toda parte, mesmo nos ambientes mais devastados, perturbados e comprometidos. Eles mostram sua presença viva também nas paisagens devastadas. Dizem os especialistas que um cogumelo famoso, muito apreciado no Japão, o matsutake, foi o primeiro ser vivo que apareceu depois do bombardeio de Hiroshima, em 1945[151]. Em pesquisas realizadas em Chernobyl[152], que passou também por forte irradiação decorrente da explosão

---

[146] SHELDRAKE, M. **A trama da vida**. Como os fungos constroem o mundo. São Paulo: Ubu, 2021, p. 232-233.
[147] Do grego: *mikes* (fungo) e *rhiza* (raiz).
[148] SHELDRAKE, M. **A trama da vida**, p. 2; 12.
[149] TSING, A. L., **O cogumelo no fim do mundo**, p. 350.
[150] SHELDRAKE, M. **A trama da vida**, p, 61.
[151] TSING, A. L., **O cogumelo no fim do mundo**, p. 41.
[152] Situada na atual Ucrânia.

de um reator nuclear, em 1986, constatou-se uma grande presença de fungos resistentes a resíduos radioativos[153]. Artimanhas são encontradas para resistir às intempéries, como a realidade das cascas grossas dos pinheiros, bem como de suas altas coroas, para enfrentar os mais difíceis incêndios, sem que restem senão cicatrizes[154]. Determinados cogumelos, como o matsutake, têm um potencial de produção de ácidos que quebram a resistência de qualquer rocha, "liberando nutrientes para o crescimento de pinheiros e fungos"[155].

Anna Tsing cunhou o sugestivo termo "ressurgência" para expressar o potencial de resistência de assembleias multiespécies em zonas de ruínas. É o que explica, por exemplo, o ressurgimento incrível de mudas e plantas depois de incêndios devastadores. Trata-se do "trabalho de muitos organismos que, negociando através das diferenças, forjam assembleias de habitabilidades multiespécies em meio às perturbações"[156].

Tudo vem comprovar a existência de "comportamentos sofisticados" nesse mundo invisível, que corroboram para nós a existência de inteligência e cognição nessa paisagem específica. São movimentos, artimanhas, estratégias diversificadas que nos convocam a "repensar o significado de 'resolução de problemas', 'comunicação', 'tomada de decisão', 'aprendizado' e 'memória'"[157]. Instrumentados por tal cognição, os fungos conseguiram o milagre da sobrevivência, persistindo "depois dos cinco principais eventos de extinção da Terra, que eliminaram entre 75% e 95% das espécies do planeta a cada vez"[158].

Se os fungos crescem na "bagunça" arranjada pelos humanos no Antropoceno, é porque são dotados de uma cognição bem particular e fantástica. Não é pela ausência de cérebro que estariam privados de inteligência. Ao contrário, os fungos e as plantas são capazes de captar e perceber o ambiente com sensibilidade mais precisa e elevada que a dos animais. Diante de eventos catastróficos, eles se articulam em rede para resistir, mantendo acesa a funcionalidade e a capacidade de adaptação com fulgurante rapidez nas mudanças ambientais. É verdade que eventos problemáticos do Antropoceno,

---

[153] SHELDRAKE, M. **A trama da vida**, p. 13. E também: SEIFERT, K. **The Hidden Kingdon of Fungi**. Vancouver/Berkeley/London: Greystone Books, 2022, p. 191.
[154] TSING, A. L. **O cogumelo no fim do mundo**, p. 248-249.
[155] *Ibidem*, p. 251.
[156] *Ibidem*, p, 226.
[157] SHELDRAKE, M. **A trama da vida**, p. 25. E igualmente: MANCUSO, S. **Revolução das plantas**. São Paulo: Ubu, 2019, p. 16-17; MANCUSO, S. **A incrível viagem das plantas**. São Paulo: Ubu, 2021, p. 16.
[158] SHELDRAKE, M. **A trama da vida**, p. 203.

como a irradiação das *plantations*[159], são ameaças contundentes ao mundo dessas redes vitais. Elas constituem o maior risco para "um fim sem retorno das florestas"[160]. Como pontuou Anna Tsing:

> [...] as plantas e fungos não têm as faces éticas de Lévinas, nem bocas para sorrir e falar; é difícil confundir suas práticas comunicativas e representacionais com as nossas. No entanto, suas atividades de criação de mundo e sua liberdade de agir também são claras – se permitirmos que a liberdade e a criação do mundo sejam mais que intenção e planejamento. É desse potencial compartilhado de liberdade e criação de mundo que podemos avançar para vidas sociais mais que humanas[161].

6 Caminhos colaborativos do mundo invisível

Durante toda a presente reflexão, estive preocupado, sobretudo, com a questão do diálogo, em particular, nesses tempos difíceis do Antropoceno. Pode parecer estranha a alguns a imersão de um teólogo num campo distinto do que ele está acostumado a atuar, mas se deve reconhecer que a verdadeira teologia não pode estar encerrada num âmbito restrito, e seu objeto pode, perfeita e dignamente, ser diversificado. Durante todo o meu aprendizado envolvido na teologia da libertação, um dos legados importantes que se manteve sempre aceso em minha trajetória foi algo que bebi na epistemologia teológica, incentivado por Clodovis Boff. Ele diz, em sua tese doutoral publicada em 1976, que a teologia não pode prescindir das novas epistemes, com o risco "de continuar na pré-história das Ciências do Homem e de veicular assim seu passado de ora em diante ideológico"[162]. Seguindo fielmente essa perspectiva, Clodovis precisa sua ideia, fundada em pilastras importantes da teologia, como Tomás de Aquino, de que a fé que anima o teólogo "não é paisagem a se ler, mas óculos para ver. Ela não é o mundo, mas um olhar sobre o mundo. Ela não é um livro a se ler, mas uma gramática para ler – e ler todos os livros"[163]. E meu propósito aqui foi justamente abordar um campo que considero essencialmente importante para abrir caminhos dialogais nestes tempos difíceis.

---

[159] TSING, A. L. **Viver nas ruínas**, p. 59 e 206; OLIVEIRA, J.C. *et al.* (org.). **Vozes vegetais**. Diversidade, resistências e histórias da floresta. São Paulo: Ubu/IRD, 2020, p. 95-96.

[160] OLIVEIRA, J.C. *et al.* (org.). **Vozes vegetais**, p. 95.

[161] TSING, A. L. **Viver nas ruínas**, p. 125.

[162] BOFF, C. **Teologia e prática**. Teologia do político e suas mediações. Petrópolis: Vozes, 1978, p. 53.

[163] *Ibidem*, p. 224.

Num dos mais densos trabalhos de Bruno Latour, sobre os modos de existência, o qual amplia suas pesquisas sobre a antropologia dos modernos, o autor reconhece que estamos assistindo hoje a um "retorno progressivo às cosmologias antigas e às suas inquietudes"[164]. Complementando sua reflexão, assinala que tais inquietudes vêm se revelando cada vez mais certeiras e plausíveis. São previsões que foram e vêm sendo apontadas por lideranças dos povos originários e que não se mostram "assim tão infundadas". O que antes era visto como obsoleto revela-se agora como referência para o exercício de sobrevivência e ressurgência[165].

Assim como a experiência e a prática dos povos originários servem de inspiração ou guia para nossa lida com os impasses do tempo presente, verificamos que também do mundo invisível recebemos lições importantes para lidar com os mesmos problemas. À semelhança dos povos originários, os outros seres vivos igualmente nos ensinam habilidades que nos são desconhecidas para "conhecer e 'fazer' o mundo", resistindo às intempéries do presente[166].

A expressão "paisagem" vem sendo utilizada aqui diversas vezes, e seria conveniente explicar mais claramente o seu significado, com base na reflexão de Anna Tsing. A paisagem:

> [...] é o sedimento de atividades humanas e não humanas, bióticas e abióticas, importantes e construídas sem intenção. Paisagens são mundos ativos da vida, sustentados por traços e legados materiais, mas ainda abertos a formas e possibilidades emergentes[167].

Segundo Anna Tsing, não há como sobreviver prescindindo de paisagens multiespécies[168]. Os seres humanos não estão deslocados da rede inter-relacional, mas situados "dentro de teias ecológicas", que são fundamentais para a sua habitabilidade. Não há sobrevivência que prescinda da alteridade, pois tudo está profundamente conectado. Como demonstra Paul

---

[164] LATOUR, B. **Enquête sur les modes d'existence**. Une anthropologie des modernes. Paris: La Découvert, 2012, p. 452. A ideia foi retomada por Eduardo Viveiros de Castro no prefácio do livro: KOPENAWA, D.; ALBERT, B. **A queda do céu**. Palavras de um xamã yanomami. São Paulo: Companhia das Letras, 2015, p. 35.

[165] LATOUR, B. **Onde estou?** Lições do confinamento para uso dos terrestres. Rio de Janeiro: Bazar do Tempo, 202, p. 118.

[166] TSING, A. L. **Viver nas ruínas**, p. 239.

[167] *Ibidem*, p. 149.

[168] *Ibidem*, p. 73.

Stametz, um dos grandes micólogos dos Estados Unidos, "as redes são regras fundamentais da natureza, não as suas exceções"[169].

Do mundo invisível e do reino vegetal emergem experiências colaborativas que são fundamentais. Para além de modelos ecológicos sustentados pela ideia de competição, temos hoje, com grande riqueza, experiências cooperativas de vida advindas desses reinos ainda tão desconhecidos, que estão em nosso entorno e sob os nossos pés[170]. O biólogo Humberto Maturana assinalou, com pertinência, que trabalhar com a ideia de competição para entender o humano é extremamente pobre, pois o Homo sapiens conseguiu sobreviver com base em dinâmicas de cooperação[171].

Numa paisagem interconectada, a acolhida da alteridade é um dado incontestável. Todo o campo vivencial vem tocado pela dinâmica do "contágio". Como mostra Anna Tsing:

> [...] somos contaminados por nossos encontros; eles transformam o que somos na medida em que abrimos espaços para os outros. Ao mesmo tempo que a contaminação transforma projetos de criação de mundos, outros mundos compartilhados – e novas direções podem surgir. Todos nós carregamos uma história de contaminação; a pureza não é uma opção[172].

7 O cuidado com a Casa Comum

Para os católicos que buscam caminhos de abertura e diálogo, o lançamento da carta encíclica *Laudato si*, do papa Francisco, foi um dos eventos mais bonitos e inspiradores para reflexões abertas e ousadas envolvendo o cuidado com a Casa Comum, que é a Terra. A encíclica veio saudada por homens de ciência, como Bruno Latour[173] e outros. Os impactos do trabalho de Francisco continuam irradiando luzes por todo canto. Foi um esforço bonito do papa Francisco, ao tratar o tema com tamanha coragem

---

[169] STAMETS, Paul. **Funghi fantastici**. Come i fungui possono curarci, espandere la nostra coscienza e salvare il pianeta. Bergamo: Piano B, 2021, p. 69.
[170] MANCUSO, S. **A planta do mundo**. São Paulo: Ubu, 2021, p. 83.
[171] MATURANA, Humberto. **A ontologia da realidade**. Belo Horizonte: Editora da UFMG, 1997, p. 185.
[172] TSING, A. L. **O cogumelo no fim do mundo**, p. 73.
[173] LATOUR, B. **Diante de Gaia**: oito conferências sobre a natureza no Antropoceno. São Paulo / Rio de Janeiro: Ubu / Ateliê de Humanidades, 2020, p. 445-446.

e profecia, ainda que não tenha conseguido ultrapassar os apegos ao antropocentrismo cristão[174].

Os novos estudos em curso, que foram apontados aqui, têm o valor de avançar ainda mais no debate, ampliando a ideia do cuidado para além da esfera humana. Há toda uma discussão voltada para a ressignificação do cuidar, envolvendo agora relações que ultrapassam a perspectiva ética humana[175]. O cuidado envolve, portanto, a atenção para com todos os seres da Terra, sejam eles humanos ou não. Essa é a visão que vai se impondo com muita riqueza no debate atual.

O cuidar se torna hoje "um experimento para pensar um mundo onde as pessoas tomam decisões na presença daqueles/as que vão encarar suas consequências"[176]. É algo que tem a ver com a "cosmopolítica", como indica Isabelle Stengers. Donna Haraway tem falado muito em "gerar parentes", no sentido de enriquecer o domínio do cuidado e reduzir um pouco "as demandas humanas na Terra" e resgatar os "mundos dispersos emergentes"[177].

8 Provocações para a teologia

Pensar teologicamente a partir de todas as considerações tecidas anteriormente é um desafio altamente complexo. Faz parte, porém, do labor teológico levantar questões disputadas, sem querer com isso engessar a reflexão numa perspectiva unitária. São passos que abrem um debate sujeito à profunda interlocução crítica e criadora. Essa foi a intenção do trabalho aqui desenvolvido, com uma contribuição que se pretende penúltima.

A encíclica *Laudato si*, do papa Francisco, dá o arranque inicial para a reflexão que se segue. Logo no início de seu posicionamento, o papa Francisco sublinha que todos os seres humanos são terra, e que o corpo de todos está plasmado pelos elementos do planeta[178]. Isso significa que estamos profundamente embrenhados no húmus da Terra, e não só isso, que nós também somos húmus. As considerações do papa têm implicações bem precisas e rebuscadas, e talvez nem ele mesmo tenha se dado conta da radicalidade impressa em suas palavras. São muito belas também as reflexões

---

[174] PAPA FRANCISCO. **Carta encíclica Laudato si**. Sobre o cuidado da casa comum. São Paulo: Paulinas, 2015, p. 98.
[175] OLIVEIRA, J.C. *et al.* (org.). **Vozes vegetais**, p. 224 e 226.
[176] OLIVEIRA, J.C. *et al.* (org.). **Vozes vegetais**, p. 224.
[177] *Ibidem*, p. 216.
[178] PAPA FRANCISCO. **Carta encíclica Laudato si**. Sobre o cuidado da casa comum, p. 3.

dele na demonstração de um grande respeito e carinho pela natureza. Para ele, a natureza é "um livro esplêndido onde Deus fala e transmite algo da sua beleza e bondade"[179]. Na natureza, revela-se um "mistério" que convoca à contemplação, como numa folha, numa vereda ou orvalho[180].

Para os que estudam a genética e a evolução, é dado comum entender que o ser humano é uma viva expressão do código genético recebido dos pais e antepassados. Há, no código de cada pessoa, "o somatório dos genes próprios das espécies que o antecederam". O zigoto humano guarda impressos os vestígios de toda a filogênese humana:

> Não é por acaso que na sua ontogênese um embrião humano passa pelas fases embrionárias de seus antepassados: há um período em que apresenta brânquias, tal como nos peixes. Também não é por acaso que suas primeiras formações genitais sejam hermafroditas, tal como a sexualidade surgida nos primeiros seres sexuados de nosso planeta[181].

Estudos de microbiologia mostram também que cada ser humano vem habitado por milhares de bactérias, vírus, fungos, protozoários e leveduras. Nosso corpo está repleto de micróbios que convivem com nosso organismo, sobretudo na pele, vagina, boca, nos pulmões e intestinos. Somos, na verdade, como indicou Ignacio López-Goñi, metade humanos e metade bactérias. As bactérias constituem o grupo mais comum presente em nosso organismo, constituindo um microbioma. A estimativa aproximada desse autor indica a existência de mais de 10 mil espécies de bactérias diferentes em nosso organismo[182].

Essa maravilhosa teia de vida não está, portanto, apenas sob os nossos pés, mas está dentro de nós, de forma esplêndida e misteriosa. Sabemos hoje, mediante os avançados estudos na área da microbiota, que apenas 43% do Homo sapiens é ele mesmo, o resto vem desse mundo invisível, daquelas criaturinhas que antes considerávamos insignificantes ou indesejadas. Mesmo as células humanas são habitadas por organelas chamadas mitocôndrias, que têm sua origem em bactérias aeróbicas primitivas. Como apontou o estudioso José Geraldo Teixeira, da UFJF, em entrevista particular:

---

[179] *Ibidem*, p. 12.
[180] *Ibidem*, p. 184.
[181] Notas tomadas de uma entrevista realizada com José Geraldo Teixeira (janeiro de 2023), professor de Microbiologia aposentado, na Universidade Federal de Juiz de Fora (MG).
[182] LÓPEZ-GOÑI, I. **Microbiota**. Los microbios de tu organismo. Guatalmazán, 2018.

> [...] em algum momento do processo evolutivo, lá nos primórdios da vida, bactérias desse tipo foram englobadas por células já existentes, em um processo simbiótico singular e vantajoso, que esteve na origem das células que compõem a grande maioria dos seres vivos atuais, incluindo os humanos.[183]

Segundo a escritora Olga Tokarczuc, talvez "o pecado pelo qual fomos expulsos do paraíso não foi o sexo, nem a desobediência, nem mesmo a descoberta dos segredos divinos, mas a ideia de que somos algo separado do resto do mundo, singular e monolítico. Recusamo-nos a participar das relações"[184].

Na Terra que existe há 4,6 bilhões de anos, os cientistas já constataram a presença de células há 3,8 a 3,9 bilhões de anos. É algo assim impressionante. As células humanas vieram bem depois, entrando numa bonita ciranda de emaranhamentos, que traduzem um diálogo inusitado entre o humano e o não humano. O mundo é, sobretudo, dos micróbios e das bactérias, que é o grupo de organismos que mais se irradiam na Terra e que fazem dessa Casa Comum o reino da diversidade[185]. Os micróbios são "infinitamente mais numerosos, mais antigos, mas maleáveis, adaptáveis e mutáveis" que nós humanos[186]. O que conforma a saúde do ser humano é o equilíbrio da microbiota, que é um microcosmo dinâmico. A variedade presente numa microbiota é a garantia da saúde de um organismo, ou seja, para que haja saúde é necessário o exercício positivo dessa diversidade que nos habita[187].

Retomando a pista aberta pelo papa Francisco ao nos lembrar de que somos terra, podemos acrescentar aqui uma expressão sugestiva de Donna Haraway, em seu livro que aborda o encontro das espécies: "Eu sou uma criatura da lama, não do céu"[188]. Essa impressionante frase da bióloga americana nos provoca importantes interrogações. Haraway, em sua colocação, acrescenta que sempre admirou "as incríveis habilidades do lodo em manter as coisas em contato e lubrificar passagens para os seres vivos e suas partes"[189]. O ser humano, como terra, está envolvido numa dança cósmica,

---

[183] Notas tomadas de uma entrevista realizada com José Geraldo Teixeira (janeiro de 2023), professor de Microbiologia aposentado, na Universidade Federal de Juiz de Fora (MG).

[184] TOKARCZUK, O. **Escrever é muito perigoso**. Ensaios e conferências. São Paulo: Todavia, 2023, p. 17.

[185] FERREIRA, A. B. *et al.* **Microbiota gastrintestinal**. Evidências de sua influência na saúde e na doença. 2. ed. Rio de Janeiro: Rubio, 2021, p. 1 e 5.

[186] RESCIGNO, M. **Microbiota geniale**. Milano: Antonio Valardi Editore, 2023, p. 18-19.

[187] Ibidem, p. 20.

[188] HARAWAY, D. **Quando as espécies se encontram**. São Paulo: Ubu, 2022, p. 10.

[189] Ibidem, p. 10.

numa "dança de encontros" com as várias espécies companheiras. Desse lindo emaranhado, vão-se tecendo as malhas da vida, com todas as suas surpresas, os seus mistérios e as suas incógnitas.

Donna Haraway prefere definir-se como uma compostista, em vez de pós-humanista[190], pois sabe muito bem que nós, humanos, estamos emaranhados como compostos que vão se transformando e plasmando novas e inéditas formas de vida. Tudo nesse campo vital é um "devir-com", para utilizar uma bonita expressão de Vinciane Despret. O bonito desafio que se impõe para todos, nessa teia vital, é aprender continuamente a "florescer conjuntamente na diferença"[191].

Em livro extremamente provocador para a reflexão teológica, o filósofo italiano Emanuele Coccia desenvolve outra argumentação para lidar com a questão da vida e da morte, com base em suas teses sobre a metamorfose[192]. No trabalho apresentado, Coccia reforça a ideia da "continuidade material do universo", algo semelhante ao que foi indicado por Jung em suas memórias e reflexões. Ele partilha essa visão da "perenidade da vida sob a eterna mudança", bem como o vivo sentimento de parentesco com todas as coisas[193]. Não há dúvida sobre essa "continuidade material do universo", que envolve também o nosso corpo. É o que expressa Coccia em sua reflexão. Para ele:

> [...] a nossa carne vem de outro lugar, que habita esse planeta há muito mais tempo do que nosso nascimento. Todos os nossos átomos deram um corpo a milhares de vidas antes da nossa – humanas, vegetais, bacterianas, virais, animais – e darão realidade a outras numa dança que nunca poderá ser interrompida[194].

O nascimento, segundo Coccia, pressupõe um "esquecimento" do processo anterior. Na visão desse autor, para cada ser vivo:

> [...] nascer é não ser capaz de separar sua própria história daquela do mundo, não ser capaz de distinguir entre o local e o global. Nascemos em um corpo específico e insubstituível, nascido e procriado por outro corpo específico e insubstituível, mas cada um dos seres vivos expressa a vida do planeta inteiro, passado, presente e futuro[195].

---

[190] HARAWAY, D. **Ficar com o problema**. Fazer parentesco no Chthluceno. São Paulo: n-1 Edições, 2023, p. 202.
[191] HARAWAY, D. **Quando as espécies se encontram**, p. 395.
[192] COCCIA, E. **Metamorfoses**. Rio de Janeiro: Dantes, 2020.
[193] JUNG, C.J. **Memórias, sonhos, reflexões**. Rio de Janeiro: Nova Fronteira, 1990, p. 20 e 310.
[194] COCCIA, E. **Metamorfoses**, p. 126-127.
[195] *Ibidem*, p. 31.

De forma semelhante, a morte também não define um ponto final na vida. Ela funciona como uma "reciclagem, um fluxo que continua em uma comunidade ecológica e ancestral de origens"[196]. É uma ilusão achar que, no cadáver, a vida se interrompeu. O ciclo da vida continua também ali, quando se inicia um novo processo, que envolve o ato de ser "comido" pelos outros. A morte não significa a saída do ciclo do tempo, mas um novo revestimento, com a vida continuando e pulsando. O corpo passa a ser alimentado por outros seres, e a vida migra assim, de uma forma para outra[197]. O temor da morte, como bem expressou Evando Nascimento, vem de nossa incapacidade, que é congênita ao humano "de reconhecer que, ao se integrar ao inorgânico, a vida nunca desaparece de todo, apenas ganha novas configurações metamórficas"[198].

A vida que se transforma na morte permanece como composto, mexido e remexido por outros seres e abrindo novas configurações de existência. São questões colocadas pela ciência que lançam desafios novos para a teologia na sua compreensão de vida e morte, de corpo e alma e de ressurreição. Quanto a essa última referência, a ressurreição, somos cada vez mais provocados a entendê-la como a continuidade de vida existente na memória dos que permanecem, servindo de fonte inspiradora para um seguimento singular.

Conclusão

O tema desenvolvido neste livro envolve, como vimos, uma decisiva preocupação com o cuidado, entendido em seu sentido mais amplo, capaz de envolver os humanos e não humanos, e igualmente uma atenção peculiar aos temas do diálogo e da cooperação entre todos os seres vivos, visando a assembleias cooperativas multiespécies. Outra preocupação foi não me deixar vencer pelo pessimismo ou catastrofismo, frente ao quadro problemático que estamos acompanhando neste tempo do Antropoceno. Sinais de esperança e ressurgência, apesar de complexos e difíceis, podem igualmente se anunciar no horizonte e já estão sendo tecidos por experiências bonitas de povos que já experimentaram muitos finais de mundo, ou de pequenos seres, microscópios, que conseguem elaborar incríveis artimanhas de colaboração e estratégias de resiliência.

---

[196] *Ibidem*, p. 119. Ele cita a pensadora Val Plumwood, do século XX.
[197] COCCIA, E. **Metamorfoses**, p. 116-117 e 124.
[198] NASCIMENTO, E. **O pensamento vegetal**. Rio de Janeiro: Civilização Brasileira, 2021, p. 60.

Dialogar é um desafio permanente, mas sempre ampliando suas frentes e descobrindo novos caminhos para exercer essa tarefa tão essencial no nosso século XXI. O diálogo requer o sagrado respeito pela diferença. Requer ainda muita atenção, delicadeza e humildade. A diferença, como tão bem lembrou Tim Ingold, "é a cola que nos une a todos"[199]. O desafio está em situar o diálogo no coração da vida, pois ela "é um movimento não de encerramento, mas de abertura, que ultrapassa continuamente qualquer fim que possa ser colocado diante dela"[200].

É essa esperança que encontramos, por exemplo, em pensadoras como Donna Haraway, que nos convoca a "seguir com o problema"[201], a continuar buscando pistas de sobrevivência em tempos de ruína, mesmo que, para tanto, seja preciso buscar estratégias de habitar na "barriga do monstro", ou seja, envolvidos e atuantes contra os processos necrófilos levados adiante pelos homens-humanos. Para "seguir com o problema", temos que conseguir "gerar parentescos raros", gestar caminhos inovadores, inesperados e exemplares, com artimanhas inéditas no âmbito das "colaborações e combinações", para manter acesa a vitalidade no tempo. Teremos, muitas vezes, que buscar as energias mais singelas no fundo da Terra, dos tentáculos do Chthuluceno[202], de forma a salvaguardar a alegria que todos merecemos e devemos também irradiar para os outros. O caminho aberto com o Chthuluceno envolve um "abraçar a fluência (*ongoingnes*) serpentina da mundificação terrânea em seus passados, presentes e futuros, que, em certo sentido, serpenteia por entre e através dessas outras duas grandes histórias: o Antropoceno, o Capitaloceno"[203].

---

[199] INGOLD, T. **Antropologia**. Para que serve? Petrópolis: Vozes, 2019, p. 29.

[200] *Ibidem*, p. 29.

[201] HARAWAY, D. **Ficar com o problema**. Fazer parentesco no Chthluceno. São Paulo: n-1 Edições, 2023, p. 12. A expressão seguir com o problema, que está presente na edição espanhola, parece-me mais pertinente do que ficar com o problema, da edição brasileira. O passo fica mais dinâmico.

[202] HARAWAY, D. **Ficar com o problema**, p. 62 e 65.

[203] DANOWSKI, D.; VIVEIROS DE CASTRO, E.; SALDANHA, R. (org.). **Os mil nomes de Gaia**. Vol. 1. Rio de Janeiro: Editora Machado, 2022, p. 419.

MÍSTICA

UMA MÍSTICA DE ACOLHIDA AO COSMOS: HILDEGARDA DE BINGEN

*Ó belíssima forma,
ó suavíssmo perfume
de desejáveis delícias*

(Hildegarda de Bingen)

Introdução

O estudo da mística feminina é um dos temas mais fascinantes para os estudiosos de ciências da religião e teologia. Adentrar-se nessas águas é sorver de experiências únicas e singulares, que ampliam o olhar e enriquecem a reflexão. É um campo trabalhado por pesquisadores brasileiros, sobretudo nos núcleos de pesquisa que se desenvolvem no circuito de São Paulo, Rio de Janeiro e Minas Gerais. O empenho maior vem recaindo sobre as místicas medievais, sobretudo as beguinas, do século XIII e início do XIV, sobretudo Marguerite Porete[204], Hadewijch d'Anvers e Mechthild von Magdeburg. O movimento das beguinas, que começou na diocese de Liège, espalhou-se, em seguida, por diversas outras dioceses da atual Bélgica e do Norte da França, bem como na atual Holanda e Alemanha, ao longo do Reno. As beguinas inauguraram um traço peculiar na mística cristã ocidental, ou seja, a *Minne-mystique*, que se dedica aos temas do *fin'amour* cortesão e provoca uma inaugural inversão de gênero no tratamento de Deus. Vemos, naquele tempo, a narrativa ousada de atribuir um nome feminino a Deus, como *Minne*, e uma reflexão mística que leva quase ao extremo os "devastadores efeitos da loucura do amor"[205]. É quando a alma "atinge uma condição de proximidade

---

[204] Do núcleo de estudos do PPCIR da UFJF, veio a tradução para o português da única obra de Marguerite Porete: **O espelho das almas simples e aniquiladas e que permanecem somente na vontade e no desejo de amor** (tradução de Silvia Schwartz, Petrópolis: Vozes, 2008).

[205] Mesmo antes das beguinas, Hildegarda falava em trindade feminina. PEREIRA, Michela. **Idelgarda di Bingen**. Maestra di sapienza nel suo tempo e oggi. Verona: Gabrielli Editori, 2017, p. 88; 106.

a Deus que lhe permite experimentar a força, a pureza, a doçura e a liberdade divinas, e ganhar a 'intimidade de Deus'"[206]. Essa perspectiva mística faculta um olhar altamente positivo à existência corpórea e uma compreensão da relação com Deus pontuada por toques eróticos singulares. A alma, "com sua carne, consegue participar da mais alta união com Deus, superior à dos anjos, que permanecem puro espírito"[207].

Antes mesmo do movimento beguinal, encontramos na Alemanha uma mística excepcional, conhecida como a "sibila do Reno". Trata-se de Hildegarda de Bingen (1098-1179), uma das personagens mais excepcionais na cultura latina medieval, amplamente dominada pelos homens. Nada mais raro no início da Idade Média encontrar mulheres escritoras, como no caso dessa monja pioneira e ousada. Ela se reconhecia como alguém "frágil e simples", mas o que identificamos, com base na Carta aos Coríntios, é que sua fraqueza foi o passo escolhido por Deus para "confundir" os sábios e fortes (1 Cor 2, 27-28). Não sem razão, foi "uma das vozes mais escutadas da Alemanha na segunda metade do XII século"[208]. Conseguiu firmar-se como uma grande autoridade em seu tempo, possibilitando uma "liberdade de movimentos" dificilmente encontrada entre as mulheres na ocasião.

A obra de Hildegarda vem marcada por grande amplitude e profundidade. Sua presença criativa ocorreu em campos pluriformes, como na mística, na teologia, na medicina, na música e na pintura. Era conhecida igualmente como grande profeta e visionária, que deixou rastros fundamentais em seu tempo, influenciando teólogos, místicos, coroados e pontífices. Sua fragilidade possibilitou abrir brechas singulares no campo da percepção sensorial e imaginal, com uma encantadora amplitude visionária, capaz de abarcar com sensibilidade todo os cosmos.

Foi também uma monja exemplar, atuando com autonomia no seu trabalho de abadessa que irradiou a dinâmica evangélica por toda parte, com uma vida ativa substantiva, presentificada com importantes viagens, em que pôde difundir com alegria a sua doutrina. Como superiora dedicada e com grande capacidade de governo, devotou-se a assegurar o bem-estar de sua comunidade, irradiando também virtudes fundamentais, como a humildade, a discrição e a obediência. Como herdeira da tradição de São Bento, prezava

---

[206] MCGINN, Bernard. **O florescimento da mística**. Homens e mulheres da nova mística (1200-1350). São Paulo: Paulus, 2018, p. 263.

[207] *Ibidem*, p. 348.

[208] GORCEIX, Bernard. Présentation. *In:* BINGEN, Hildegarde de. **Le livre des ouvres divines**. Paris: Albin Michel, 2011, p. 11.

também a vida de oração e o cuidado litúrgico. Gastava horas preciosas no "trabalho de cela", dedicando-se horas a fio ao zelo com o mundo interior.

O ato de falar numa ordem escriturária masculina

No período complexo em que viveu, Hildegarda inaugurou algo de excepcional, que é o direito à fala feminina. Nada mais expressivo e simbólico do que isso. Mesmo tendo como referência outro período histórico e outros personagens, quem conseguiu traduzir essa novidade de forma singular foi Michel de Certeau, em sua *Fábula Mística*[209]. Assim como ocorrerá depois com Teresa de Ávila, Hildegarda de Bingen vai recorrer aos "letrados" no processo de seu aperfeiçoamento pessoal, mas aos poucos vai se apoderando de sua autoridade e seu certificado em suas visões particulares. Não há dúvida de que receber "aprovação" é um consolo que alivia a todos, mas o direito de consciência é ainda mais essencial. Vamos observar também, no caso de Hildegarda, uma "tensão entre o corpo falante e a ordem escriturária", sob o domínio masculino[210]. Igualmente na Idade Média, o "espaço católico" vem delimitado pela presença masculina. São sempre homens, letrados ou não, "que fazem a encomenda e que examinam o produto"[211]. O "ato feminino de falar" ocorre nesse mesmo processo de encomenda da escrita e sua apreciação. Ele, porém, se faz fundamental e firma uma autoridade. É o que vemos com muita clareza no processo redacional de Hildegarda. Sobretudo em suas obras de maturidade, damo-nos conta da autoridade que ela mesma reivindica para os seus ensinamentos, que são "largamente místicos"[212].

São inúmeros os estudiosos que reconhecem esse papel pioneiro de Hildegarda como precursora das vozes autônomas de místicas posteriores. Com ela, temos a "rara voz feminina" que "plaina acima dos coros patriarcais", com uma peculiar "abordagem integrada, holística de Deus e da humanidade"[213]. Hidelgarda falou, sobretudo, para comunidades monásticas, mas também para o clero e os leigos, com um traço de coragem impressionante.

---

[209] DE CERTEAU, Michel. **A fábula mística**. Séculos XVI e XVII. Rio de Janeiro: Gen/Forense, 2015.

[210] *Ibidem*, p. 302

[211] *Ibidem*, p. 303.

[212] McGINN, Bernardo; McGINN, Patricia Ferris. **La transformation en Dieu**. Douze grands mystiques. Paris: Cerf, 2006, p. 98.

[213] BYNUM, Caroline Walker. Prefácio. *In*: BINGEN, Hildegarda de. **Scivias (Scito Vias Domini)**. Conhece os caminhos do Senhor. São Paulo: Paulus, 2005, p. 23; AMARAL, Maria José Caldeira do. Hildegarda de Bingen. *In*: LOSSO, Eduardo Guerreiro; BINGEMER, Maria Clara; PINHEIRO, Marcus Reis (org.). **A mística e os místicos**. Petrópolis: Vozes, 2022, p. 307.

A mística e visionária via sua escritura como inevitável e recorreu à sua pena com firmeza, sem que as autoridades de seu tempo pudessem controlá-la ou freá-la [214]. Com uma capacidade intelectual conjugada com uma expertise estratégica singular, conseguia a devida maleabilidade para se impor com autoridade. Em estudos eruditos mais recentes, evidencia-se em Hildegarda o vigor de uma profunda e frutífera experiência feminina.

Breves traços biográficos

Hildegarda de Bingen viveu em tempos difíceis na vida da Igreja Católica. Era tempo das Cruzadas. No século anterior à sua atuação pública, o clima beligerante era intenso com o afã cristão de retomar a cidade santa de Jerusalém, o que aconteceu em 1099. Havia também o grave conflito entre o poder papal e o imperial.

No âmbito da vida monástica, temos, em 1115, a fundação da Abadia de Claraval, fundada por São Bernardo, que também atuou na Segunda Cruzada, em 1146. Hildegarda nasce em 1098, no tempo de transição do papado, já que Urbano II morreu em 1099, sendo substituído pelo papa Pasqual II. A vida pública de Hildegarda ocorreu, sobretudo, durante o papado de Inocêncio II e Eugênio III, que terá um papel importante na salvaguarda e legitimação da experiência visionária e produção de Hildegarda, com o aporte de São Bernardo de Claraval. Hildegarda envia uma carta a Bernardo, em 1147, solicitando a ele a confirmação de seu dom visionário, e recebe resposta positiva do grande místico, que interveio em seu favor junto ao papa.

Hildegarda nasce em 1098, em Bermersheim, cidade vizinha a Alzey, na região do Reno. Vinha de uma família numerosa da pequena aristocracia. Vem ao mundo num tempo de florescimento da vida monástica, cuja primeira raiz foi a reforma de Cluny, em 910. Os cartuxos tinham sido fundados por São Bruno, em 1104, e os premonstratenses, em 1120. Ainda menina, com 8 anos, foi "ofertada a Deus" como dom espiritual, passando aos cuidados de Jutta, uma jovem de família nobre, que tinha optado por viver sua vida religiosa em limites domésticos. Naquele período, era de uso comum confiar uma criança, já desde cedo, a um mosteiro para as primeiras instruções. Aos 15 anos, Hildegarda ingressa no mosteiro beneditino na colina de Disiboden-

---

[214] CIRLOT, Victoria. La explosión de las imágenes: Hildegard Von Bingen y Max Ernst. *In:* PUJOL, Óscar; VEGA, Amador (Eds). **Las palavras del silencio**. El linguaje de la ausencia en las distintas tradiciones místicas. Madrid: Trotta, 2006, p. 95.

berg, ainda sob os cuidados de Jutta, que veio oficialmente acolhida como "reclusa", em novembro de 1112 [215].

Em sua formação pessoal, esteve também presente o monge Volmar, seu primeiro confessor, que teve papel importante em todo o processo de tradução das visões de Hildegarda. Ele era monge beneditino no mosteiro de Disibodenberg, que acolheu a visionária. O convívio entre os dois perdurou por mais de 30 anos, até o falecimento do monge em 1173. Sua fidelidade a Hildegarda foi notória, tendo também um papel essencial de mediação no momento em que os escritos da mística foram apresentados ao abade de Disibodenberg e ao bispo de Mogúncia (Mainz). Posteriormente, os escritos de Hildegarda foram apreciados e legitimados por Bernardo de Claraval e o papa Eugênio III. Como sublinhou Michela Pereira, "o papa reconheceu o caráter profético das visões, aprovando os escritos e sua difusão"[216]. A partir de então, Hildegarda vem "reconhecida como interlocutora direta das revelações divinas"[217].

As primeiras visões de Hildegarda ocorreram durante sua primeira infância, por volta dos 3 anos de idade, como ela mesma relatou, quando viu uma luz "que estremeceu a sua alma", mas guardou a experiência consigo[218]. Foi uma experiência que a acompanhou a longo da vida. Relata que, quando vinha tomada pelas visões, dizia coisas que produziam estranhamento nos outros[219].

Hidelgarda tinha algo de especial, que desde sua tenra idade causava impressão em sua família. Era portadora de uma capacidade transbordante, um potencial, porém, guardado em recipiente delicado. Tinha uma saúde frágil e precária, que demandava cuidados. Era algo que a colocava em alerta, mas que, posteriormente, serviu para moldar sua espiritualidade, com paciência e humildade, revelando que o poder divino se aperfeiçoa na fraqueza. Vai reconhecer aos poucos que essa carência vinha revestida unicamente da iluminação de Deus.

Essa menina que experimentou a luz divina tão cedo, sendo oferecida a Deus aos 8 anos, teve uma infância diferencial com respeito às outras de sua

---

[215] PEREIRA, Michela. **Idelgarda di Bingen**. Maestra di sapienza nel suo tempo e oggi. Verona: Gabrielli Editori, 2017, p. 27.

[216] *Ibidem*, p. 31.

[217] *Ibidem*, p. 31.

[218] PERNOUD, Régine. **Hildegard de Bingen**. A consciência inspirada do século XII. Rio de Janeiro: Rocco, 1996, p. 12.

[219] PEREIRA, Michela. **Ildegarda di Bingen**, p. 19.

época. Alguns se perguntam: "Que infância era essa que a conduzia a jardins tão escondidos, a clareiras apenas segredadas, onde o invisível assoma na sua dança de vento e de desígnios, mesmo quando só desenha um improvável, aéreo funil de folhas?"[220].

É um equívoco imaginar que a formação recebida por Hildegarda era precária. Ao contrário, na sua vida monástica, recebeu uma profunda instrução, favorecendo, simultaneamente, um crescimento espiritual e intelectual, como prevê a regra de são Bento. Foi uma formação nutrida pelos textos bíblicos e autores latinos, da filosofia de Agostinho, bem como do Neoplatonismo e das Ciências Naturais[221]. Foi uma vida igualmente marcada pelo ritmo cotidiano da oração e ruminação das ricas leituras realizadas durante as refeições. Há que acrescentar outro elemento importante presente na vida monástica, que é a relação com a natureza e seus elementos essenciais, como a terra, o ar e a água.

Foram ricos anos de aprendizado na pequena comunidade que estava sob a direção de Jutta. As religiosas estavam reclusas, mas mantinham contato com a comunidade beneditina masculina e com o mundo exterior. Com a morte de Jutta, ocorrida em 1136, Hildegarda assume o papel de superiora das monjas de Disibodenberg. Na tarefa de abadessa da pequena comunidade, destacou-se pelo cuidado com a vida comunitária, atenta à vida litúrgica e ao ritmo de oração. Não exigia das religiosas práticas excessivas, como jejuns rigorosos e mortificações. Seu objetivo pastoral era aplicar com humildade as grandes virtudes da tradição beneditina: a humildade, a obediência e a discrição. Essa última virtude, tão apreciada também por Teresa de Ávila – a malamati cristã –, vinha definida por São Bento como "a mãe das virtudes". Teresa assumia com garbo a sua autoridade, sempre se opondo vigorosamente contra o seu abuso e defendendo a sua natureza. Era uma superiora zelosa e terna, com grande capacidade de governo.

Nas querelas que opunham o papa ao imperador Frederico Barba Roxa, Hildegarda optava pela fidelidade ao papa. Com o amadurecimento da comunidade e dúvidas que a consternavam, decide deixar a comunidade de Disibodenberg e, com a ajuda de Volmar, funda a comunidade de Rupertsberg, em 1150, depois de anos de contendas com os monges do mosteiro anterior, que resistiam duramente contra a decisão tomada. Não foi simples

---

[220] BINGEN, Hildeggard Von. **Flor brilhante**. Lisboa: Assírio & Alvim, 2004, p. 12 (introdução e tradução de Joaquim Félix de Carvalho e José Tolentino Mendonça).

[221] Ainda em sua formação, o aperfeiçoamento na *grammatica*, que envolvia o estudo do latim, da música, da aritmética e de história eclesiástica. PEREIRA, Michela. **Ildegarda di Bingen**, p. 28.

o processo de busca de autonomia em favor do mosteiro de Rupertsberg, dada a resistência atroz dos monges do antigo mosteiro [222]. Mesmo na nova morada, ocorreram resistências de religiosas que não estavam a favor da mudança ou resistiam ao regulamento instaurado.

Com a morte do grande apoiador, monge Volmar, em 1173, Hildegarda passou a receber a orientação de Gottfrid de São Disibod e depois de Guibert de Gembloux, um monge belga que teve um papel extraordinário junto à mística e visionária. Em momentos decisivos, ela recorreu à sua ajuda e a ele dedicou uma de suas cartas mais inspiradas, datada de 1175, quando fala da presença em sua alma de uma luz profunda e intensamente viva, que rompe com toda tristeza e sofrimento[223]. O monge Guibert viveu entre os anos 1177 e 1180, no mosteiro de Rupertsberg, apoiando o trabalho de Hildegarda.

Após uma vida de intensidade espiritual e grande labor intelectual, ao final marcada por singular atividade apostólica com viagens importantes[224], a fragilidade se manifesta mais intensamente, e vem a falecer em setembro de 1179, com a idade de 81 anos, bem acima do comum para as pessoas de seu tempo.

A trilogia visionária e o apoio redacional

Toda a reflexão de Hildegarda de Bingen insere-se na tradição do monaquismo do século XII. No âmbito da experiência mística, profética e visionária, há que ressaltar a centralidade de sua grande trilogia teológica, que reflete o essencial de sua produção. Para a sua redação, contou com o precioso apoio do monge Volmar e de sua discípula dileta, Richardis, filha da marquesa de Stade, da auto aristocracia local.

Richardis era uma jovem monja, com quem Hildegard estabeleceu fortes vínculos afetivos[225]. Ela esteve presente e atuante em toda a dinâmica da redação de *Scivias* e, posteriormente, em 1151, decidiu sair da comunidade quando foi escolhida abadessa no mosteiro de Saxe, na diocese de Bremen,

---

[222] PERNOUD, Régine. **Hildegard de Bingen**, p. 24.
[223] McGINN, Bernardo; McGINN, Patricia Ferris. **La transformation en Dieu**, p. 99-100.
[224] Foram quatro importantes viagens, iniciadas em 1158 até 1170, sendo a primeira movida por uma experiência visionária. McGINN, Bernardo; McGINN, Patricia Ferris. **La transformation en Dieu**, p. 91; PEREIRA, Michela. Ildegarda di Bingen, p. 85.
[225] ELIZONDO, Felisa. La mística en feminino: imagines de Dios en dos místicas medievales. *In:* VELASCO, Juan Martin (Ed). **La experiencia mística**. Estudio interdisciplinar. Madrid: Trotta, 2004, p. 268-269. A relação entre as duas foi abordada de forma muito feliz no filme *Visão*, de Margareth von Trotta, de 2009.

onde o seu irmão era arcebispo. Essa saída provocou forte resistência de Hildegarda e sofrimento intenso nas duas[226]. Em carta de Hildegarda para a discípula, ela relata: "Eu amava a nobreza de vosso comportamento, a sabedoria e a pureza de vossa alma e de todo o vosso ser"[227]. Trata-se de uma afinidade precariamente rompida e que provocou uma dilacerante dor. Richardis morreu precocemente, no final do ano seguinte, e Hidelgarda vem comunicada da morte pelo irmão da discípula.

Tomando a cronologia de sua redação, temos em primeiro lugar sua primeira obra, Scivias (*Scito Vias Domini*), iniciada em 1141 e concluída em 1151, ou seja, 10 anos de redação, apresentando 24 visões, divididas em três segmentos. Essa obra, com as visões nela inseridas, veio reconhecida e aprovada pelo papa Eugênio III, em 1147, antes mesmo de sua finalização. A segunda obra, *O livro dos méritos da vida*, foi iniciada em 1158 e finalizada em 1163. A terceira, *O livro das obras divinas*, foi iniciada em 1163 e concluída em 1173, apresentando dez visões. As duas primeiras obras vêm acompanhadas por ilustrações das visões que sustentam a sequencial exposição teológica. Na terceira obra, que expressa maior maturidade da autora, com idade de 65 anos, tomamos contato com sua avassaladora visão do amor divino e da abrasadora operação de Deus no homem divinizado por Cristo[228].

Firma-se, então, uma singular antropologia espiritual, em que o homem se situa no centro de uma roda gigante, alimentado perpetuamente pelo Deus-movimento e pelo sopro do Espírito que nada deixa escapar dos dons impressos em sua natureza. Ele é "vida da vida de toda criatura", que vivifica as formas e expressa a "fragrância suave" de todas as virtudes[229]. Deus vem visto numa dinâmica de contínua operação, sendo o homem um microcosmo agraciado pelas energias divinas.

É impressionante o relato visionário dessa força divina que tudo abarca: "Eu sou a energia suprema, a energia ígnea. Sou eu que inflama cada célula da vida... Vida ígnea da essencialidade divina, eu inflamo a beleza das terras, eu resplandeço nas águas, eu queimo no sol, na lua, nas estrelas"[230].

---

[226] PERNOUD, Régine. **Hildegard de Bingen**, p. 44-45. Hildegarda ainda tentou barrar a decisão em carta redigida à poderosa mãe de Richardis, em que disse: "Não vá subtrair minha alma e fazer com que lágrimas amargas rolem de meus olhos [...]". Ela tentou recorrer a todo seu prestígio para impedir o hiato na relação com a discípula acalentada nos anos de redação de *Scivias*.

[227] *Ibidem*, p. 45.

[228] BROSSE, Jacques. **Les maîtres spirituels**. Paris: Albin Michel, 2005, p. 356.

[229] BINGEN, Hildeggard Von. **Flor brilhante**, p. 53.

[230] BINGEN, Hildegarde. **Le livre des oeuvres divines**. Paris: Albin Michel, 1982, p. 65. Ver ainda: *ibidem*, p. 122-123.

Nessa dinâmica energética, os anjos têm um papel singular, como aqueles que acessam ao verdadeiro conhecimento e esplendor de Deus[231]. É nessa terceira obra que se firma o significado mais profundo da virtude. De forma ainda mais explícita, aparece ali "o cosmo e o homem, o macrocosmo e o microcosmo, enquanto virtuosos, pelo fato de serem o campo de ação de um espírito que a eles dá forma e força" [232].

Essa engenhosa trilogia teológica insere-se mais pertinentemente no modelo de teologia monástica, que é uma das três categorias correntes para se compreender a teologia medieval, que vem também pontuada pelos modelos escolástico e vernacular. Suas obras estão escritas em latim, e sua perspectiva é "largamente tributária das tradições da teologia monástica", com um traço tridimensional: "exegética de método, aberta para a história da salvação em sua concepção, e contemplativa em seu objeto"[233]. É uma obra caracterizada por seu traço exegético, de abertura peculiar ao mundo e fundada numa rica experiência pessoal.

A peculiaridade de sua mística

Importantes estudiosos da mística cristã levantam a questão se a reflexão de Hildegarda de Bingen poderia ser classificada como mística. Eles preferem situá-la mais como visionária e profética. É o caso de Bernardo McGinn e Kurt Ruh. Como indica McGinn, Hildegarda pode ser considerada "a primeira grande teóloga da história cristã" e uma grande visionária, cujo modo de perceber os mistérios divinos não se enquadra nitidamente em nenhuma das "categorias herdadas disponíveis para ela"[234].

Reconhecemos a plausibilidade de tais considerações, mas não há como desconhecer um dado místico importante no pensamento e na experiência visionária de Hildegarda. Tem razão Peter Dronk, citado por McGinn, quando desentranha a "disposição mística" presente no pensamento da visionária, com um profundo "senso da presença divina". McGinn não deixa de reconhecer que estamos diante de um "paradoxo fundamental", que não

---

[231] *Ibidem*, p. 78.
[232] ROMAGNOLI, Alessandra Bartolomei; DEGLI'INOCENTE, Antonella; SANTI, Francesco. **Scrittrici mistiche europee**. Secoli XII-XIII. Firenze: Edizioni del Galuzzo, 2015, p. 12.
[233] McGINN, Bernardo; McGINN, Patricia Ferris. **La transformation en Dieu**, p. 93.
[234] McGINN, Bernard. **O desenvolvimento da mística de Gregório Magno até 1200**. São Paulo: Paulus, 2017, p. 487. Ver também: RUH, Kurt. **Storia della mistica occidentale**. Volume 1. Le basi patristiche e la teologia monástica del XII secolo. Milano: Vita e Pensiero, 1995, p. 15.

fecha as portas para outras possibilidades interpretativas. Mesmo que ela não tenha desenvolvido explicitamente "um programa de práticas místicas e de contemplação" visando a uma "experiência pessoal mais profunda" de união com o Amado do Cântico dos Cânticos, ela, sem dúvida, pertence "à história do misticismo", sobretudo por recorrer com autoridade às suas visões para fundar com rigor a sua mensagem[235].

Fiel seguidora de Agostinho de Hipona, Hildegarda, em sua experiência pessoal e em sua vida de oração, concedeu lugar singular ao mergulho interior, ao cultivo dedicado a esse espaço íntimo, em que se celebra o encontro com o Amado. O próprio McGinn destaca "as raízes mística de sua teologia"[236] e passos místicos fundamentais na sua experiência visionária, que demonstram a consciência viva de uma pessoa "frágil", mas forte, em razão de reconhecer em si a presença de uma luz fulgurante e viva que provém da fonte do amor. É uma mística também devedora a São Bento, fazendo jus à sua regra, quando vive em profundidade a escuta do coração (*aurem cordis*)[237]. São clássicas as palavras de Hildegarda: "Olhe em ti; tu tens em ti o céu e a terra". Há, de fato, jardins preciosos no mundo interior, ou aquele "braseiro" irradiante, que lança os mais finíssimos perfumes, como fala Teresa de Ávila em suas Moradas (IV Moradas, 2,6).

Hildegarda partilha com os grandes místicos o desafio desse mergulho interior, numa viagem que leva constantemente o buscador ao único centro capaz de encontrar e promover os frutos do amor. Hildegarda é a mística que adorna a sua vida com o sentido do ver. Desde cedo, como vimos, ela teve como companheira de viagem a Luz vivente, estando sempre próxima e atenta a esse encontro direto e maravilhoso com a presença divina, com a presença espiritual, como diria Paul Tillich.

Na bela abertura de seu livro *Scivias*, ela relata a maravilhosa experiência mística que viveu no ano de 1141, quando tinha 42 anos e 7 meses. Relata que, na ocasião, viu o céu se abrir em luz fulgurante, de um brilho único e sedutor. Foi quando, então, teve a compreensão das Escrituras, ou seja, "do Saltério, do evangelho e de outros livros católicos, tanto do Antigo como do Novo Testamento"[238]. Interessante fazer uma analogia com Teresa de Ávila, quando, durante um momento difícil da inquisição espanhola, em

---

[235] McGINN, Bernard; McGINN, Patricia Ferris. **La transformation en Dieu**, p. 96.
[236] *Ibidem*, p. 104.
[237] BINGEN, Hildegard von. **Flor brilhante**, p. 13.
[238] BINGEN, Hildegarda de. **Scivias**, p. 96.

que livros preciosos que utilizava foram colocados no *Index*, ela ouviu de Deus uma voz: "Não sofras, que te darei livro vivo" (Livro da Vida 26, 5).

Aquilo por que passou Hildegarda em 1141 foi de tal grandeza que ela não conseguiu partilhar, guardando aquele segredo "em tranquilo silêncio". Bernardo de Claraval indica que experiências semelhantes são muito potentes e não podem durar muito. São experiências que ocorrem em "breve tempo e rara hora" e devem passar para não afogar o sujeito em tamanho deleite. Por isso que aqueles que vivem algo semelhante não encontram as devidas palavras para expressar o que ocorreu no mundo interior. E curioso é que Hildegarda participou dessa visão em estado de alerta e desperta, "enxergando com mente pura e com os olhos e ouvidos do ser interior, em lugares abertos, conforme Deus o queria" [239].

Essa "Luz vivente" vibrou em seu coração, iluminando a escuridão e abrindo frestas fundamentais para o seu caminho. Uma Luz que recobrou em Hildegarda o senso fundamental da humildade. A experiência de poder não provinha dela, mas da Luz ofuscante. O que ali passou a mística só foi revelando aos poucos, para os que estavam mais próximos dela, como Jutta, Volmar e Richardis. Recusou-se a escrever a respeito "por muito tempo", como ela mesma sublinha.

Diferente de outros visionários que buscavam deliberadamente suas visões, Hildegarda não, ela era apenas o frágil vaso de argila que recebia de forma gratuita uma presença transformante. Toda a abertura cósmica que veremos acontecer nos trabalhos de Hildegarda está relacionada a essa riqueza estão relacionados a essa riqueza da experiência interior. O mergulho na interioridade, quando vivido com intensidade e sensibilidade atenta, provoca, necessariamente, a "dilatação da visão da realidade"[240] e, igualmente, a ressonância na caridade:

> Em tudo transborda a caridade:
> notável desde os abismos aos céus mais altos,
> mais amável dos bens,
> o Rei supremo
> ela beijou[241].

---

[239] *Ibidem*, p. 96.
[240] LÓPEZ-BARALT, Luce. **Repensando la experiencia mística desde las ínsulas extrañas**. Madrid: Trotta, 2013, p. 53-54.
[241] BINGEN, Hildegard von. **Flor brilhante**, p. 199.

Isso também ocorreu com Hildegarda. No contato vivo com a "Luz vivente", Hildegarda pôde também identificar o toque misericordioso e curador de Deus como amor. O contato com esse Deus que ama faz com que toda a realidade envolvente seja tocada pelo ritmo "verdejante" de Deus. Toda a natureza vem redimensionada com essa presença amorosa, e tudo ao redor "vem destinado à plenitude da vida e invadida pelo amor divino". Essa presença abrangente e revigoradora tem o dom de acolher com alegria a diversidade e encontrar as brechas de união; o dom de manter e celebrar a diversidade na unidade, numa reveladora experiência na unidade[242].

Com suas visões, Hildegarda vem envolvida por nova atmosfera, com a viva impressão de mudança no ar, pelo vigor do movimento do Espírito. Ganha um novo modo de ver, que terá implicações precisas no seu cuidado com a natureza e em suas pesquisas no campo da medicina, sobretudo na temática do cuidado com a melancolia. Trata-se de uma preciosa intuição que reverbera no psiquismo e no modo de entender a ciência. A partir da consciência de si, iluminada pelas visões, Hildegarda vem habitada por um novo sentimento de unidade com o cosmos. A consciência de si firma-se como "fundamento de toda consciência"[243].

Outro passo importante para se compreender o universo místico de Hildegarda encontra-se na importante carta que ela escreveu para monge belga Guibert de Gembloux, em 1175. Ela retoma ali alguns traços da preciosa visão de 1141 e narra para o monge-colaborador o vigor da presença da Luz viva. Fala da visão que elevou seu espírito para rincões distantes, numa perspectiva cósmica exemplar. E o que vivenciou não aconteceu em seus sentidos exteriores, mas no fundo da alma. Só ela, amparada pela presença de Deus, poderia dar conta de tamanho êxtase. Com a força dessa Luz, conseguiu captar a dinâmica de uma ressurgência que derruba qualquer tristeza ou sofrimento[244]. A mística revela não conseguir dar-se conta da dimensão da experiência, do conhecimento de sua forma. Fala igualmente de sua fragilidade em olhar perfeitamente aquela esfera que obnubilou sua visão. Sente-se, porém, confortada com a sua presença, abandonando-se no regato do Deus vivo. A leitura dessa carta de Hildegarda encontra uma similaridade bonita com uma carta escrita pelo místico persa Rûmî (1207-1273):

---

[242] ROMAGNOLI, Alessandra Bartolomei; DEGLI'INOCENTE, Antonella; SANTI, Francesco. **Scrittrici mistiche europee**, p. 11.

[243] DAVY, Marie-Madeleine. **Encyclopédie des mystiques/II**. Paris: Payot & Rivages, 1996, p. 224-225.

[244] McGINN, Bernard; McGINN, Patricia Ferris. **La transformation en Dieu**, p. 99-100. E ainda: VELASCO, Juan Martin (Ed). **La experiencia mística**, p. 272-273.

> Um dia, um homem chegou diante de uma árvore. Viu folhas, ramos, frutos estranhos. A cada um perguntou o que eram essas árvores e esses frutos. Nenhum jardineiro o compreendeu, nem sabia o nome da árvore, nem lhe pôde indicar o que ela poderia ser. O homem disse a si mesmo: Se não posso compreender que árvore é essa, contudo sei que, depois que deitei meu olhar sobre ela, meu coração e minha alma se tornaram frescos e verdes. Vou então me colocar a sua sombra[245].

Com respeito às suas visões, Hildegarda as compreendia como "gotas de suave chuva da inspiração de Deus"[246] em sua alma. Havia dois tipos de visões distintas. Uma primeira pode ser identificada como "sombra da luz vivente" e a segunda "luz vivente". A primeira ainda é difusa, estando envolvida como nuvem na luminosidade superabundante de Deus. A segunda, sim, é mais nítida, mas não ocorre com frequência, como indica Hildegarda[247] Essas visões fazem a mediação entre o mundo sensível e o mundo inteligível, por isso alguns identificaram a experiência com o tema da imaginação criadora do místico sufi Ibn- Arabi, tão bem relatada por Henri Corbin (1993)[248]. O que mostram os estudiosos de Hildegarda é que ela podia ver coisas que os outros não podiam visualizar e tinha igualmente capacidade de prever o futuro, com um campo visual todo pontuado por "estranha luminosidade". Em momentos excepcionais, chegou mesmo – segundo comentários – a ter um envolvimento direto com a presença divina. Essas visões perduraram em sua vida por 40 anos, exercendo um papel propedêutico para a sua atividade profética posterior. Foram poucos aqueles que ouviram de sua voz esta inédita e irradiante experiência, como Jutta, Volmar, Richardis e Guibert. Tudo muito excepcional para uma mulher de seu tempo.

Outras obras de Hildegarda de Bingen

O que muito impressiona em Hidelgarda de Bingen é a sua abertura ocular, seu domínio multidisciplinar e sua importante correspondência com o mundo laico e clerical. Foram mais de 300 as cartas emitidas por ela,

---

[245] RÛMÎ, Djalâl-od-Dîn. **Lettres**. Paris: Éditions Jacqueline Renard, 1990, p. 149-150 (Lettre 127).
[246] CIRLOT, Victoria. La explosión de las imágenes: Hildegard Von Bingen y Max Ernst. *In:* PUJOL, Óscar; VEGA, Amador (Eds). **Las palavras del silencio**, p. 97.
[247] PEREIRA, Michela. **Ildegarda di Bingen**, p. 20-21, 39 e 46.
[248] CORBIN, Henry. **L'imagination créatrice dans le soufisme d'Ibn Arabi**. Paris: Aubier, 1993.

com grande riqueza de conteúdo[249]. A irradiação e fama de seus pensamentos provocaram uma corrente de peregrinos e buscadores de consolo, que esperavam dela o conforto e a cura.

Seus livros sobre medicina tiveram um grande impacto no período e até hoje servem de auxílio a pesquisadores. Escreveu duas obras importantes sobre o tema. A primeira, *O livro da medicina simples*, também conhecido como *Nove livros sobre as sutilezas dos diferentes tipos de criatura*; a segunda, *O livro da medicina compósita ou causas e curas*[250]. Esse segundo livro foi pensado para uso pessoal e de sua comunidade. Como é sabido, nos diversos mosteiros, a medicina vinha exercida informalmente, e muitos monges tinham um importante conhecimento das ervas medicinais. É o caso de Hidelgarda, que se dedicou bastante a respeito. Ela se dava conta do valor benéfico e curativo das ervas e plantas e colocou o seu conhecimento prática a serviço da comunidade.

Sua grande preocupação era com o equilíbrio das pessoas numa saúde harmonizada. Sabia bem da singular e inesgotável reserva curativa presente entre os elementos da natureza. E isso não se restringia unicamente às ervas, mas também às pedras e ao seu poder milagroso. Estava atenta aos mistérios sutis envolvidos no mundo natural. Diríamos hoje que sua preocupação era realmente holística.

Verificamos hoje, em pesquisas científicas realizadas na medicina, uma atenção particular às ervas medicinais, aos fungos e aos cogumelos, uma atenção que se desdobra igualmente para as substâncias psicodélicas e o seu potencial terapêutico. É o caso, por exemplo, das pesquisas com a psilocibina, voltadas, sobretudo, para o apoio fundamental às doenças complexas, como as depressões profundas[251]. As terapias psicodélicas estão hoje em pleno crescimento, com a utilização preciosa de elementos da natureza.

Hidelgarda, naquele tempo, já se dava conta do potencial da natureza para o tratamento de doenças que afetam o mundo interior. Estava bem atenta ao equilíbrio alimentar, às dietas harmonizadoras, bem como à eliminação dos fatores de risco envolvidos nos processos de melancolia, dentre outros.

---

[249] Dentre as cartas mais emocionantes, estão aquelas endereçadas a uma grande figura espiritual daquele tempo, a visionária e mística Elisabeth de Shönau, da diocese de Trèves. GORCEIX, Bernard. Présentation. *In:* BINGEN, Hildegarde de. **Le livre des ouvres divines**, p. 14.

[250] Veja a respeito: HERTZKA, Gottfried; STREHLOW, Wighard. **Manuale della medicina di Santa Ildegarda**. Roma: Mediterranee, 1992.

[251] POLAN, Michael. Il renascimento della terapia psichedelica. *In:* STAMETZ, Paul. **Funghi fantastici**. Bergamo: Piano B, 2021, p. 122-123. Na mesma obra: ROSS, Sthepen. Una buona morte, p. 146-147.

Mattheo Fox realça a importância das reflexões de Hildegarda a respeito das amarras da raiva que envolvem negativamente a pessoa, levando-a a uma perigosa espiral de violência[252].

Foi, sem dúvida, pioneira nos estudos que relacionam a saúde com o meio ambiente e toda a dinâmica preventiva que garante uma vida salutar. Os estudiosos que pesquisam a cerveja são unânimes em reconhecer o valor das pesquisas realizadas pela mística com o lúpulo. Talvez tenha sido ela a primeira pesquisadora que reconheceu as propriedades conservantes e aromatizantes dele.

Outro campo de pesquisa e criação maravilhoso assumido por Hildegarda foi na área musical. São inúmeras as canções reconhecidas e admiradas pelos especialistas da área. A mística tinha um dom muito peculiar para a arte musical, que ela recorria, sobretudo, para o uso litúrgico na sua comunidade. Entre as obras primas do canto gregoriano, está uma composição sua: *Symphonia celestium revelationum* (Sinfonia das revelações celestes). Hildegarda vai confidenciar a Godofredo, seu biógrafo: "Compus também poemas e melodias para louvor de Deus e dos santos, sem que alguém me ensinasse, e cantava-os, mesmo se ninguém me tivesse ensinado a notação musical ou o canto"[253]. Como mostram Joaquim Félix de Carvalho e José Tolentino Mendonça, "na Idade Média, sobretudo a partir do século XII, período que coincide com a composição das sequências hildegardianas, assistiu-se a uma grande difusão destes cânticos poéticos com melodia popular e número variável de estrofes"[254]. No caso de Hildegarda, temos o rico *corpus* eucológico, envolvendo antífonas, responsórios, hinos e sequências. Uma mostra desse trabalho veio apresentado no livro organizado por Carvalho e Mendonça, já citado.

Conclusão

O que se pode constatar depois de apreciar algumas das reflexões de Hildegarda de Bingen é a presença de uma mística única e singular, de abertura fabulosa e sensibilidade cósmica. Não se trata de um pensamento enrijecido pelos ares da ortodoxia, mas de reflexões que reverberam um

---

[252] FOX, Matthew. **Pecados do espírito, bênçãos da carne**. Campinas: Verus, 2004, p. 211-212. O autor fala, ainda, de forma interessante, sobre o trabalho de Hildegarda contra a acídia, que é "a languidez oriunda do tédio" ou da preguiça. A ela, antepõe caminhos alternativos de fortalecimento da alma (Fox, 2004, p. 150-151).
[253] BINGEN, Hildeggard Von. **Flor brilhante**, p. 12.
[254] *Ibidem*, p. 19.

clima de liberdade e acolhida do Espírito fantásticos. E nem entramos em detalhes sobre a sua arte na pintura, que também é eloquente.

A experiência mística e amorosa de Hildegarda traz no coração esse interesse de ordem cósmica. É todo o universo que vem incorporado no ventre da divindade. Fala-se, por exemplo, em "ontologia pan-crística"[255]. Mesmo reconhecendo que a mística desenvolve uma rica antropologia espiritual, há que sublinhar que a perspectiva de sua reflexão rompe com as barreiras de um antropocentrismo restrito. Como diz com razão Mattheo Fox, ela não se deixa assombrar por isso[256].

Estudiosos de Hildegarda reconhecem uma bonita similaridade entre a sua teologia da criação e a *Laudato si* de papa Francisco, que trata do cuidado da casa comum[257]. Assim como o papa Francisco, de forma singela e terna, desentranha a presença do mistério numa folha, vereda ou orvalho, Hildegarda reconhece a vida ígnea da sabedoria divina resplandecendo no verde da Terra, na chuva do orvalho e no júbilo do gramado.

Estamos, assim, diante de uma exemplar visionária e uma mística singular, a "sibila do Reno", que vem cada vez mais reconhecida pelos estudiosos da mística no tempo atual. No âmbito eclesial, veio canonizada em maio de 2012, no pontificado de Bento XVI, que também a reconheceu como doutora da Igreja em outubro do mesmo ano.

---

[255] McGINN, Bernard; McGINN, Patricia Ferris. **La transformation en Dieu**, p. 102.
[256] FOX, Matthew. **A vinda do Cristo Cósmico**. São Paulo: Record, 1995, p. 160-161.
[257] PEREIRA, Michela. **Ildegarda di Bingen**, p. 166.

A DIMENSÃO CONTEMPLATIVA DE TOMÁS DE AQUINO

Na terça feira, 18 de julho de 2023, comemorou-se o 700º aniversário da canonização de São Tomás de Aquino, no pontificado do papa João XXII (1323). É o início do tríplice jubileu do Aquinate, que também comemora, em 2024, os 750 anos de morte e, em 2025, o 800º aniversário de seu nascimento. Os frades dominicanos da Província de Tolouse estão envolvidos na publicação de uma nova tradução francesa da *Suma Teológica*.

Tomás de Aquino é o único teólogo da Igreja que o Vaticano II reconheceu explicitamente como "mestre"[258]. Foi também proclamado doutor da Igreja por Pio V, em abril de 1567.

Tomás de Aquino nasce em Roccasecca, na comuna italiana da região do Lazio, em torno de 1221[259]. Desde sua infância, frequenta a vizinha abadia de Monte Cassino, onde vem acolhido como oblato com votos não definitivos, recebendo ali suas primeiras instruções. Permanece em Monte Cassino dos 5 aos 14 anos, num ritmo marcado pelo mote beneditino: *ora et labora* (pela contemplação e ação).

Isso explica, em parte, um traço profundamente marcado pela dinâmica contemplativa. Era igualmente um teólogo que vivia sob a égide de grande humildade:

> Era um homem de uma extrema humildade, o que significa que era inteiramente esvaziado de si. O que lhe interessava não era o seu eu, mas a verdade, quer de Deus, quer das coisas mesmas. Seu eu era apenas um *Da-sein*: espaço onde a realidade fazia sua aparição e revelava sua verdade[260].

Com respeito à sua vida interior, era alguém muito discreto. Entendia que o estudo por si mesmo "não dificulta a piedade, antes, a favorece"[261].

---

[258] **COMPÊNDIO do Vaticano II.** Constituições, decretos, declarações. 6 ed. Decreto Optatam Totius (OT), 16,3. Petrópolis: Vozes, 1968 (Decreto sobre a formação sacerdotal).

[259] A data correta é controvertida.

[260] BOFF, Clodovis. União de teologia e piedade no pensamento e na vida de São Tomás de Aquino – discurso de paraninfo para a formatura dos Bacharéis em Teologia de 2011, da PUCPR (**Revista Eclesiástica Brasileira**, v. 72, n. 286, p. 438, 2012).

[261] *Ibidem*, p. 442.

Não há dúvida sobre a conexão entre a teologia e a piedade na vida e obra de Tomás de Aquino, como recorda com acerto Clodovis Boff. O estudo e a oração faziam parte de seu cotidiano e da edificação de seu labor teológico. Numa das revelações feitas por seu secretário, frei Reginaldo de Piperno, ele indica a força da oração da vida do Aquinate:

> Ele devia menos seu saber ao esforço de seu espírito do que ao poder de sua oração. Todas as vezes que queria estudar, discutir, ensinar, escrever ou ditar, recorria, primeiro, ao segredo da oração, chorando diante de Deus para descobrir a verdade dos segredos divinos. E, quando estava na incerteza, punha-se a rezar, voltando iluminado da oração[262].

Depois da experiência em Monte Cassino, foi atraído para a Ordem dos Pregadores (Dominicanos), vindo a estudar em Nápoles, em 1239[263]. Foi para Nápoles, apesar da resistência de sua família, ligada à pequena aristocracia feudal, que não desejava que ele se tornasse um mendicante, um dominicano: chegou a ser sequestrado pela família por um ano e meio na Fortaleza de Rocasseca. Nesse período, ele decorou toda a Bíblia, bem como os quatro livros das Sentenças do Mestre Pedro Lombardo[264].

Na ocasião, "o movimento mendicante representava o que havia de mais avançado e contestatório na época. Com efeito, eles montaram um esquema de vida que era o oposto do feudalismo. Em contraposição aos grandes mosteiros no campo, optavam por viver em casinhas populares na cidade"[265]. O movimento mendicante:

> [...] em vez de se dirigir aos nobres, pregavam ao povo miúdo; em vez dos ricos benefícios, assumiam a pobreza mais estrita; e em vez da estrutura hierárquica de organização religiosa adotaram o ideal de fraternidade e participação de todos nas decisões[266].

A proposta significava, naquele tempo, uma perspectiva extremamente popular e revolucionária, a ponto de chegar a esvaziar as paróquias, como lamentava o papa Inocêncio IV, em 1254[267], deixando os sacerdotes meio

---

[262] *Ibidem*, p. 443.
[263] Na Faculdade das Artes (que poderíamos hoje chamar de Ciências e Letras).
[264] Clodovis Boff. Santo Tomás de Aquino e a Teologia da Libertação. **Revista Eclesiástica Brasileira**, v. 41, n. 163, setembro de 1981, p. 429.
[265] *Ibidem*, p. 438.
[266] *Ibidem*, p. 438.
[267] *Ibidem*, p. 438.

abandonados "como pássaros solitários, sem o consolo dos paroquianos e sem as ofertas costumeiras"[268].

Como apontou frei Carlos Josaphat, "Tomás de Aquino é o filho de uma cristandade que começava a se colocar em questão, interrogando-se, até com certo nervosismo, sobre os principais valores e as instituições sobre os quais se tinha construído"[269].

Há que recordar que, na ocasião, o estudo de Aristóteles era vetado em Paris (tanto a filosofia natural como a metafísica de Aristóteles). Em Nápoles, ao contrário, não havia impedimento para isso. Ali o acesso a Aristóteles era livre[270].

Tomás de Aquino teve a coragem de afrontar "o desafio cultural do tempo – o aristotelismo – no interesse da fé e o fez de modo exemplar"[271]. Como aponta Clodovis Boff, "foi o movimento mendicante, aberto aos novos ventos da história, que levou Tomás a se abrir a Aristóteles"[272].

De forma extraordinária, Tomás "se pôs na crista da onda de seu tempo", sem perder o ardor de bom combatente, como demonstrou com grande clareza em sua *Suma contra os Gentios*, redigida "sobre o fundo da presença árabe na Espanha e da sedução que a cultura greco-árabe significava para os espíritos da época"[273].

Os dominicanos, na sede de conhecimento, buscam novos caminhos de reflexão em Paris, que era centro intelectual naquele tempo. Como dizia o papa Gregório IX, Paris era "o forno onde cozinha o pão de toda a cristandade".

Como pensador atento ao ritmo do real, Tomás de Aquino se colocou firme na defesa da criatura. Foi com ele que se firmou a teologia como ciência, numa impressionante ruptura epistemológica para o seu tempo. Dizia que "rebaixar a criatura era rebaixar o criador", como indicou várias vezes em sua *Suma contra os Gentios*, sobretudo nos capítulos 3 e 69 do livro II[274]. Não renunciava à defesa da transcendência divina, sempre marcante em sua

---

[268] *Ibidem*, p. 438.
[269] Frei Carlos Josaphat. **Paradigmas teológicos de Tomás de Aquino**. São Paulo: Paulus, 2012, p. 15.
[270] Alessandro Ghisalberti. Tommaso D'Aquino. *In:* Umberto Eco & Riccardo Fedriga (a cura di). **Storia della filosofia 3**. Milano: Grupo Editorialr L'Espresso, 2015, p. 170.
[271] C.Boff, São Tomás de Aquino..., p. 426; Frei Carlos Josaphat. **Paradigmas teológicos de Tomás de Aquino**, p. 34.
[272] C.Boff, São Tomás de Aquino..., p. 439.
[273] *Ibidem*, p. 439.
[274] *Ibidem*, p. 436.

reflexão, mas conjugava brilhantemente essa perspectiva com a afirmação da imanência[275].

Defendia com vigor a singularidade da razão filosófica, que, para ele, não se contrapunha à teologia. Segundo ele, conjugar a teologia com a filosofia não era misturar água com vinho, mas "transformar a água em vinho"[276]. Tomás olhava sempre "para os argumentos e não para as autoridades"[277]. Não via, em momento algum, uma dicotomia entre Deus e homem, fé e razão, providência e liberdade, teologia e filosofia[278].

Ele foi intrépido nesse confronto com Aristóteles. O clima cultural dominante era avesso à tal iniciativa. Havia, na ocasião, suspeita contra isso: "Tomás de Aquino não teve medo de suscitar a oposição dos tradicionalistas representados pelos augustinistas: monges e franciscanos. Estes temiam pela perda de identidade da fé cristã"[279]. Também o papa Gregório IX, em sua carta aos teólogos, de 07 de julho de 1228, chegou a mencionar a condenável "teologia filosofante".

O grande pensador dominicano não estava inventando novidades, mas, simplesmente, se servindo do apoio da razão aristotélica para servir à fé. A originalidade do Aquinate encontra-se:

> [...] na síntese que conseguiu realizar. Seu biógrafo, Guilherme de Tocco, refletiu o susto da época frente à originalidade do pensar tomasiano: "Frei Tomás colocava em seus cursos problemas novos, descobria novos métodos, empregava um novo entrelaçado de provas. A escutá-lo ensinar assim uma nova doutrina, com argumentos novos, ninguém podia duvidar que Deus, pela irradiação dessa nova luz e pela novidade desta inspiração, lhe tivesse dado ensinar, por palavras e escritos, novas ideias"[280].

As reflexões novidadeiras de Tomás de Aquino encontravam resistências. Três anos depois de sua morte, várias de suas proposições foram condenadas por teólogos de Paris e Oxford, tendo encontrado defesa no

---

[275] Frei Carlos Josaphat. **Paradigmas teológicos de Tomás de Aquino**, p. 43.
[276] C.Boff, **São Tomás de Aquino...**, p. 430-431.
[277] *Ibidem*, p. 437.
[278] *Ibidem*, p. 437.
[279] *Ibidem*, p. 435.
[280] *Ibidem*, p. 435.

grande Alberto Magno, que veio a pé de Colônia a Paris para defender o seu discípulo contra seus adversários.[281].

Com Tomás de Aquino, aprendemos, e isso é fundamental, que "não existe, em princípio, objeto ou acontecimento algum que não possa ser teologizado. Tudo é teologizável"[282]. Como postulado ontológico fundamental, firma-se a ideia de que o não teológico pode "ser susceptível de se tornar teológico"[283].

Prosseguiu seus estudos sob a direção de um dos grandes mestres de teologia da ocasião, Alberto Magno. Sua primeira etapa como professor em Paris ocorreu entre os anos 1252 e 1256. Os alunos logo percebem a novidade de seu ensino, tanto no conteúdo, quanto na argumentação e linguagem: "A surpresa era grande, prolongando-se no encanto e na admiração por um jovem mestre". Sua presença retomava aquele fascínio de anos anteriores com as aulas de Pedro Abelardo[284]. Sua aula inaugural, na Sorbone, como mestre de Teologia, ocorreu em 03 de março de 1256, quando tinha apenas 31 anos[285]. Sua atividade de ensino prolongou-se por outros lugares, como Orvieto, Roma e Nápoles, onde se deu a última etapa de sua atuação docente[286].

Não se falava em teologia na ocasião, mas *sacra doctrina*. O tema de sua primeira aula expressava o toque místico-poético: "*Rigans montes de superioribus tuis*" ("Do alto de tuas moradas tu irrigas as montanhas" – do Salmo 103, 13)[287]. Para Tomás de Aquino, o estudo não consistia em impedimento algum para a piedade, mas era algo que a favorecia e irrigava. Ele sorveu sua inspiração em grandes pensadores como Pseudo Dionísio, o Areopagita e Agostinho.

A elaboração de seu primordial trabalho, a *Suma Teológica*, iniciou-se em 1265, e a ela dedicou-se seus últimos nove anos de atividade intelectual. Como indicou Josaphat, esse trabalho:

> [...] marcará o termo de sua caminhada. Pressupõe e coroa um trabalho intenso de estudo, de pesquisa, de ensino e toda uma série de escritos que visam prepara-la. Estes assumem

---
[281] *Ibidem*, p. 435.
[282] Clodovis Boff. **Teologia e prática**. Teologia do político e suas mediações. Petrópolis, Vozes, 1978, p. 85.
[283] Clodovis Boff. **Teologia e prática**, p. 85. Argumento trabalhado por Tomás de Aquino, em sua *Suma Teológica* I, q. 1, a.3.
[284] Frei Carlos Josaphat. **Paradigmas teológicos de Tomás de Aquino**, p. 21.
[285] *Ibidem*, p. 23.
[286] *Ibidem*, p. 33.
[287] Clodovis Boff. **União de teologia e piedade...**, p. 442.

o tipo hermenêutico, de interpretação dos textos bíblicos, aristotélicos e de outros autores como Boécio ou Dionísio Areopagita[288].

A *Suma Teológica* não vinha compreendida como um texto específico das aulas, mas como subsídios fundamental "para uma leitura mais inteligente da Palavra de Deus"[289]. A utilização dessa obra como texto acadêmico só vai ocorrer posteriormente, a partir do século XVI.

A produção de Tomás de Aquino é imensa: ultrapassa 8 milhões de palavras[290]. Era um grande mestre que conseguia, como poucos, integrar a teologia com a piedade. Com base em apontamento de Jacques Maritain, o secretário de Tomás de Aquino, frei Reginaldo de Piperno, dizia que:

> [...] ele devia menos seu saber ao esforço de seu espírito do que ao poder de sua oração. Todas as vezes que queria estudar, discutir, ensinar, escrever ou ditar, recorria, primeiro, ao segredo da oração, chorando diante de Deus para descobrir a verdade dos segredos divinos[291].

Na visão correta de Clodovis Boff, com que também concordo, Tomás de Aquino é passagem obrigatório para todo teólogo. Trata-se de um teólogo imprescindível, de passagem, mas não de destino[292]. Ele deixa em aberto janelas e portas para reflexões novidadeiras. Há que repetir, sem se cansar, que ele tinha um profundo apreço pela razão no exercício da teologia. Ganha-se sempre em conviver e se medir com os grandes espíritos, como lembra Clodovis Boff. Ganha-se em inteligência, mas também em humildade.

Clodovis nos lembra que "a gente sempre ganha em conviver, aprender e medir-se com os grandes espíritos. Ganha-se em inteligência e até em humildade. É sempre com a sensação de força e grandeza que se fecha uma obra de Tomás de Aquino"[293].

Sua grande obra de referência é a *Summa Theologica*, iniciada em 1265, em Roma, mas não finalizada em razão de uma importante visão de Deus ocorrida em 06 de dezembro de 1273, na qual se sentiu convocado a parar de escrever e de ensinar. É o que nos recorda a tradição hagiográfica.

---

[288] Frei Carlos Josaphat. **Paradigmas teológicos de Tomás de Aquino**, p. 27.
[289] C.Boff, **discurso de paraninfo...**, p. 441
[290] William J. Collinge. Thomas D'Aquin (1224-1225-1274). In: Allan D. Fitzgerald (Ed). **Enciclopédie Saint Augustin**, CERF, 2005, p. 1411
[291] C.Boff, **discurso...**, p. 443 (O livro de Jacques Maritain citado é: **Le Docteur Angélique**. DDB: Paris, 1930, p. 29).
[292] Clodovis Boff. Santo **Tomás de Aquino...**, p. 428.
[293] C. Boff. **Santo Tomás de Aquino e a TdL**, p. 431.

Como recorda Clodovis Boff:

> [...] no domingo da Paixão, em 26 de março de 1273, no último ano de sua vida, justo enquanto rezava a missa, a que assistiam muitos cavaleiros, comoveu-se às lágrimas e entrou em êxtase por um tempo tão prolongado que teve de ser sacudido para que continuasse a celebração[294].

No mesmo ano, no dia 06 de dezembro, foi acometido por uma profunda crise espiritual e psicológica (esgotamento). Era o dia da festa de São Nicolau. Enquanto celebrava a missa na capela daquele santo, teve um êxtase, acompanhado de lágrimas abundantes, a ponto de não poder servir à missa que veio em seguida. Ele subiu ao quarto "e recolheu num armário todos os instrumentos de trabalho. Deixou completamente de estudar e escrever. Retirou-se à cela, onde ficava deitado, orando quando não chorando"[295].

Seu secretário, frei Reginaldo, ainda tentou convencê-lo a retomar o trabalho, mas ele recusou. Na ocasião, já estava concluindo o tratado da penitência em sua *Suma Teológica*. Foi quando confessou ao secretário: "Frei, não posso mais escrever. Não posso. Diante do que me foi revelado, tudo o que escrevi me parece palha"[296]. A partir de então, o Aquinate caiu num apofatismo total: "Chegara à última linguagem do mistério: a linguagem da não linguagem, que é quando 'a palavra se faz visão' (Rumi) e a visão, silêncio. Esgotado, vai repousar no castelo da irmã, a condessa Teodora. Era seu último natal"[297].

Ao final da vida, Tomás alcançou um grande feito na visão dos grandes místicos medievais, e muito apreciado por eles, ou seja, o "dom das lágrimas"[298]. No final de janeiro de 1274, último ano de sua vida, começa sua longa viagem em direção a Lyon (França), onde, em maio, se abririam os trabalhos do de um concílio ecumênico, que se propunha a união dos católicos com os cristãos gregos. Foi quando, então, caiu gravemente enfermo, tendo que se hospedar num mosteiro vizinho: a abadia cisterciense de Fossa Nova. O seu estado se agrava. Mesmo no seu leito de morte ainda comentou, a pedidos dos monges, o Cântico dos Cânticos, um dos mais belos e místicos livros do Primeiro Testamento. Foi sua derradeira atividade teológica[299]. Ele morre

---

[294] C.Boff, **discurso...**, p. 444.
[295] *Ibidem*, p. 446.
[296] *Ibidem*, p. 446.
[297] *Ibidem*, p. 446.
[298] C.Boff, **discurso...**, p. 445.
[299] *Ibidem*, p. 446-447.

no dia 07 de março de 1274, aos 49 anos, lúcido e sem agonia, com as mãos juntas em oração[300].

Mesmo não sendo um grupo tão numeroso como o dos franciscanos, os dominicanos tiveram um papel importante na espiritualidade e na mística da Idade Média tardia. Temos duas referências importantes nesse campo, como as figuras de Alberto Magno (cerca de 1200 a 1280) e Tomás de Aquino (1225-1274). Como mostrou Bernard McGinn, "a doutrina deles foi fundamental para a poderosa corrente mística que surgiu durante o século XIV na Alemanha na pregação e nas obras de Mestre Eckhart"[301].

As reflexões sobre Deus na *Suma Teológica* são muito importantes para a compreensão da visão de Deus em Tomás de Aquino. Cito aqui apenas uma reflexão feita por Tomás em sua grande Suma, em torno da Questão XIII, que trata dos nomes divinos. Tomás discute uma questão clássica entre os místicos: "Parece que nenhum nome convém a Deus". É o que também dizia Dionísio, o Areopagita, místico que também esteve no radar de Tomás de Aquino.

O Areopagita, em sua *Teologia Mística*[302], no capítulo 3, diz que "Quanto mais olhamos para cima, mais os discursos se contraem pela contemplação das coisas inteligíveis". Mas estamos sempre, diz o místico, envolvidos por uma "treva superior"[303]. É o que também vai dizer João da Cruz num de seus clássicos poemas: "Quanto mais alto se ousa, menos se entende"; ou, ainda, "O que ali chega deveras de si mesmo desfalece"[304].

Nenhuma narrativa pode traduzir o significado de Deus; nenhum nome, verbo ou pronome, pois Deus é desprovido de qualidade ou acidente. Ele não pode ser expresso ou nomeado por nós. Nós acessamos Deus por meio das criaturas, daí Mestre Eckhart distinguir entre o Deus das Criaturas e a Deidade. Esta última está acima do Deus pronunciado pelas criaturas. Igualmente na Suma contra os Gentios, Tomás nos lembra de que "Tudo aquilo que é dito acerca de Deus, e que a razão humana em si mesma é inca-

---

[300] *Ibidem*, p. 447.
[301] Bernard McGinn. **A colheita da mística na Alemanha Medieval (1300-1500)**. São Paulo: Paulus, 2022, p 30.
[302] Traduzida em português por Marco Lucchesi, com um pequeno ensaio meu – 2021, 2. ed. Editora Mauad. Pseudo-Dionísio Areopagita. **Teologia Mística**. 2 ed. Rio de Janeiro: Mauad, 2021.
[303] *Ibidem*, p. 37.
[304] Entrei onde não sabia. **A poesia mística de San Juan de la Cruz**. Traduzido por Dora Ferreira da Silva. Cultrix, 1984, p. 79.

paz de descobrir, não deve ser de imediato considerado como falso, como acreditaram os maniqueus e a maior parte dos infiéis"[305].

A *Teologia Mística* de Tomás de Aquino ocupa um lugar mais restrito que a de Alberto Magno, com seu "dionisianismo intelectivo" e sua ênfase na natureza sobrenatural da *Teologia Mística*, mas é igualmente importante. Como lembra McGinn, é difícil acessar a mística do Aquinate em razão de ele não falar de si mesmo ou de sua vida interior. O que sabemos sobre isso não passa de conjecturas, mas é certo que ele teve uma experiência de Deus rica e saborosa. Mas não há dúvida sobre o influxo da teologia patrística oriental, com a presença da teologia negativa ou apofática[306]. De fato, "o cuidado com que Tomás trata tantas práticas fundamentais da espiritualidade cristã, tais como a oração, fornece comprovação dos aspectos especulativos e práticos de sua doutrina espiritual"[307].

A relação entre contemplação e ação é um dos pilares de sua reflexão espiritual. É clássica a frase de Tomás: *contemplata aliis tradere*. Isso significa contemplar e dar aos outros os frutos da contemplação. O conhecimento de Deus, ou a busca de tal conhecimento, tem uma clara incidência na dinâmica da caridade. Na visão de Tomás de Aquino, a caridade "se dá e se revela como plenitude, como plenitude da plenitude"[308]. Em sua visão, uma "mística que pretende ir a Deus sem viver no amor verdadeiro e realista dos irmãos é uma ilusão"[309]. E sua mística vem marcada pelo reconhecimento da presença de Deus em todas as coisas[310].

Mesmo defendendo a superioridade da vida contemplativa sobre a vida ativa, Tomás reconhece que "as obrigações do amor cristão muitas vezes tornam necessário e mais meritório dedicar-se à ação do que permanecer na contemplação"[311].

Não há, em hipótese alguma, uma desconsideração em Tomás pela vida ativa, que em casos concretos pode mesmo prevalecer. Gustavo Gutiérrez, em sua clássica obra sobre a teologia da libertação, enfatiza o traço tomista que sustenta a ideia de que a graça não suprime ou substitui a natureza, mas

---

[305] Tomás de Aquino. Súmula contra os Gentios. *In:* **Os Pensadores**. São Paulo: Abril Cultural, 1973, p. 66.
[306] Frei Carlos Josaphat. **Paradigmas teológicos de Tomás de Aquino**, p. 20.
[307] Bernard McGinn. **A colheita da mística na Alemanha Medieval**. Tomo IV da obra de Bernardo McGinn. *A presença de Deus: uma história da mística cristã ocidental*. São Paulo: Paulus, 2022, p. 53.
[308] Frei Carlos Josaphat. **Paradigmas teológicos de Tomás de Aquino**, p. 513.
[309] *Ibidem*, p. 522.
[310] *Ibidem*, p. 107.
[311] Bernard McGinn. **A colheita da mística na Alemanha Medieval**, p. 65.

a aperfeiçoa. Ele abre assim, como lembra Gustavo, "as possibilidades de uma ação política mais autônoma e desinteressada"³¹².

O que gostaria de lembrar aqui nesta reflexão é o traço contemplativo de Tomás de Aquino e, em particular, a sua visão de Deus. Não há dúvida sobre o impacto em sua obra de uma teologia negativa ou apofática. O Aquinate sempre enfatiza e garante o traço fundamental da transcendência divina. Não como saber o que Deus é na sua condição transcendente, daí a presença da teologia negativa em sua grande *Suma Teológica*. Tomás, "apoiando-se na metafísica de Aristóteles, mas indo além do filósofo, utiliza sempre a razão, empenhando-se em reconhecer e superar os limites não apenas das imagens, mas até mesmo dos conceitos"³¹³.

Em sua doutrina sobre Deus, há uma ênfase importante no dado da "simplicidade da natureza divina". É algo que nos faz lembrar da reflexão de Eckhart em seu sermão alemão 2, quando fala da presença de uma força na alma que flui do Espírito, inteiramente espiritual. Trata-se de uma força que revela o que há de incandescente e ardente em Deus. Nessa força "a alegria é tão grande, o deleite tão incomensurável, que ninguém jamais pode expressá-lo exaustivamente ou revelá-lo"³¹⁴. É uma força que habita o "burgozinho" da alma, que é simples e elevada e que permanece obscurecida mas ativa. Tal centelha interior "é livre de todos os nomes e despida de todas as formas". Ali, sim, emerge o que há de "florescente e verdejante" de Deus³¹⁵.

O influxo dionisíaco sobre Tomás de Aquino é claro, ao firmar o conhecimento de Deus com base na negação, isso como uma precisa estratégia linguística. Mesmo quando falamos sobre a bondade de Deus, sabemos que não é ela que alcançamos, mas se insere numa dinâmica de balbucio que apenas nos aproxima da fresta de luz que ela envolve. A bondade de Deus não é aquela "que podemos predicar". Dizia também Eckhart em outro sermão alemão, o de número 83, lembrando um mestre pagão, que "aquilo que compreendemos ou dizemos a respeito das causas primeiras, isto somos mais nós mesmos do que a própria causa primeira"³¹⁶.

Não há, pois, verdade quando dizemos que "Deus é bom", ou que "é sábio", ou "melhor". Nada disso pode ser aplicado a Deus, "pois ele está

---

³¹² Gustavo Gutiérrez. **Teologia da libertação**. Petrópolis: Vozes, 1975, p. 57.
³¹³ Frei Carlos Josaphat. **Paradigmas teológicos de Tomás de Aquino**, p. 101.
³¹⁴ Mestre Eckhart. **Sermões alemães 1**. Petrópolis: Vozes, 2006, p. 49.
³¹⁵ Mestre Eckhart. **Sermões Alemães 1**. Petrópolis: Vozes, 2006, p. 49-50.
³¹⁶ Mestre Eckhrt. **Sermões alemães 2**. Petrópolis: Vozes, 2008, p. 118.

elevado acima de tudo", de todas as nossas representações, que se mostram sempre movediças e imprecisas diante do mistério maior. Para Eckhart, o que define Deus é uma "nadidade sobreessencial"[317].

Na visão de Tomás de Aquino, não há como compreender Deus, dada a sua infinitude. Nem a razão natural, as visões proféticas ou mesmo as mais altas luzes de fé processam o acesso ao mistério, que permanece obscurecido e incógnito. Em sua obra *De Veritate*, Tomás sublinha que "a visão dos bem-aventurados não é distinta da visão de alguém ainda nesta terra conforme o ver mais ou menos perfeito, mas mediante a diferença de ver e não ver"[318]. Como mostra Aquinate, o contemplativo é envolvido por um dom especial, por meio da graça, que favorece uma aproximação positiva ao mistério.

É algo que reflete uma "graça gratuita", como ocorre por exemplo no êxtase. O que temos no tempo, como nos lembra Paulo na Primeira Carta aos Coríntios, é uma posse contemplativa imperfeita, "mediante o espelho do enigma" (1 Cor 13,12). A contemplação escapa ao domínio propriamente intelectual, estando inserida no âmbito da fé e da "simples consideração da verdade". Ela é, sobretudo, um "dom de Deus". O seu campo não é o discursivo, mas o experiencial, e reflete a dinâmica do coração. Ao contemplativo, é favorecida a experiência de "saborear a suavidade" da vontade de Deus.

O centro da doutrina do Aquinate, como assinala McGinn, é "o conhecimento místico como uma forma de saber experiencial e conatural fundado na união com Deus por meio da caridade e conduzindo à recepção do dom da sabedoria divina"[319]. Para Tomás de Aquino, como também para Alberto Magno, a melhor forma de acesso ao conhecimento de Deus é a "ignorância", daí o traço essencial da humildade para todo buscador. Essa "ignorância" é um passo essencial de participação na sabedoria divina. Conhecer a Deus "é ser iluminado pela própria profundeza da sabedoria divina, de que não somos capazes de investigar"[320].

Junto com o êxtase, Tomás sublinha igualmente o traço do "arrebatamento" no campo da experiência mística. A alguns vem concedida essa experiência de serem tomados por Deus: aqueles que são "totalmente arre-

---

[317] Mestre Eckhart. *Sermões Alemães* 2. Petrópolis, Vozes, 2008, p. 118.
[318] Bernard McGinn. **A colheita da mística na Alemanha Medieval**, p. 56-57.
[319] *Ibidem*, p. 64.
[320] *Ibidem*, p. 65.

batados da ação dos sentidos, de modo que a alma inteira é reunida dentro da visão da essência divina"[321].

Há aqui outra referência bíblica singular, retirada de 2 Cor 12,2-5, quando Paulo relata que foi arrebatado até o paraíso, ouvindo, então, as "palavras inefáveis que não é lícito ao homem repetir". Como indica McGinn, a doutrina de Tomás de Aquino sobre a contemplação encontra-se "entre as mais sistemáticas na história do pensamento cristão", servindo-se de ponto de arranque fundamental para as abordagens teológicas em torno da questão mística.

A visão neoescolástica do Aquinate dominou a teologia católica entre os anos 1880 e 1960, e sua perspectiva sobre a contemplação "permanece um ponto alto da reflexão doutrinal sobre a mística cristã"[322]. Tomás foi grande inspirador do teólogo Karl Rahner, que a ele dedicou um importante texto de seus escritos teológicos, isso em 1974, em torno aos problemas concernentes à incompreensibilidade de Deus segundo Tomás de Aquino. Com base em Aquinate, Rahner sublinha que Deus, em todo lugar, permanece como algo incompreensível a todo intelecto finito e criado, inclusive "para os anjos e para os homens beatos, e para a alma criada do Homem-Deus". Também Jesus, participa da "bem-aventurada ignorância de Deus". Jesus, enquanto humano, na sua experiência de fé, encontra-se sempre diante deste "mistério inexorável", também para ele[323].

Jesus Cristo, e nossas narrativas sobre ele, convocam-nos para a rejeição a qualquer "encarceramento na aparência". Estamos todos, incluindo Jesus feito homem, distanciados do Inominado, e nossas representações a respeito são sempre movediças. A figura de Jesus é também algo que nos orienta para Outrem, "cujo nome é indizível". Como mostra o dominicano Christian Duquoc, "a singularidade de Jesus, o Cristo, não abole as outras singularidades, ela as aponta como fragmentos potenciais de um todo inacabado, e inacabável para nós"[324].

---

[321] *Ibidem*, p. 66.
[322] *Ibidem*, p. 68.
[323] Karl Rahner. **Teologia dall'esperienza dello Spirito**. Nuovi Saggi VI. Roma: Paoline, 1978, p. 370; 375.
[324] Cristian Duquoc. **O único Cristo**. A sinfonia adiada. São Paulo: Paulinas, 2008, p. 92-93.

CHARLES DE FOUCAULD E A IMERSÃO NA "INFINITA DELICADEZA"

Introdução

Quando ampliamos o olhar, encontramos, por toda parte, buscadores espirituais muito especiais; pessoas singulares que dedicaram sua vida ao amor ao próximo e à hospitalidade sagrada. Uma delas, que brilha de forma singular, é Charles de Foucauld (1858-1916). Todo o seu itinerário foi tecido pela doação e pelo despojamento, por uma espiritualidade da relação. Foi alguém que encontrou o segredo de si mesmo no deserto, entre os últimos, fazendo de sua vida um "evangelho vivo". Era monge, mas de um feitio novidadeiro, que escolheu o caminho radical do seguimento de Jesus, sem buscar sinais sociais mais sonoros, mas recolhido na mais íntima solidão, entre aqueles sofridos que viviam no deserto. Um jeito novo de ser "missionário", longe de qualquer proselitismo e voltado unicamente para a presença silenciosa, eloquente, junto aos mais pobres. Escrevia a um amigo, padre Guérin, em 02 de julho de 1907: "Sou um monge, não missionário. Sou feito para o silêncio, não para a palavra"[325]. Dizia ainda para outro grande amigo, Louis Massignon, em 22 de julho de 1914: "Há que se deixar impregnar pelo espírito de Jesus, lendo e relendo, meditando e remeditando sem descanso as suas palavras e seus exemplos", como aquela água preciosa que, de gota em gota, deixa suas marcas na pedra, naquele mesmo lugar[326]. O valor essencial que ele deixou como legado é o testemunho, que se irradiou pelos irmãozinhos e irmãzinhas de Foucauld. Não o testemunho dito, mas aquele mais essencial, silencioso, marcado pelo estar-junto-do-outro, sem busca de reciprocidade, daquela presença invisível ou quase invisível do encontro profundo com os mais pobres e desvalidos. Estamos diante de um místico raro, que viveu sua experiência espiritual de forma ampla e solidária[327], com o único intuito de servir a Deus, acima de todas as coisas, na perspectiva bíblica do seguimento de Jesus. E o bonito em sua caminhada foi a peregrinação, a busca de uma contínua abertura, que foi se espraiando em

---

[325] MARCOCCHI, Massimo (a cura di). **Charles de Foucauld. Nel deserto con amore**. Brescia: Editrice La Scuola, 2012, p. 35.
[326] *Ibidem*, p. 35.
[327] PICCOLA sorella Annunziata di Gesù. **Charles de Foucauld e l'islam**. Magnano: Qiqajon, 2005, p. 188.

presença junto aos árabes, muçulmanos, até o gesto bonito de domiciliação entre os tuaregs no deserto do Sahara, em radical despojamento e ruptura com os laços de apego a si mesmo.

Um caminho singular de abertura

A mais clássica biografia de Charles de Foucauld, que inspirou gerações de seguidores, foi publicada por René Bazin, em 1921[328], depois de longa pesquisa que se iniciou no outono de 1917, chegando às livrarias no mês de setembro do mesmo ano. Foi uma solicitação feita por Louis Massignon, que suscitou vocações bonitas como a de René Voillaume e Magdeleine de Gesù, discípulos queridos que levaram sua herança por toda parte do mundo[329].

Charles de Foucauld nasce em 15 de setembro de 1858, em Estrasburgo, na Alsácia, quando a região não tinha ainda se anexado à Alemanha. Vinha de uma família aristocrata, mas perdeu seus pais cedo, quando tinha 6 anos de idade, por ocasião da guerra franco-prussiana, tendo que deixar sua terra e se exilar na Suíça, aos cuidados de seu avô, que deixa depois para ele uma grande herança. Ele se estabelece em Nancy, onde frequenta a escola (1871-1874), e depois se fixa em Paris, onde segue seus estudos na Escola Saint Geneviève, sob a direção dos jesuítas (1874-1875). Veio, em seguida, transferido para a escola de cavalaria de Saumur (1878-1879) e, em 1880, parte para sua primeira expedição na Argélia, onde participa de operações militares. Ficou ali por pouco tempo, dispensado por indisciplina e indevida conduta. Abandona o exército entre os anos de 1883 e 1884 e parte para uma arriscada viagem de exploração no Marrocos, ainda bem desconhecido dos europeus. É ali que vai se encontrar com o mundo dos muçulmanos, sobretudo da acolhida e da hospitalidade. Foi algo que subverteu seu mundo interior, provocando grande sedução e admiração. O encontro com o Islã vai marcar definitivamente sua vida e vocação. O jovem retorna a Paris, mas bem modificado, iluminado por uma "intensa graça interior", que o leva a iniciar o caminho de sua conversão. Dava-se início à sua busca de Deus, marcada pela interrogação que ficou conhecida: "O meu Deus, se existes, faça que te conheça". Mesmo tendo sido educado na tradição cristã, tinha perdido sua fé aos 15 ou 16 anos. Vinha tomado por muitas dúvidas com respeito à fé católica, e para ele vários dogmas colidiam profundamente com a razão. O início da

---

[328] BAZIN, René. **Charles de Foucauld explorateur au Maroc, ermite au Sahara**. Paris: Plon, 1921.
[329] VOILLAUME, René. **Charles de Foucauld e i suoi discepoli**. Cinisello Balsamo: San Paolo, 2001; DI GESÙ, Magdeleine. **Gesù per le strade**. I parte (1936-1949). Casale Monferrato: Piemme, 2000.

conversão veio não pelo caminho tradicional, mas pelo apreço de virtudes que reconhecia no cristianismo, em particular, a percepção da riqueza do exercício do amor como ponte de acesso ao mistério maior de Deus. Por meio do evangelho, veio a luz do caminho amoroso, ingrediente essencial para acolher no seu íntimo o primeiro mandamento que convidava a amar a Deus de todo o coração. O momento preciso da conversão ocorreu em outubro de 1886, quando se confessou e recebeu a comunhão por parte do padre Huvelin, ao qual estará ligado por muitos anos, como mestre espiritual[330]. Foi o sacerdote que o acolheu com afeição e conseguiu responder com plausibilidade às questões existenciais e religiosas de Foucauld[331]. Foram muitas e ricas as presenças de amigos na vida de Foucauld, como padre Huvelin, a quem sempre recorria nos momentos de inquietude e naqueles decisivos da sua vocação. Era para ele como um pai espiritual, seu confessor e melhor amigo. Pode-se também lembrar a presença de Louis Massignon, com o qual manteve uma singular correspondência ao longo da vida, bem como do padre Guerin. No campo espiritual, tinha as presenças de Teresa de Ávila e João da Cruz, bem como de João Crisóstomo.

Após visitar familiares, já pensando na hipótese da vida religiosa, parte em peregrinação na Terra Santa, no inverno de 1888-1889, sendo profundamente atraído por Jesus de Nazaré, mistério kenótico do Deus que desceu ao mundo dos deserdados e excluídos. Em seguida, busca encontrar o melhor caminho de viver sua caminhada espiritual e faz retiros entre beneditinos, trapistas e jesuítas. Reconheceu na Trapa o lugar ideal para viver essa experiência de amor a Deus, e passou sete anos em comunidades trapistas, em tempos de maior estabilidade em sua vida[332]. Os primeiros seis meses foram em Notre-Dame des Neiges, em Ardèque, na comuna de Saint-Laurent-les--Bains (França – entre janeiro e junho de 1890), quando tinha 32 anos. Ali recebe o hábito de noviço e ganha o nome de frère Marie-Albert; em seguida numa pobre comunidade trapista da Síria, em Akbés, de 1890 a 1896, com um breve intervalo para o priorado e profissão religiosa na comunidade trapista de Notre-Dame du Sacré Coeur, na Síria. Sua profissão religiosa ocorreu em 02 de fevereiro de 1892. Nessa etapa final, faz o discernimento de que a Trapa não seria o lugar ideal para sua experiência contemplativa, captada

---

[330] Henri Huvelin era vigário em Saint-Augustin, em Paris, e foi diretor espiritual de Charles de Foucauld entre os anos 1886 e 1910.
[331] MARCOCCHI, Massimo (a cura di). **Charles de Foucauld**. Nel deserto con amore. Brescia: Editrice La Scuola, 2012, p. 83.
[332] CHATELARD, Antoine. **Charles de Foucauld verso Tamanrasset**. Magnano: Qiqajon, 2002, p. 61.

com alegria em sua estadia em Nazaré. Seu caminho deveria ser outro. Em correspondência com seu guia espiritual, padre Huvelin[333], manifesta, pela primeira vez, o desejo de uma congregação de monges simples, com vida comunitária de seguimento radical de Jesus. O desejo era de uma comunidade que pudesse acolher indistintamente a todos, "amigos ou inimigos, muçulmanos e cristãos"[334].

Em 1986, passa um tempo na Trapa argelina de Staueli e dali é enviado à Roma, onde pediu dispensa de votos, que acabou adiando por um tempo para seus estudos teológicos.[335] Faz seus votos perpétuos de castidade e pobreza em fevereiro de 1897, junto a seu confessor, o padre trapista Robert Lescand, recusando, a partir de então, qualquer apego à propriedade, buscando, assim, a vida de "pobre operário". No mesmo ano, parte para Nazaré, na Terra Santa, onde passa a viver em simplicidade, num trabalho cotidiano de abnegação e pobreza, por quatro anos, de março de 1897 a julho de 1900. Nessa ocasião, trabalhou como jardineiro das irmãs Clarissas[336], sendo, então, reconhecido como frère Charles de Jesus. Numa de suas cartas, dirigida a Raymond de Blic (24/04/1897), ele assinala que vivia numa "casinha solitária", no terreno pertencente às irmãs clarissas: num "eremitério delicioso, perfeitamente solitário", com grande liberdade[337]. Foi um período difícil na vida de Foucauld, mas determinante no delineamento de sua humanidade. Um período em que vivenciou a densidade de tentações[338], sendo orientado por Huvelin, um dos mais singulares diretores espirituais do século XIX.

Por conselho da abadessa das clarissas de Jerusalém, decide preparar-se para o presbiterado, sendo ordenado no seminário maior de Viviers, no Ardèche (França)[339]. Ali consegue a autorização para ser "padre livre" da diocese de Viviers no Sahara, vindo a se estabelecer em Beni Abbès, no Sul de Orã, entre o Marrocos e a Argélia. Ali permaneceu entre os anos de 1901 e 1905. Seu desejo era continuar no Sahara "a vida escondida" de Jesus de Nazaré, não com o intuito de pregar, mas de viver na solidão, humildade e

---

[333] Em setembro/outubro de 1893.

[334] MARCOCCHI, Massimo (a cura di). **Charles de Foucauld**. Nel deserto con amore, p. 92. Sua sede mais intensa era a de viver uma experiência espiritual mais prática, colada à realidade, no exemplo de Jesus de Nazaré: SOURISSEAU, Pierre. **Charles de Foucauld**. 1858-1916. Torino: Effatà Editrice, 201, p. 210.

[335] A ida para Staueli foi decidida pelo abade geral dos cistercienses, visando a possibilitar um tempo de reflexão para Foucauld, antes da decisão da saída da Trapa (Chatelard, 2002, p. 71).

[336] MASSIGNON, Louis. Écrits mémorables, 1. Paris: Éditions Robert Laffont, 2009, p. 93.

[337] CHATELARD, Antoine. **Charles de Foucauld verso Tamanrasset**, p. 77-78.

[338] MARCOCCHI, Massimo (a cura di). **Charles de Foucauld**. Nel deserto con amore, p. 83-111.

[339] Em 9 de junho de 1901.

pobreza, servindo aos outros no exercício da oração conjugada com a prática da caridade. Em Beni Abbès, celebra sua primeira missa e faz contato com o padre branco Guerrin, que o aceita para trabalhar em seu território eclesiástico. Sua intenção viva era de formar uma comunidade pobre e chega a comprar um terreno para formar sua fraternidade, onde construiu uma pequena capela e um eremitério, inspirando-se nos zâwiya muçulmanos; como hábito, uma rústica túnica branca, com um coração vermelho encimado por uma cruz. O ritmo da vida comunitária vinha pontuado pelo trabalho manual, pela oração e pela adoração ao santíssimo sacramento.

Em razão de dificuldades de experiência naquela localidade, por causa da guerra entre os franceses e os tuaregs, decide estabelecer-se entre estes últimos, com a autorização de seus mentores especiais, monsenhor Guerín e padre Huvelin. Charles de Foucauld vinha movido pelo singular anseio da hospitalidade, para ele, um dom evangélico singular, junto à atração pelo islã, com sua simplicidade, pontuando seu itinerário espiritual nas terras do Sahara. O desafio de penetrar naquele mundo misterioso dos tuaregs, meio inacessível, marcava seu espírito e sua vocação. Mas seu gesto de despojamento e hospitalidade nunca era considerado suficiente. O alvo era um despojamento ainda mais radical, para se aproximar do exemplo do Jesus nazareno. Como local de "ministério", escolheu Tamanrasset, aonde chegou em 1905. A região era deserta, com um pequeno número de pobres, cerca de 20 cabanas disseminadas num espaço de 3 quilômetros. Naquele lugar, construiu uma cabana simples, para sua vida de oração, conhecimento da região, interlocução criadora com os tuaregs e assistência aos nômades que passavam pelo povoado. Junto aos tuaregs, viveu uma singular experiência espiritual, que lhe proporcionou pistas de superação de seu exclusivismo[340] e o reconhecimento essencial do valor da simples presença entre os outros. Em carta a um amigo, frère Charles, assinalou: "Meu caro doutor, estou aqui não para converter num lance os tuaregs, mas para buscar compreendê-los e contribuir no seu aperfeiçoamento"[341]. Como linguagem fundamental, escolheu a do amor. Como indicou Jacques Maritain, o objetivo visado era, simplesmente, "o de os amar, e de os compreender com amor, partilhando com eles a sua vida, a sua pobreza, os seus sofrimentos, e sem ter a menor

---

[340] O que não significa que sua teologia já estivesse marcada pela abertura que ocorrerá mais adiante na Igreja Católica. Sua reflexão teológica ainda ressentia dificuldades de avançar para novas intuições dialogais (Chatelard, 2002, p. 158).

[341] PICCOLA sorella Annunziata di Gesù. **Charles de Foucauld e l'islam**, p. 186.

intenção de os converter"³⁴². Na região, alcançou sua maturidade espiritual, além de exercer um fabuloso trabalho de tradução de poesia tuareg (cerca de 6 mil versos), bem como um léxico e uma gramática em língua tuareg³⁴³. Ali viveu, entre os mais pobres, até sua morte, ocorrida em 01 de dezembro de 1916. Em anotação escrita em Tamanrasset, publicada em livro de 1979, ele dizia: "Amar o próximo, quer dizer todos os homens, como nós mesmos, ou seja, fazer da salvação dos outros, como da nossa, a tarefa de nossa vida: amar-nos uns aos outros como Jesus nos amou, fazer da salvação de todas as almas a tarefa de nossa existência"³⁴⁴. O período final de sua vida foi de extremo despojamento, com proximidade mesmo de uma "aniquilação" de si, visando à união mais íntima de Jesus e sua mensagem.

A vocação de uma solidão sonora

Charles de Foucauld foi alguém sempre temperado pelo desejo da solidão, da vida íntima de oração, mas sem, com isso, em nenhum momento, se isolar de sua gente, sobretudo dos mais desvalidos. Em sua primeira regra, de 1896, prescrevia aos discípulos meia hora de oração tanto na manhã como na noite, pedindo a Deus "a salvação de todos os homens"³⁴⁵. Seu encontro com o islã, com os pobres muçulmanos, revela um lindo exercício de amor evangélico. Nunca sentiu sua vocação como a de um pregador tradicional, mas de alguém dedicado a uma existência silenciosa de presença junto aos outros. Sua concepção da vida monástica era distinta daquela vivida na Trapa: não da separação do mundo, mas "do silêncio no coração do mundo"³⁴⁶. No momento de radical despojamento, em Tamanrasset, buscou estar bem próximo daqueles que o deserto isolou do mundo³⁴⁷.

Sempre expressou a alegria de receber de Deus esse dom do silêncio e do serviço, bem como a felicidade de viver sua experiência religiosa no seguimento de Jesus. O horizonte de sua missão era o da radicalidade do

---

[342] MARITAIN, Jacques. **O camponês do Garona**. Um velho leigo no Concílio. Lisboa: União Gráfica, 1967, p. 96.

[343] Louis Massignon relata o excelente labor científico de Charles de Foucauld, no âmbito de suas traduções, de enriquecimento de seus estudos topográficos, demográficos e linguísticos Louis Massignon. Écrits mémorables I. Paris: Robert Laffont, 2009, p. 125. Pode-se ainda mencionar o seu impressionante epistolário, com cerca de 6,5 mil cartas. Um passo importante para se acessar a vida interior de Foucauld é adentrar-se nas cartas que ele escreveu para Madame de Bondy, sua prima querida, e o padre Huvelin.

[344] DE FOUCAULD, Charles. **Voyageur dans la nuit**. Paris: Nouvelle Cité, 1979, p. 207-208.

[345] CHATELARD, Antoine. **Charles de Foucauld verso Tamanrasset**, p. 157.

[346] MARCOCCHI, Massimo (a cura di). **Charles de Foucauld**, p. 35.

[347] *Ibidem*, p. 34.

amor: aos outros e a Deus, com todas as fibras de seu coração. Era tomado por uma só vontade: a de fazer o Bem que está no projeto de Deus. Daí sua opção por uma vida monástica simples e despretensiosa, sem qualquer pretensão de reciprocidade. O caminho que estava diante era o da pura gratuidade. Ninguém escolhe uma vocação, dizia Foucauld, mas sempre a recebe como um dom. Em seu itinerário, estava o desafio de ver em cada ser humano um irmão, deixando-se cativar por ele. Daí gostar imensamente da expressão de difícil tradução: *apprivoiser*. Em sua clássica oração do abandono, ele pede a Deus, com energia, para que ele envolva todas as malhas de seu ser:

> Meu Pai,
> Entrego-me a vós,
> Fazei de mim o que for do vosso agrado.
> O que quiseres fazer de mim, eu vos agradeço.
> Estou pronto para tudo, aceito tudo,
> **desde que a vossa vontade se realize em mim,**
> em todas as vossas criaturas;
> não desejo outra coisa, meu Deus.
> Deponho minha alma em vossas mãos,
> eu vo-la dou, meu Deus, com todo o amor do meu coração,
> porque vos amo
> e porque, para mim, é uma necessidade de amor dar-me
> e entregar-me em vossas mãos, sem medida,
> com uma confiança infinita, pois sois meu Pai[348].

A oração do abandono é considerada das mais clássicas de todo o repertório místico mundial. Uma oração rezada em todos os quadrantes do mundo. Ela tem um feitio semelhante ao realizado no devocionário muçulmano e faz lembrar os grandes poemas de amor sufis. Foi provavelmente composta[349] por Charles de Foucauld, quando ele esteve em Nazaré, num retiro de 1897, meditando sobre uma passagem evangélica, de Lucas 23,46: "Pai, em tuas mãos entrego o meu espírito".

Na medula da experiência do amor, está aquela linda expressão árabe, *Rahma*, com sua significativa raiz trilítera: R-H-M, que indica o mistério da compaixão e da misericórdia que habita cada ser humano e toda a criação. Na base desse exercício de amor, vivido intensamente por Foucauld, a percepção de que a vida interior é a fonte de todas as virtudes, o ponto de arranque para a "delicadeza fraterna". Tudo nasce desse sacrário interior,

---

[348] TEIXEIRA, Faustino; BERKENBROCK, Volney (org.). **Sede de Deus**. Petrópolis: Vozes, 2002, p. 25-26.

[349] Há controvérsias sobre esta datação. Outros dizem é que ela teria sido composta no final de sua permanência na Trapa de Akbés: MARCOCCHI, Massimo (a cura di). **Charles de Foucauld**, p. 68.

desse braseiro, como tão bem expressa Teresa de Ávila. Amar, dizia Foucauld, não se resume a sentir que se ama, mas a "querer amar"[350]. Na dinâmica de sua vida espiritual, Foucauld viveu a riqueza desse colóquio interior com Deus, na proximidade bonita com aquele que, como diz Teresa de Ávila, nos abraça mesmo antes de qualquer movimento nosso em sua direção. Foram vários e intensos os momentos dessa Presença vibrante do Amado no profundo silêncio do Sahara, algo de uma doçura indescritível. Nos passos de seu itinerário dialogal, uma sensibilidade nova, de "infinita delicadeza" no exercício da caridade, sem uma preocupação de grandes serviços, mas de um cuidado cotidiano, de tenra delicadeza nos pequenos gestos e detalhes de atenção aos corações[351].

Apesar de todo o seu despojamento e sua dedicação, Foucauld entendia que podia avançar ainda mais no seguimento de Jesus. Daí reforçava a sua oração, de modo a poder libertar-se de tudo que não era o Amado. Tinha plena consciência de seus limites: seu escasso amor a Deus e ao próximo, bem como a carência da humildade necessária para o seu apostolado[352]. Assim como todos os místicos, viveu a experiência da tentação, da dificuldade de orar, do passo atemorizador da proximidade do demônio. Isso ocorreu em momentos delicados de sua vida no deserto, nos picos de solidão, quando vivenciou a experiência da noite escura e da aridez espiritual[353]. Ninguém está livre desses momentos sombrios que acompanham a jornada espiritual.

A hospitalidade sagrada

O referencial evangélico foi o companheiro contínuo de Charles de Foucault em sua jornada espiritual. É desse manancial que brota e irradia toda sua tessitura dialogal. Tinha um carinho especial pela amizade, radicalizada na delicadeza fraterna e no sagrado dever da hospitalidade. Para ele, o hóspede não era um estranho ou desconhecido, mas um "hóspede de Deus". Na relação dialogal com os outros, vivenciava algo de profundo, como a experiência reveladora do sagrado. A hospitalidade era o caminho escolhido para partilhar a via humilde com os humildes. Daí se poder afirmar com tranquilidade o toque de sua mística da hospitalidade e uma compreensão

---

[350] MASSIGNON, Louis. Écrits mémorables, 1, p. 119.
[351] CHATELARD, Antoine. **Charles de Foucauld verso Tamanrasset**, p. 156.
[352] MARCOCCHI, Massimo (a cura di). **Charles de Foucauld**, p. 138.
[353] *Ibidem*, p. 27, 157-158. Isso aparece de forma clara na carta de Foucauld ao père Huvelin, seu mestre espiritual, em 15 de julho de 1906.

profundamente distinta do trabalho missionário, que escapa a qualquer proselitismo ou centralidade de um anúncio explícito. A missão é vista por ele como um testemunho silencioso da caridade. Fora dela, não há salvação. Já dizia desde cedo que ele tinha sido feito para o silêncio, e não para a palavra, distinguindo-se claramente do trabalho missionário dos padres brancos. Sua compreensão da Misericórdia de Deus era também fantástica. Não priorizava os sinais eclesiais visíveis, muitas vezes, obscurecidos pela ostentação, mas os traços invisíveis que adornam a experiência novidadeira do amor, o "verdadeiro pão espiritual da Hospitalidade"[354]. E não buscava a conversão dos outros, pois estava animado pela clara e lúcida consciência de que "Deus acolherá todos no Paraíso". Dizia que estava certo de que o bom Deus acolherá no céu todos aqueles de alma nobre, que fizeram de sua vida o exercício da bondade, honradez e honestidade[355]. Reconhecia não ser necessário falar do Senhor, mas criar laços de confiança e fraternidade.

---

[354] MASSIGNON, Louis. Écrits mémorables, 1, p. 126.
[355] MARCOCCHI, Massimo (a cura di). **Charles de Foucauld**, p. 38-39.

LITERATURA

GRANDE SERTÃO: VEREDAS, UMA EPOPEIA METAFÍSICA

> *Quando a gente dorme, vira de tudo:*
> *vira pedras, vira flor.*
>
> (GSV: 209)

Sem dúvida, estamos diante de uma das mais importantes realizações da literatura brasileira no século XX, com destaque essencial na literatura mundial. Trata-se da obra de Guimarães Rosa (1908-1967), *Grande sertão: veredas*[356]. Veio recentemente reeditada no Brasil pela Companhia das Letras, em sua 22ª edição[357]. Em âmbito internacional, o livro ganhou muitas edições, com destaque para a tradução alemã[358], com diversas edições sucessivas; bem como a reconhecida tradução italiana[359], com 14 edições publicadas.

Como mostrou Walnice Nogueira Galvão, "Guimarães Rosa é único na literatura brasileira: foi em sua pena que nossa língua literária alcançou seu mais alto patamar"[360]. O romancista conseguiu, com sua obra, tocar o "centro da língua", recorrendo com grande criatividade e ousadia à mais ampla "utilização de virtualidades" da narrativa portuguesa[361]. Há algo de misterioso e místico em GSV, revelando uma parceria singular entre autor e obra, como um "casal de amantes". Em entrevista a Günter Lorenz, em janeiro de 1965, Rosa dizia que "o bom escritor é um arquiteto da alma"[362]. Sem dúvida, sua relação com a linguagem tem um toque místico, de mistério, que carrega um jeito peculiar de ruminação da palavra que o mantém em

---

[356] O livro será sempre siglado com GSV.

[357] Guimarães ROSA. **Grande sertão: veredas**. 22ª ed. São Paulo: Companhia das Letras, 2019.

[358] A reconhecida tradução de Curt Meyer-Clason, de 1964. Está em curso uma nova tradução alemã, realizada por Berthold Zilly, para a editora Hansel, de Munique.

[359] Realizada por Eduardo Bizzarri (Feltrinelli Editore).

[360] Walnice Nogueira GALVÃO. **Guimarães Rosa**. São Paulo: Publifolha, 2000, p. 9 (Folha Explica).

[361] Willi BOLLE. **Grande sertão.br**. São Paulo: Duas Cidades/Editora 34, 2004, p. 400 e 442.

[362] Günter LORENZ. Diálogo com Guimarães Rosa. *In:* João Guimarães ROSA. **Ficção completa**. 2 ed. Rio de Janeiro: Nova Aguilar, 2009, p. CLIV.

alerta por horas ou dias³⁶³. Daí a grande dificuldade de traduzi-lo para outras línguas. Algo desse mistério perde-se na tecnicidade da versão para outro idioma. E Rosa assinala que, quando a dúvida o assoma, ele busca resposta não entre os doutos professores, mas entre os vaqueiros de Minas Gerais, "que são todos homens atilados"³⁶⁴.

GSV foi publicado em 1956, mas seu primeiro rascunho ficou pronto em julho de 1954. O número de páginas varia conforme a edição e a diagramação. Tomando como referência a quinta edição, de 1967, que foi a última publicada em vida do autor, são 460 páginas, e a 22ª edição tem 435 páginas³⁶⁵. Nelas habita a força de uma linguagem dotada de vida e "compromisso de coração", alçando a reflexão a grandes labirintos metafísicos, com criação e fantasia, sem romper, porém, com a dinâmica do quotidiano. Ainda recorrendo à entrevista com Günter Lorenz, Rosa sublinha a dimensão de "infinito" presente na sua reflexão³⁶⁶, mas que retorna sempre ao dia a dia: "Na literatura, a fantasia nos devolve sempre enriquecidos à realidade do quotidiano, onde se tecem os fios da nossa treva e da nossa luz, no destino que nos cabe"³⁶⁷. O personagem Zé Bebelo, em GSV, assinala: "A gente tem de sair do sertão! Mas só se sai do sertão é tomando conta dele adentro [...]" (GSV: 202). Por ocasião do lançamento da nova edição de GSV pela Companhia das Letras (2019), Mia Couto dizia que, nessa obra, "encontrou o retrato mais fiel do Brasil"³⁶⁸ e que poderia, perfeitamente, ser escrita no tempo atual. O romancista recorreu ao linguajar regional "para fazer um texto universal", com linguagem inovadora³⁶⁹.

Não é um livro de fácil leitura, há que reconhecer. Isso em razão da peculiaridade da dinâmica da narrativa. Em verdade, um monólogo que retrata a interlocução do velho jagunço Riobaldo Tatarana com um homem da cidade. Nessa conversa, Riobaldo passa em revista o seu passado, os seus

---

³⁶³ *Ibidem*, p. XLVIII.

³⁶⁴ *Ibidem*, p. XLVIII. Em carta a Edoardo Bizarri, seu tradutor italiano, Guimarães Rosa sublinha o seu lado religioso, semelhante ao do personagem Riobaldo. Uma visão de pertencimento a todas as religiões, e uma ênfase na dimensão intuitiva do real: Suzi Frankl SPERBER. **Caos e cosmos**. Leituras de Guimarães Rosa. São Paulo: Duas Cidades, 1976, p. 144-145.

³⁶⁵ Esta será a edição de referência para as citações, sempre com a abreviação GSV.

³⁶⁶ *Ibidem*, p. XLI.

³⁶⁷ Antonio CANDIDO. **Tese e antítese**. São Paulo: Companhia Editora Nacional, 1971, p. 139 (capítulo V: O homem dos avessos).

³⁶⁸ É o que também mostrou Willi Bolle em seu livro, entendendo o GSV como "um retrato do Brasil". Willi BOLLE. **Grande sertão.br.**, p. 23.

³⁶⁹ Disponível em: https://cultura.estadao.com.br/noticias/literatura,mia-couto-vem-ao-brasil-para-falar-sobre-grande-sertao-veredas,70002771743.

temores, as suas crenças e o seu mundo. A conversa é realizada mediante um curso de "associações de uma mente atormentada refletindo sobre algo que tende a lhe escapar, mas que aflora nas imagens do demônio, do sertão, do bem e do mal, na menção de bichos e pedras e de plantas, na evocação de acontecimentos corriqueiros ou excepcionais"[370].

Há que ter disciplina e paciência para a leitura do livro. O seu acesso é complexo, como lembram Mia Couto e Fernando Sabino. Como diz esse último autor, "no princípio, dez primeiras páginas, é meio assim-assim, custa um pouco a engrenar, mas de repente a gente se embala no ritmo dele e não larga mais"[371]. Quando se entra na sintonia do livro, o maravilhamento toma o leitor, como no caso de Clarice Lispector: "Nunca vi coisa assim! É a coisa mais linda dos últimos tempos [...]. O livro está me dando uma reconciliação com tudo, me explicando coisas adivinhadas, enriquecendo tudo"[372].

No processo de interlocução com o senhor da cidade, Riobaldo expressa sua dificuldade de narração: "Contar é muito, muito dificultoso. Não pelos anos que se passaram. Mas pela astúcia que têm certas coisas passadas – de fazer balancê, de se remexerem dos lugares" (GSV: 136). E a obra vai se desenrolando num marco de ambiguidades que são impactantes: no campo da geografia, dos tipos sociais, das afetividades, das crenças e, sobretudo, da reflexão metafísica. A ambiguidade metafísica revela, talvez, o ponto nevrálgico da obra, como sinaliza Antonio Candido: "Ambiguidade metafísica, que balança Riobaldo entre Deus e o Diabo, entre a realidade e a dúvida do pacto, dando-lhe o caráter de iniciado no mal para chegar ao bem"[373].

Um dos maiores clássicos na abordagem de GSV é Manuel Cavalcanti Proença, que escreveu o livro *Trilhas no grande sertão*, em 1958[374]. Ele distingue duas linhas paralelas na obra assinalada: uma objetiva, que aborda o itinerário de andanças e combates; e outra subjetiva, que sinaliza as "marchas e contramarchas de um espírito estranhamente místico, oscilando entre Deus e o Diabo"[375]. Tudo pode ser traçado em sete partes constitutivas, como mostrou Willi Bolle, em sua obra capital sobre o livro, com início na situação narrativa de apresentação do personagem, passando pela sua dinâmica iniciática na travessia do São Francisco e abrindo o campo de sua longa epopeia pelo

---

[370] Kathrin Holzermayr ROSENFIELD. **Grande Sertão:** Veredas. Roteiro de leitura. São Paulo: Ática, 1992, p. 18.
[371] Fernando SABINO. Cartas. *In:* Guimarães ROSA. **Grande Sertão:** Veredas. 22. ed., p. 439.
[372] Clarice LISPECTOR. Cartas. *In:* Guimarães ROSA. **Grande Sertão:** Veredas. 22. ed., p. 440.
[373] Antonio CANDIDO. **Tese e antítese**, p. 134-135.
[374] M. Cavalcante PROENÇA. **Trilhas no grande sertão**. Rio de Janeiro: Departamento de Imprensa Nacional, 1958.
[375] *Ibidem*, p. 6.

sertão, na vivência de seus amores e embates até, por fim, largar a jagunçagem[376]. O Rio São Francisco serve também como um referencial, refletindo as duas partes da vida do jagunço Riobaldo, qualitativamente diversas:

> [O lado direito] é o fasto; nefasto o esquerdo. Na margem direita a topografia parece mais nítida; as relações, mais normais. Margem do grande chefe justiceiro Joca Ramiro; do artimanhoso Zé Bebelo; da vida normal no Curralinho; da amizade ainda reta (apesar da revelação de Guararavacã do Guaicuí) por Diadorim, mulher travestida de homem. Na margem esquerda a topografia parece fugidia, passando a cada instante para o imaginário, em sincronia com os fatos estranhos e desencontrados que lá sucedem. Margem da vingança e da dor, do terrível Hermógenes e seu reduto no alto Cariranha; das tentações obscuras; das povoações fantasmais; do pacto com o diabo[377].

Partindo da chave metafísica para a compreensão da obra, pode-se dizer, com base na reflexão de Antonio Candido, que o sertão representa o mundo, e o os jagunços, cada um dos seres humanos. Como diz o velho Tatarana, "o sertão está em toda a parte" (GSV: 13), ele "é dentro da gente" (GSV: 224). O sertão é um "microcosmo" que retrata uma dinâmica universal. É o que traduz o plano subjetivo da narrativa, "constituído pelos conflitos interiores e a perquirição metafísica do protagonista, pois tanto estes conflitos quanto a busca por ele empreendida do sentido da vida são preocupações universais que ultrapassam as barreiras de uma região geográfica específica"[378]. Como elementos estruturais que delineiam a composição da obra, estão a terra, o homem e a luta[379].

Em confidência ao seu tradutor italiano, Edoardo Bizzarri, Guimarães Rosa assinala que, "no balanço dos componentes de sua narrativa, atribuía somente um ponto 'à realidade sertaneja', dois ao enredo, três à poesia, e o mais alto, quatro, ao elemento metafísico e religioso"[380].

A obra é uma epopeia existencial e traz impressionantes registros da região onde a luta se desenrola:

---

[376] Willi BOLLE. **Grande sertão.br**, p. 62-63.
[377] Antonio CANDIDO. **Tese e antítese**, p. 124-125.
[378] Eduardo F. COUTINHO. **Em busca da terceira margem: ensaios sobre o grande sertão: veredas**. Bahia: Fundação Casa de Jorge Amado, 1993, p. 25; Benedito NUNES. **A Rosa o que é de Rosa**. Literatura e filosofia em Guimarães Rosa. São Paulo: Difel, 2013, p. 304-305.
[379] Antonio CANDIDO. **Tese e antítese**, p. 123.
[380] Benedito NUNES. **A Rosa o que é de Rosa**, p. 250.

> A experiência documentária de Guimarães Rosa, a observação da vida sertaneja, a paixão pela coisa e pelo nome da coisa, a capacidade de entrar na psicologia do rústico, – tudo se transformou em significado universal graças à invenção, que subtrai o livro à matriz regional para fazê-lo exprimir os grandes lugares comuns, sem os quais a arte não sobrevive: dor, júbilo, ódio, amor, morte –, para cuja órbita nos arrasta a cada instante, mostrando que o pitoresco é acessório e que na verdade o Sertão é o Mundo[381].

O leitor atento se depara com uma singular riqueza de detalhes apresentados pelo autor, como a topografia da região, os inúmeros rios, as listas infindáveis de animais, pássaros e plantas presentes na área. O registro capta ainda as crenças populares e os hábitos culturais, as comidas e o misticismo que impregnam a narração. Sobre isso, vale debruçar-se nas lindas descrições feitas por Cavalcante Proença, ao tratar do plano mítico do livro: a presença e o significado das águas, dos rios, em particular do Urucúia; do significado dos ventos, outro personagem constante no livro; dos buritis e do Mar, que guarda o grande segredo, o mistério da vida e da morte[382].

A grande questão disposta no livro é aquela que acompanha o itinerário de Riobaldo: existe ou não o Demo? Para o narrador, a grande questão "é a existência dele: existe ou não? Em princípio, sente que é um nome atribuído à parte torva da alma"[383]. Na conversa com o interlocutor, Riobaldo esclarece: "Explico ao senhor: o diabo vige dentro do homem, os crespos do homem – ou é o homem arruinado, ou o homem dos avessos" (GSV: 15)[384]. Esses conflitos de Riobaldo no plano subjetivo correspondem nitidamente aos conflitos universais pelos quais passa todo ser humano. Não há quem não tenha essa ambiguidade dentro de si. Faz parte do drama de estar situado no mundo, da busca do "sentido da vida"[385]. São dramas humanos com que Guimarães Rosa, com sua arte, consegue sensibilizar o leitor:

> As mesmas perplexidades, as mesmas dificuldades enfrentadas por ele (Riobaldo) chegam até ao leitor com a mesma

---

[381] Antonio CANDIDO. **Tese e antítese**, p. 122; e ainda: Eduardo F. COUTINHO. **Em busca da terceira margem**, p. 16.

[382] M. Cavalcante PROENÇA. **Trilhas no grande sertão**, p. 30s. Sobre o rio e as águas (p. 32-36); sobre os ventos (48-53); sobre os buritis (54-56); sobre o Mar (65-68); bem como a profusão de plantas e bichos; Benedito NUNES. **A rosa o que é de rosa**. Literatura e filosofia em Guimarães Rosa. Rio de Janeiro: Difel, 2013, p. 291s.

[383] Antonio CANDIDO. O homem dos avessos. *In:* João Guimarães ROSA. **Ficção Completa**. 2 ed. Rio de Janeiro: Nova Aguilar, 2009, p. CLVI.

[384] Sônia VIEGAS. **Escritos**. Filosofia viva. Belo Horizonte: Tessitura, 2009, p. 379-380.

[385] Willi BOLLE. **Fórmula e fábula**. São Paulo: Perspectiva, 1973, p. 21.

força e conturbadas pelas mesmas dúvidas, graças à superior capacidade com que instalou dentro dos signos linguísticos o mundo em processo, realizando-se dinamicamente, para que o leitor o enfrentasse com instrumentos equivalentes aos seus[386].

O que busca fazer Guimarães Rosa em sua narrativa, como ele mesmo expressou para Curt Meyer-Clason, é "rodear e devassar um pouquinho o mistério cósmico, esta coisa movente, rebelde a qualquer lógica, que é a chamada 'realidade', que é a gente mesmo, o mundo, a vida"[387]. Conforme diz Tatarana, "o real não está na saída nem na chegada: ele se dispõe para a gente é no meio da travessia" (GSV: 53).

Essa travessia se dá no sertão. É ali que Guimarães Rosa insere a epopeia de Riobaldo. Trata-se de um conceito que não se limita à sua configuração geográfica, mas a uma "região múltipla e ambígua", que abriga "os elementos mais contraditórios, tais como 'confusão' e 'sossego', e sobretudo 'Deus' e o 'Demo'"[388]. No âmbito geográfico, o sertão de Guimarães Rosa envolve o Noroeste de Minas Gerais, o Sudoeste da Bahia e o Sudeste de Goiás. Impressiona o trabalho realizado por Guimarães Rosa e sua preocupação de veracidade. Das cerca 230 localidades citadas em GSV, 180 foram localizadas pela pesquisa de Alan Viggiano[389]. Como aponta este autor, "todos os rios, vilas, serras, caminhos, veredas, são localizáveis. Inclusive as cidades que, de um modo ou outro, entram nas narrativas"[390]. O clima e a ambientação do livro podem ser captados por quem viaja de carro do Distrito Federal à cidade de Belo Horizonte: "Não só o clima físico e emocional das estórias de Guimarães Rosa, como os próprios nomes de lugares usados por ele na concepção de seus enredos. É natural. Aquela estrada corta, em sentido diagonal descendente, de noroeste para sudeste, o território do Sertão"[391].

O sertão de Guimarães Rosa é, simultaneamente, real e fantástico, "onde a brutalidade impõe técnicas brutais de viver, onde os fenômenos de possessão religiosa, gerando beatos e fanáticos, diferem pouco, na sua natureza e consequência, dos que poderíamos atribuir à possessão demoníaca"[392]. O sertão é a terra sem lei, é o "sem lugar", e "todos aqueles que molmontam

---

[386] José Carlos GARBUGLIO. **O mundo movente de Guimarães Rosa**. São Paulo: Ática, 1972, p. 88.

[387] *Ibidem*, p. 134.

[388] Eduardo F. COUTINHO. **Em busca da terceira margem**, p. 24.

[389] Alan VIGGIANO. **Itinerário de Riobaldo Tatarana**. Geografia e toponímia em Grande Sertão: Veredas. Belo Horizonte: Crisálida, 2007.

[390] *Ibidem*, p. 21.

[391] *Ibidem*, p. 13.

[392] Antonio CANDIDO. O homem dos avessos, p. CLIII.

no sertão só alcançam de reger em rédeas por uns trechos; que sorrateiro o sertão vai virando tigre debaixo da sela" (GSV: 270-271). O sertão está sempre rodeando em torno, no que menos se espera: "Sertão é onde o pensamento da gente se forma mais forte do que o poder do lugar" (GSV: 25). Daí ser a travessia tão perigosa.

O jagunço é uma figura singular do sertão, é o pistoleiro ou sem-terra que o povoa. É um "tipo híbrido entre capanga e homem de guerra"[393]. Ele vem contratado para garantir os limites da propriedade ou grilar terras, ou mesmo para "eliminar adversários; organizar eleições, recorrendo à fraude e à intimidação, mobilizando os eleitores 'de cabresto'; desencadear contendas ou reprimi-las"[394].

O personagem central de GSV é um jagunço, Riobaldo. É o narrador--protagonista. Tinha como apelido Cerzidor, depois Tatarana (lagarta de fogo) e mais tarde Urutu Branco (das serpentes, a mais venenosa). Sua trajetória começa no campo das Gerais, tendo nascido em condições difíceis. Perde sua mãe – Bigrí – cedo, sendo acolhido por seu padrinho Selorico Mendes, que tinha três fazendas de gado. Ele o introduz nas letras e nas artes da guerra. Queria que Riobaldo tirasse "carta-de-doutor" (GSV: 87), mas também que "aprendesse a atirar bem, e manejar porrete e faca" (GSV: 86). E Riobaldo aprendeu o segredo de atirar "com espírito" (GSV: 95).

Inicia, então, seus estudos numa escola da aldeia próxima, Curralinho. Foi nessa ocasião que tomou contato, pela primeira vez, com o grande Joca Ramiro. Quando, porém, descobre que seu padrinho é, na verdade, seu pai, ele foge de casa e busca emprego numa fazenda por indicação de Mestre Lucas. Lá encontra Zé Bebelo, que oferece a ele um cargo de secretário e, assim, parte para a jagunçagem. O desgosto daquela vida fá-lo desistir da empreitada. Em meio à fuga, em outra fazenda, topa, então, com um Menino, que vai transformar a sua vida. Aquele Menino era Diadorim: "De repente, vi um menino, encostado numa árvore, pitando cigarro. Menino mocinho, pouco menos do que eu, ou devia regular com a minha idade [...] e era um menino bonito, claro, com a testa alta e os olhos aos grandes, verdes" (GSV: 79).

Foi com esse Menino que Riobaldo escutou uma frase decisiva: "Carece de ter coragem" (GSV: 82)[395]. Foi por ocasião de uma travessia do São Fran-

---
[393] *Ibidem*, p. CLI.
[394] Walnice Nogueira GALVÃO. **Guimarães Rosa**, p. 32.
[395] Uma experiência que vai sinalizar uma relação de dependência de Riobaldo com respeito a Diadorim (Reinaldo). Walnice Nogueira GALVÃO. **As formas do falso**. 2 ed. São Paulo: Perspectiva, 1986, p. 94.

cisco numa canoa, quando foi ajudado pelo garoto, que pôde sentir o contato de suas mãos e seus dedos delicados. Na ocasião, pôde também perceber a destreza do Menino com a faca, livrando-os de um assédio ameaçador. Foi quando também ouviu do amigo uma palavra cortante: "Sou diferente de todo mundo. Meu pai disse que eu careço de ser diferente, muito diferente" (GSV: 84).

Riobaldo não se esqueceu mais daquele Menino e,, depois de muitos anos o reencontrou como jagunço. Ele era filho de Joca Ramiro, chefe de um bando. E entre os dois nasce uma "relação de amor e de morte, que se desenrola sob o signo de Deus e do Diabo. Nessa relação, a camaradagem viril se mistura a um desejo dos mais ambíguos, assim como o prazer da amizade entre ambos à guerra incessante em que estão empenhados"[396]. Riobaldo foi tomado pela força daqueles olhos verdes, tudo reluzia com sua presença, todas "as cores do mundo" (GSV: 111). E acrescentava: "Qualquer coisa que ele falasse, para mim virava sete vezes" (GSV: 10).

Em trajetória guerreira de participação em muitos bandos, às vezes rivais uns dos outros, Riobaldo titubeia com respeito à sua vocação ou motivação. Permanece envolvido pela grande dúvida sobre a justiça e as causas últimas e por uma ambiguidade que o acompanha por toda sua caminhada. A seu lado, motivando-o, a presença amiga do Menino, que aos poucos revela a ele o seu nome Diadorim.

A expressão "Nonada", que abre o romance:

> [...] sofre no percurso narrativo ricas elaborações metafóricas e ampliações imagéticas. Se ela funciona como uma síncope preliminar – negação e corte de conteúdos que o leitor ainda desconhece –, seu potencial semântico negativo ressurge, ao longo do romance, nos temas do vazio, do abismo, dos fundos insondáveis do sertão. A travessia se faz confrontação com o nada, aventura no nada, experiência extenuante da negatividade e do despojamento crescentes, que aparecem por vezes irrecuperáveis[397].

O nada faz parte também da dinâmica ambígua que domina o personagem central do romance e está relacionado com sua luta permanente: vencer o medo, provar a coragem nos combates e lidar com as aventuras e os desgostos do amor; e por toda a trajetória, a presença daquela figura

---

[396] Walnice Nogueira GALVÃO. **Guimarães Rosa**, p. 48; Id. *As formas do falso*, p. 100.
[397] Kathrin H. ROSENFIELD. **Os descaminhos do demo**. Tradição e ruptura em Grande Sertão: Veredas. Rio de Janeiro/São Paulo: Imago/Edusp, 1993, p. 19-20.

atemorizadora do Demo. A frase que serve de epígrafe ao livro vem retomada diversas vezes: "O diabo na rua, no meio do redemoinho". Assinala a respeito Walnice Galvão: "Se por um lado tudo é Deus, por outro lado nenhum domínio é defeso ao Diabo. Assim como a alma dos homens, todo o reino da criação pode ser penetrado pelo demônio e ser sujeitado a ele, tornando-se seu instrumento"[398].

O Demo vem nomeado no livro com nada menos do que 52 nomes. Entre os quais: o Tal, o Arrenegado, o Cão, o Cramulhão, o Indivíduo, o Galhardo, o Pé-de-Pato, o Sujo, o Homem, o Tisnado, o Coxo, o Temba, o Azarape, o Coisa Ruim, o Mafarro, o Pé-Preto, o Canho, o Duba-Duba, o Rapaz, o Tristonho, o Pai da Mentira, o Bode Preto, o Morcegão, o Xú, e assim por diante (GSV: 35 e 302). Riobaldo capta essas expressões do imaginário popular. E aquela dúvida que o acompanha todo tempo: o diabo existe ou não existe? E por que razão?: "Porque nada encarnaria melhor as tensões da alma, nesse mundo fantástico, nem explicaria mais logicamente certos mistérios inexplicáveis do Sertão"[399].

O Demo também se transmuta na dinâmica de ódio que impera no sertão, sendo também representado na figura do jagunço Hermógenes – o polo da violência por excelência. O ódio, diz Riobaldo, "é aquele que não carece de nenhuma razão" (GSV: 284). E emerge "de maneira mais evidente no fogo da batalha, que revela simultaneamente a verdade e a essência da guerra"[400].

Riobaldo é atormentado pelo Demo, pelo ódio e pelo sofrimento que campeia nas Gerais. Fala sobre "o inferno feio deste mundo: que nele não se pode ver a força carregando nas costas a justiça, e o alto poder existindo só para os braços da maior bondade" (GSV: 281). Há momentos em que ele procura fugir daquele território da dor: "Eu queria poder sair depressa dali, para terras que não sei, onde não houvesse sufocação em incerteza, terras que não fossem aqueles campos tristonhos" (GSV: 283). Tudo ali era devastação: "Tudo, naquele tempo, e de cada banda que eu fosse, eram pessoas matando e morrendo, vivendo numa fúria firme, numa certeza, e eu não pertencia a razão nenhuma, não guardava fé e nem fazia parte" (GSV: 107).

Como recurso poderoso, tinha a força das orações. Desde quando tinha saído de casa, carregara consigo "uma imagem de santo de pau" (GSV:

---

[398] Walnice Nogueira GALVÃO. O certo no incerto: o pactário. *In*: João Guimarães ROSA. **Grande sertão: veredas**. 22. ed. São Paulo: Companhia das Letras, 2019, p. 454.
[399] Antonio CANDIDO. **Tese e antítese**, p. 136.
[400] Kathrin H. ROSENFIELD. **Os descaminhos do demo**, p. 104.

85). Quando encontrou o Menino no porto do de-Janeiro, estava com sua canequinha pedindo esmolas para o Senhor Bom-Jesus (GSV: 85). Trazia do berço essa fé profunda, enriquecida com os conselhos poderosos do compadre Quelemém, sábio de horizontes inter-religiosos. Ele dizia para Riobaldo que a luta era mesmo difícil: "Riobaldo, a colheita é comum, mas o capinar é sozinho" (GSV: 48). A religião era assim central em sua vida:

> O que mais penso, testo e explico: todo-o-mundo é louco. O senhor, eu, nós, as pessoas todas. Por isso é que se carece principalmente de religião: para se desendoidecer, desdoidar. Reza é que sara da loucura. No geral. Isso é que é a salvação--da-alma... Muita religião, seu moço! Eu cá, não perco ocasião de religião. Aproveito de todas. Bebo água de todo rio... Uma só para mim é pouca, talvez não me chegue (GSV: 19).

O inferno estava ali, sempre à disposição, mas as rezas fortes contrapunham os seus desígnios. Havia um caminho mais importante a seguir: de "recondução das coisas a si próprias". Daí a importância da coragem recorrente: "O espírito da gente é cavalo que escolhe estrada: quando ruma para a tristeza e morte vai não vendo o que é bonito e bom" (GSV: 138). Riobaldo tinha a seu favor a presença das "rezas fortes", estava bem assistido pelos bons espíritos. As rezas de Maria Leôncia, Izina Calanga e outras. E dizia: "Quero punhado dessas, me defendendo em Deus, reunidas de mim em volta... Chagas de Cristo!" (GSV: 19)[401]. Tinha ainda a presença de todas as Nossas Senhoras Sertanejas e, em particular, da Nossa Senhora da Abadia, proteção maior contra o Demo[402]. Ela, sim, é que valia, "por um mar sem fim" (GSV: 219). E seu perfume "perdura muito; às vezes dá saldos para uma vida inteira" (GSV: 338).

Riobaldo não podia imaginar um mundo sem Deus. Daí sua reação de espanto com o doutor de Arassuaí, que não acreditava em Deus: "Estremeço. Como não ter Deus?! Com Deus existindo, tudo dá esperança: sempre um milagre é possível, o mundo se resolve. Mas, se não tem Deus, há-de a gente perdidos no vai-vem, e a vida é burra" (GSV: 49-50). O Diabo ronda os caminhos, mas Deus, diz Riobaldo, "é traiçoeiro! Ah, uma beleza de traiçoeiro – dá gosto! A força dele, quando quer – moço! me dá o medo pavor! Deus vem vindo: ninguém não vê. Ele faz é na lei do mansinho – assim é o milagre. E Deus ataca bonito, se divertindo, se economiza" (GSV: 24).

---

[401] E: GSV: 48. Ver ainda: Francis UTÉZA. **A metafísica do grande sertão**. 2 ed. São Paulo: Editora da Universidade de São Paulo, 2016, p. 50.
[402] M. Cavalcante PROENÇA. **Trilhas no grande sertão**, p. 66.

Nas reflexões metafísicas de Riobaldo, ele fala do grande sonho de todo ser humano: querer Céu. Tem consciência viva do "estado de demônio" que paira por todo canto, mas "a gente quer Céu é porque quer um fim: mas um fim com depois dele a gente tudo vendo" (GSV: 50). Sonhava com uma vocação diferente: "Um fazendão de Deus, colocado no mais tope, se braseando incenso nas cabeceiras das roças, o povo entoando hinos, até os pássaros e bichos vinham bisar"; um lugar de "gente sã valente, querendo só o Céu, finalizando" (GSV: 49).

O demônio, porém, age nas gretas, nos intervalos, aproveitando espertamente dos vacilos na caminhada. Como diz Walnice Galvão:

> O Diabo ganha pequenas paradas, rápidas e logo concluídas dentro do grande fluir de tudo que existe e que é Deus; mas nessas pequenas paradas pode se danar um homem. O Diabo implica na certeza dessas pequenas paradas que se ganha ou se tenta ganhar, dentro da incerteza geral que é o fluir, onde tudo se transforma, onde uma coisa sai de outra, e desta outra vai sair outra, e assim sucessivamente. Tentar parar esse fluir através de uma certeza é a tarefa do Diabo. "Deus é paciência. O contrário é o Diabo" (GSV: 20)[403].

Reforço na caminhada é o que consegue Riobaldo com a presença amiga de Diadorim, sempre junto com a força de sua beleza e coragem. Diadorim era o filho secreto de Joca Ramiro. Vinha marcado por um ódio visceral, decorrente do assassinato de seu pai por Hermógenes. Ele dizia: "Não posso ter alegria alguma, nem minha mera vida mesma, enquanto aqueles dois monstros[404] não forem bem acabados" (GSV: 28). Guardava celibato, o que criava um clima singular em todo o romance, na relação com Riobaldo. Diadorim era chamamento, mas também repulsão:

> Enquanto atrai pelo conjunto dos dons pessoais, pelo sortilégio das qualidades, principalmente pela feminilidade, repele pela energia moral acumulada desde sempre pelo voto de castidade que é o suporte maior dessa energia. Assim como os santos-mártires têm raro poder de provocar a libido e força maior para vencer a tentação e o demoníaco, porque "nasceu para o dever de guerrear e nunca ter medo, e mais para muito amar, sem gozo de amor"[405].

---

[403] Walnice Nogueira GALVÃO. O certo no incerto, p. CCXIII; Id. **As formas do falso**, p. 130.
[404] Trata-se de Hermógenes e Ricardão. Veja: GSV: 89.
[405] José Carlos GARBUGLIO. **O mundo movente de Guimarães Rosa**, p. 72.

Mesmo com suas resistências, sua feminilidade emerge várias vezes ao longo do romance: nas suas feições, na cintura fina, no comportamento com os jagunços, no mistério de seus banhos noturnos, nos desaparecimentos inexplicáveis, no pudor manifesto, no instinto materno explicitado em determinadas ocasiões[406]. Nos momentos em que Riobaldo acena para um envolvimento maior, ela recua, com várias artimanhas[407]. Num momento de aperto, Diadorim pontuou: "Nego que gosto de você, no mal. Gosto, mas só como amigo!" (GSV: 212). Ou ainda em outra ocasião, reiterou: "Riobaldo, eu gostava que você pudesse ter nascido parente meu [...]" (GSV: 308). Como mostrou com acerto Kathrin Ronsenfield:

> Diadorim nunca manifesta um amor feminino ou sensual que visaria no amigo um corpo sexuado, mas articula apenas saudades de parentesco. Contrariamente às relações eróticas, o parentesco expressa um vínculo imediato e natural, ou seja, anterior e independente de uma escolha, de um ato livre e simbolicamente relevante do sujeito[408].

Riobaldo estava, assim, diante de uma pureza irredutível:

> O destino fatal de Diadorim não está longe das imagens da androginia mortífera do romance goethiano. A indeterminação sexual que obstaculiza a plenitude temporária da união sexual mas, ao mesmo tempo, redime e protege o sujeito do desencanto e do anticlímax subsequente à euforia do orgasmo, coloca-se tanto em Goethe como em Guimarães Rosa, como a quintessência do desejável, do pleno e do perfeito[409].

Em verdade, é Diadorim quem introduz Riobaldo na secura do mundo, na aspereza do sertão e na dinâmica das lutas; mas é ele igualmente que revela para Riobaldo a beleza da natureza: "Quem me ensinou a apreciar essas belezas sem dono foi Diadorim" (GSV: 26); a doçura de pássaros como o manuelzinho-da-crôa: "É preciso olhar para esses com um todo carinho" (GSV: 108).

Com sua intenção duradoura, Diadorim convoca Riobaldo para seguir a travessia em busca da vitória sobre Hermógenes. É ela quem "puxa Riobaldo

---

[406] Márcia Marques de MORAES. **A travessia dos fantasmas**. Literatura e psicanálise em Grande Sertão: Veredas. Belo Horizonte: Autêntica, 2001, p. 34; Manuel Cavalcanti PROENÇA. **Dom Riobaldo do Urucuia**, cavaleiro dos campos gerais. In: João Guimarães ROSA. *Ficção completa*, p. CLXVII-CLXVIII.
[407] Kathrin H. ROSENFIELD. **Os descaminhos do demo**, p. 96.
[408] *Ibidem*, p. 97.
[409] *Ibidem*, p. 95.

para o mundo do qual tentou fugir: o mundo da 'constante brutalidade'"[410]. Era o mundo de Hermógenes, aquele "homem sem anjo-da-guarda" (GSV. 89), que será o tormento na trajetória de Riobaldo. "Para vencer Hermógenes, que encarna o aspecto tenebroso da Cavalaria sertaneja, - cavaleiro felão, traidor do preito e da devoção tributadas ao suserano – é necessário ao paladino penetrar e dominar o reino das forças turvas"[411].

Riobaldo tenta, então, conseguir seu objetivo fazendo o pacto com o Demônio. É um momento de viagem solitária, que nem mesmo Diadorim pode acompanhar: "Ah, deixa a aguinha das grotas grugejar sozinha" (GSV: 301). Vai ao encontro da aventura sozinho, com seu querer, disposto a enfrentar a adversidade. Na encruzilhada das veredas mortas, busca tirar de dentro de seu tremor as palavras que pudessem convocar o Demo, envolvido pelo "rôr de nada" (GSV: 302). Os sentimentos estavam embaralhados: "Acho que não queria mesmo nada, de tanto que eu queria só tudo. Uma coisa, a coisa, esta coisa: eu somente queria era – ficar sendo" (GSV: 303). Somando forças para o momento, consegue bramar: "Lúcifer! Lúcifer!". Nada, porém, ocorreu, a não ser um silêncio pavoroso, acompanhado de um "friúme" que "requeimava forte sede" (GSV: 304). E narrou Riobaldo: "O senhor sabe o que o silêncio é? É a gente mesmo, demais" (GSV: 304). O Demo não respondeu, nem apareceu. Comentou Riobaldo: "Mas eu supri que ele tinha me ouvido" (GSV: 304). Ficou, porém, esse mistério.

Aos poucos, o "rôr de nada" foi cedendo lugar ao "rorar", ou seja, ao orvalhar. É a segunda metade do pacto, pontuada pelo amanhecer e pela transfiguração de Riobaldo:

> Foi orvalhando. O ermo do lugar ia virando visível, com o esboço no céu, no mermar da d'alva [...]. Tudo agora reluzia com clareza, ocupando minhas ideias, e de tantas coisas passadas diversas eu inventava lembrança, de fatos esquecidos em muito remoto, neles eu topava outra razão (GSV: 305).

Apesar do silêncio, algo ocorreu em Riobaldo depois do "pacto". Diadorim percebeu a mudança[412], e igualmente os cavalos: "Os cavalos passam a adivinhar que Riobaldo, agora, é homem sobrenatural, conserva o cheiro de quem o diabo farejou [...]"[413]. Como num rito de iniciação, Riobaldo passa

---

[410] Willi BOLLE. **Grande sertão.br**, p. 206.
[411] Antonio CANDIDO. O homem dos avessos, p. CLIII.
[412] Antonio CANDIDO. **Tese e antítese**, p. 133.
[413] Manuel Cavalcanti PROENÇA. **Dom Riobaldo do Urucuia**, p. CLXV.

por uma mudança em seu ser, uma "iniciação às avessas", como forma de "assimilar as potências demoníacas que abrem caminho a todas as ousadias"[414]. É o caminho de ingresso na ordem de uma "ferocidade adequada à vitória". Uma palavra nova vem utilizada pelo romancista para expressar o momento: "sobrelégio" (GSV: 364), que seria um "sortilégio sobrenatural"[415].

Riobaldo estava agora preparado para atravessar o Liso do Sussuarão e poder alcançar a fazenda de Hermógenes nos confins da Bahia. Mas, antes, vai retomar forças na Chapada do Urucuia, aquele lugar "onde tanto boi berra" (GSV: 274)[416]. Ali naquele espaço de tranquilidade e paz é que Riobaldo "recebe os eflúvios da terra e os olhos se enchem de contemplação dos buritis, os ouvidos, com o berro dos bois"[417]. Diante do risco da morte, era a oportunidade que se abria para a despedida da "terra-mãe".

O guerreiro, então, atravessa, com seu bando, o Liso do Sussuarão, "fechado ao comum dos homens e docilmente aberto ao seu mando"[418]. Era agora o Urutu Branco, nome consagrado por Zé Bebelo (GSV: 244 e 315), cavalgando Siruiz, um animal de exceção[419]. O guerreiro Urutu Branco chega, enfim, ao local do embate final, onde ocorre a batalha do Tamanduá-tão. Ele não participa diretamente do combate, mas assiste à luta entre Hermógenes e Diadorim da janela de um sobrado, como que imobilizado[420]. Os dois acabam falecendo sangrados por facadas. Exclama Riobaldo: "Diadorim tinha morrido – mil-vezes-mente – para sempre de mim e eu sabia, e não queria saber, meus olhos marejaram" (GSV: 426). Riobaldo estende a mão para tocar pela última vez aquele corpo, surpreso com sua descoberta, e estremece, "retirando as mãos para trás". Consegue exclamar, envolvido pela dor: "Meu amor! [...]" (GSV: 429).

Ao comentar esse embate final, Walnice Galvão conclui:

> Para enfrentar um pactário é preciso outro pactário: o Diabo está com o Hermógenes mas também está com Riobaldo. Na hora do combate, o Diabo está na rua no meio do redemoi-

---

[414] Antonio CANDIDO. **Tese e antítese**, p. 132; Kathrin H. ROSENFIELD. **Grande sertão: veredas**, p. 65. Ela fala "ponto culminante do despojamento progressivo do sujeito dos seus atributos".

[415] Antonio CANDIDO. **Tese e antítese**, p. 136.

[416] Sobre a presenças dos bois em GSV ver: Walnice Nogueira GALVÃO. **As formas do falso**, p. 27; Benedito NUNES. **A Rosa o que é de Rosa**, p. 257 e 282

[417] M. Cavalcante PROENÇA. **Trilhas no grande sertão**, p. 24.

[418] Antonio CANDIDO. **Tese e antítese**, p. 136.

[419] *Ibidem*, p. 133.

[420] M. Cavalcante PROENÇA. **Trilhas no grande sertão**, p. 40.

nho, mas também está ao lado de Riobaldo e dentro dele. Ao cabo, Riobaldo consegue cumprir sua missão de acabar com Hermógenes. Mas o diabo cumpre o prometido com as tramoias que a tradição lhe atribui, ou seja, da maneira mais dolorosa e mais inesperada para aquele que lhe vendeu a alma: Riobaldo acaba com o Hermógenes, mas no mesmo ato Diadorim morre[421].

O romance, que tinha começado com a expressão "Nonada", termina com a expressão "Travessia". E termina mantendo aceso o paradoxo que angustiou toda a epopeia de Tatarana: existe ou não o Demo? O narrador, ao final, sublinha: "Pois não? O senhor é um homem soberano, circunspecto. Amigos somos. Nonada. O diabo não há! É o que eu digo, se for... Existe é homem humano[422]. Travessia" (GSV: 435).

---

[421] Walnice Nogueira GALVÃO. O certo no incerto, p. CCXV.
[422] Ver a respeito: Eduardo F. COUTINHO. **Grande sertão: veredas**. Travessias. São Paulo: Realizações Editora, 2013, p. 98.

RIOBALDO E O ROTEIRO DE DEUS – *GRANDE SERTÃO: VEREDAS*

Deus é alegria e coragem.

(GSV: 227)

Grande Sertão: Veredas foi publicado em 1956, mas seu primeiro rascunho ficou pronto em julho de 1954. Ao falar sobre o livro no ano seguinte de seu lançamento, no Suplemento da Tribuna da Imprensa, Afonso Arinos de Melo Franco sublinhou:

> Grande Sertão é como certos casarões velhos, certas igrejas cheias de sombra. No princípio, a gente entra e não vê nada. Só contornos confusos, movimentos indecisos, planos atormentados. Mas, aos poucos, não é luz nova que chega: é a visão que se habitua. E, com ela, a compreensão admirativa. O imprudente ou sai logo, e perde o que não viu, ou resmunga contra a escuridão, praguaja, dá rabanadas e pontapés. Então arrisca se chocar inadvertidamente contra coisas que, depois, identificará como muito belas.

No presente capítulo, vamos nos fixar nessa dimensão subjetiva, buscando, sobretudo, captar o traço espiritual de Riobaldo Tatarana em suas andanças pelo sertão. É um dado que está também presente no autor da obra, Guimarães Rosa. Ele dizia, ao seu tradutor italiano, Eduardo Bizzarri, que era "profundamente, essencialmente religioso, ainda que fora do rótulo estrito das fileiras de qualquer confissão e seita: antes, talvez como Riobaldo do Grande Sertão: Veredas, pertença eu a todas"[423]. Guimarães se reconhece como um "místico", que, no seu ato de escrever, era capaz de descobrir "sempre um novo pedaço de infinito"[424]

Seu personagem, Riobaldo Tatarana, vai expressar essa religiosidade em diversas passagens do GSV. Uma delas logo no início do livro:

---

[423] ROSA, João Guimarães. **Correspondência com seu tradutor italiano Eduardo Bizzarri**. 3 ed. Belo Horizonte / Rio de Janeiro: Editora UFMG / Nova Fronteira, 2003, p. 90.

[424] ROSA, João Guimarães. **Ficção completa**. 2. ed. Rio de Janeiro: Nova Aguilar, 2009, p. XLI e XLVII (LORENZ, Günter. Diálogo com Guimarães Rosa).

> O que mais penso, testo e explico: todo-o-mundo-é louco. O senhor, eu, nós, as pessoas todas. Por isso é que se carece principalmente de religião, para se desendoidecer, desdoidar. Reza é que sara da loucura. No geral. Isso é que é a salvação-da-alma... Muita religião, seu moço! Eu cá, não perco ocasião de religião. Aproveito de todas. Bebo água de todo rio... Uma só, para mim é pouca, talvez não me chegue [...]. Tudo me quieta, me suspende. Qualquer sombrinha me refresca.[425]

O eixo central do livro

O tema central de GSV está enredado numa dimensão metafísica. Com base em Antônio Candido, podemos sinalizar que o sertão, na verdade, representa o mundo, e os jagunços, cada um dos seres humanos. As preocupações que estão no livro são aquelas que todo ser humano lança ao longo de sua vida: são conflitos e enredos existenciais universais, "que ultrapassam as barreiras de uma região geográfica específica"[426]. O livro toca o eixo, a "matéria vertente" (GSV: 77), que desvela o segredo do medo e da coragem. O que sabiamente Rosa aponta em suas obras é a "saga de um povo e os seus percalços na busca da contenção e superação da violência"[427]. O caminho que se desvela é o do amor. É ele que dribla o ódio: "Qualquer amor já é um pouquinho de saúde, um descanso na loucura" (GSV: 226).

Dentre os passos que mais encantam o leitor, ao se deparar com o GSV, é a presença viva da natureza, nos seus miúdos detalhes: os buritis, os ventos, o mar, os pássaros e bichos, e os rios. O São Francisco, por exemplo, vem mencionado mais de 50 vezes. O que Rosa amava nos rios era a sua eternidade. Na sua visão, o rio era "uma palavra mágica para conjugar eternidade"[428]. Em entrevista a Günter Lorenz, assinalou que gostaria de ser um crocodilo vivendo no São Francisco. Esse animal é, para ele, o *magister da metafísica*", pois identifica no rio um "mar de sabedoria". Seu desejo de ser um crocodilo vem explicado por ele:

> Gostaria de ser um crocodilo, porque amo os grandes rios, pois são profundos como a alma do homem. Na superfície são muito vivazes e claros, mas nas profundezas são tranquilos e

---

[425] ROSA, Guimarães. **Grande sertão**: veredas. 22. ed. São Paulo: Companhia das Letras, 2019. Nas páginas que seguem, as citações serão sempre abreviadas com GSV, seguidas da página dessa edição. Aqui no caso: GSV 19.
[426] COUTINHO, Eduardo. **Em busca da terceira margem**: ensaios sobre o grande sertão: veredas. Bahia: Fundação Casa Jorge Amado, 1993, p. 25.
[427] RONCARI, Luiz. **O Brasil de Rosa**. O amor e o poder. São Paulo: Editora Unesp/Fapesp, 2004, p. 296.
[428] ROSA, João Guimarães. **Ficção completa**. 2. Ed., p. XLI.

> escuros como os sofrimentos dos homens. Amo ainda mais uma coisa de nossos grandes rios: sua eternidade. Sim, rio é uma palavra mágica para conjugar eternidade[429].

A grande questão disposta no livro é aquela que acompanha o itinerário de Riobaldo: existe ou não o Demo? Para o narrador, a interrogação decisiva "é a existência dele: existe ou não? Em princípio, sente que é um nome atribuído à parte torva da alma"[430]. Na conversa com o interlocutor, Riobaldo esclarece: "Explico ao senhor: o diabo vige dentro do homem, os crespos do homem – ou é o homem arruinado, ou o homem dos avessos" (GSV: 15). Esses conflitos de Riobaldo no plano subjetivo correspondem nitidamente aos conflitos universais pelos quais passa todo ser humano. Não há quem não tenha essa ambiguidade dentro de si. Faz parte do drama de estar situado no mundo, da busca do "sentido da vida"[431]. São dramas humanos que Guimarães Rosa, com sua arte, consegue sensibilizar o leitor.

A ambiguidade é um traço que acompanha Riobaldo em sua travessia. Aliás, são diversas ambiguidades: a ambiguidade da geografia, dos tipos sociais; a ambiguidade afetiva e a mais singular; a ambiguidade metafísica, "que balança Riobaldo entre Deus e o Diabo, entre a realidade e a dúvida do pacto, dando-lhe o caráter de iniciado no mal para chegar ao bem".

Riobaldo peregrino

Desde que encontrou Reinado, aquele menino que estava "encostado numa árvore", nas cercanias do porto do de-Janeiro, foi tomado por uma gana de viver, um toque de coragem para seguir em frente, com alegria. Movido por aqueles "olhos aos-grandes verdes" (GSV: 79) e pelo carinho de suas mãos, Riobaldo conheceu os mistérios da coragem para lidar com a vida e enfrentar suas mazelas. Foi ali no "vacilo da canoa" que sentiu o incentivo maior: "carece de ter coragem" (GSV: 82). Ao narrar para o seu interlocutor a respeito, diz Riobaldo:

> O correr da vida embrulha tudo, a vida é assim: esquenta e esfria, aperta e daí afrouxa, sossega e depois desinquieta. O que ela quer da gente é coragem. O que Deus quer é ver a gente aprendendo a ser capaz de ficar alegre a mais, no meio da alegria, e inda mais alegre ainda no meio da tristeza (GSV: 230).

---

[429] *Ibidem*, p. 41.
[430] CÂNDIDO, Antonio. **Tese e antítese**. 2. ed. São Paulo: Companhia Editora Nacional, 1971, p. 134-135.
[431] BOLLE, Willi. **Grande sertão.br**. São Paulo: Duas Cidades/Editora 34, 2004, p. 21.

Em toda a epopeia de Tatarana, a coragem retorna, com todo o seu profundo significado. Foi também no encontro com o menino, que ele despertou para a beleza da natureza: "Quem me ensinou a apreciar essas belezas sem dono foi Diadorim" (GSV: 26). Ensinou o carinho com o mato da beira, as muitas flores, os pássaros, o ar do tempo, a intensidade das águas (GSV: 80); e, depois, o pássaro-mistério, "manuelzinho-da-crôa", símbolo maior da união. Nunca tinha ouvido falar dele antes ou parado para poder apreciá-lo. Era apenas mais um pássaro "para se pegar a espingarda e caçar" (GSV: 108). Mediado pelo olhar singelo de Reinaldo, Riobaldo ampliou seu olhar para perceber a singularidade desse pássaro, que anda "sempre em casal" (GSV: 108). E dizia Reinaldo: "É preciso olhar para esses com um todo carinho" (GSV: 108).

Riobaldo foi tomado de amor por Reinado, aquele menino "diferente" (GSV: 84), que tinha sido educado para ser homem. E foi por ele que Riobaldo se encantou. E indaga ao seu interlocutor: "Por que foi que eu conheci aquele Menino? [...] O senhor pense outra vez, repense bem pensado: para que foi que eu tive de atravessar o rio defronte com o Menino?" (GSV: 84). A questão amorosa com Reinaldo (Diadorim) e as dúvidas que a acompanham vão estar sempre presentes no itinerário de Riobaldo.

A travessia metafísica de Riobaldo vai ser pontuada pela dúvida, uma caminhada em deriva, "mais largado nas mãos da sorte do que propriamente decidindo, sempre hesitante, e não só quanto ao caminho a seguir, mas também ao amor a se apegar, entre Otacília e Diadorim, que o leva a se perguntar: 'Eu era dois diversos?'"[432]. Riobaldo oscilava sempre "entre o impulso e o projeto, a emoção e a razão, sabendo que nem se tratava de uma escolha entre o bem e o mal, o certo e o errado". Ele se dava conta que "natureza da gente não cabe em nenhuma certeza" (GSV: 300).

No caso do amor a Diadorim, o que se evidenciava era o traço de obscuridade e instabilidade. Não tinha a clareza do sentimento que o habitava diante de um amor que era mais "neblina" (GSV: 25). E não encontrava respaldo explícito em Diadorim, que guardava celibato, dando um clima singular a todo o romance: "Enquanto atrai pelo conjunto dos dons pessoais, pelo sortilégio das qualidades, principalmente pela feminilidade, repele pela energia moral acumulada desde sempre pelo voto da castidade"[433]. Diadorim tinha nascido "para o dever de guerrear e nunca ter medo, e mais para muito amar, sem gozo de amor" (GSV: 432).

---

[432] RONCARI, Luiz. **Lutas e auroras.** Os avessos do Grande Sertão: Veredas. São Paulo: Editora UNESP, 2018, p. p. 107.

[433] GARBUGLIO, José Carlos. **O mundo movente de Guimarães Rosa**. São Paulo: Ática, 1972, p. 72.

Por todo o romance, irrompe o carinho enorme de Riobaldo por Diadorim, e vice-versa. Mas era um amor inalcançável: "Mas dois guerreiros, como é, como iam poder se gostar, mesmo em singela conversação – por detrás de tantos brios e armas [...]. E tudo impossível" (GSV: 413). Diadorim era tomado substancialmente pela vontade da guerra (GSV: 22). Nas ocasiões em que se favorecia alguma aproximação mais íntima, ele, Diadorim, recuava com obstinação. Queria preservar apenas a amizade: "Nego que gosto de você, no mal. Gosto, mas só como amigo! [...]" (GSV: 212). Ou como noutra ocasião: "Riobaldo, eu gostava que você pudesse ter nascido parente meu [...]" (GSV: 308).

Na caminhada de Riobaldo, o objetivo mais forte era o de mostrar a força do amor contra a presença do ódio. No trajeto, a presença contínua das tentações, da maldade implícita da dinâmica do humano: "Eu tinha medo de homem humano" (GSV: 293). Riobaldo tinha consciência disso; reconhecia que a maldade se encarnava nas pessoas, e o exemplo do Demo em Hermógenes era o traço mais vivo. Tomou-se de espanto ao perceber que o ódio não tem razão, podendo aparecer em qualquer um e em qualquer momento (GSV: 284). Sabia igualmente que o caminho é "resvaloso", mas, com coragem, enfrentava as adversidades: "Mas também cair não prejudica demais – a gente levanta, a gente sobe, a gente volta!" (GSV: 226).

Para alcançar o seu objetivo, cercou-se de todas as proteções e de todas as rezas. Esse recurso da oração estará sempre presente: a oração que ele faz e a oração que ele pede aos outros para fazer. O importante era resguardar um espaço garantido de proteção. O seu caminho é captado como um "roteiro de Deus nas serras dos Gerais" (GSV: 222-223). Esse é um traço de sua presença no tempo: o recurso às orações. Junto a ele, as rezadeiras (GSV: 19), a rezas fortes (GSV, 162) das presenças amigas. E todo o tempo se volta para o cantinho interior e faz suas orações: "Me subi para fora do real; rezei!" (GSV: 247); "A reza reganhei, com um fervor (GSV: 283); "O existir da alma é a reza [...] Quando estou rezando, estou fora da sujidade, à parte de toda loucura" (GSV: 432); "Tudo o que não é oração, é maluqueira" (GSV: 348). Tinha também a seu favor todas as nossas senhoras sertanejas, em particular, a Nossa Senhora da Abadia, senhora de todas as forças e proteções: "Ah, só Ela me vale; mas vale por um mar sem fim" (GSV: 219). Precisava, e como, ter "todos os pastos demarcados" (GSV: 162), mantendo sempre aceso o "nomos" significador. Seu sonho era o de ver "uma igreja grande, brancas torres, reinando de alto sino, no estado do Chapadão" (GSV: 347).

Dizia, com rigor de alma, que todo jagunço quer céu e não o inferno. Nos seus sonhos vislumbrava "o fim das fomes" (GSV: 313). Nesse sentido, buscava agarrar-se ao Deus sertanejo, astuto e atento:

> O diabo, é às brutas; mas Deus é traiçoeiro – dá gosto! A força dele, quando quer – moço! – me dá o medo pavor! Deus vem vindo: ninguém não vê. Ele faz é na lei do mansinho – assim é o milagre. E Deus ataca bonito, se divertindo, se economiza (GSV: 24).

Riobaldo percebia – e isso era sua salvação – a presença de uma vozinha interior, que agia como um anjo da guarda, uma vozinha que era "forte demais", brotada de um "fundo onde o demônio não conseguiria entrar"[434]. Buscava agarrar-se a essa voz, ainda que a outra, igualmente potente, atentava a sua vontade e razão. Era a voz do Demo, que trazia consigo "o inferno feio deste mundo" (GSV: 281). O demônio age nas gretas, nos intervalos, aproveitando espertamente os vacilos na caminhada. Como diz Walnice Galvão:

> O Diabo ganha pequenas paradas, rápidas e logo concluídas dentro do grande fluir de tudo que existe e que é Deus; mas nessas pequenas paradas pode se danar um homem. O Diabo implica na certeza dessas pequenas paradas que se ganha ou se tenta ganhar, dentro da incerteza geral que é o fluir, onde tudo se transforma, onde uma coisa sai de outra, e desta outra vai sair outra, e assim sucessivamente. Tentar parar esse fluir através de uma certeza é a tarefa do Diabo[435].

Esse Demo atormenta Riobaldo todo o tempo, firmando a ambiguidade que marca a sua trajetória, visando a cessar o fluir do movimento. Daí ser compreendido muitas vezes como o homem dos "avessos". A todo momento, mantinha acesa sua atenção para não deixar o Demo "botar cela" ou governar sua decisão. Em circunstâncias fundamentais, sova a sua intimidade, visando a um caminho alternativo.

O inferno estava ali, sempre à disposição, mas as rezas fortes contrapunham os seus desígnios. Havia um caminho mais importante a seguir: de "recondução das coisas a si próprias". Daí a importância da coragem recorrente: "O espírito da gente é cavalo que escolhe estrada: quando ruma para a tristeza e morte vai não vendo o que é bonito e bom" (GSV: 138).

Para alcançar o seu objetivo, quase impossível, Riobaldo acaba fazendo o pacto com o Demo. Este surge como "o acicate permanente, estímulo para

---

[434] RONCARI, Luiz. **Lutas e auroras**, p. 105.
[435] GALVÃO, Walnice Nogueira. **As formas do falso**. 2. Ed, São Paulo: Perspectiva, 1986, p. 130.

viver além do bem e do mal"[436]. Aliás, esse é o problema nuclear de todo o romance: existe ou não o Demo? Diante da implacável presença do Hermógenes, inimigo maior, que também tinha feito o pacto, Riobaldo busca um caminho semelhante, embora não acreditasse muito nele, "mercês a Deus". Mas resolve partir para a empreitada, visitando antes o seu mundo interior: "Deixa a aguinha das grotas gruguejar sozinha" (GSV: 301). E parte carregando a alegria, pois tinha ciência de que "somente com alegria é que a gente realiza bem – mesmo as tristes ações" (GSV: 301).

Nas Veredas-Mortas, fez a experiência da presença do Demo. Não uma presença física, mas um "clima" amedrontador. Com a noite, a sensação de um "friúme" desestruturador. Do mais fundo de seu tremor, conseguiu tirar as "espantosas palavras" que convocavam a presença do "Pai da Mentira". Foi tomado pelo "ror de nada", pelo horror do nada. O Demo não apareceu, somente um vento diverso no chão da encruzilhada. Naquele derradeiro momento, Riobaldo se viu inteiramente desarmado e narra para seu interlocutor o ocorrido: "Ah, acho que não queria mesmo nada, de tanto que eu queria só tudo. Uma coisa, a coisa, esta coisa: eu somente queria era – ficar sendo!" (GSV: 303). Pôde, então, perceber que "ser forte é parar quieto; permanecer" (GSV: 303). Ao narrar o ocorrido, Riobaldo não se deu conta do tempo atravessado: "O não sei quanto tempo foi que estive. Desentendi os cantos com que piam, os passarinhos na madrugança" (GSV: 305).

Aos poucos, com a passagem do tempo e o anúncio da manhã, Riobaldo foi tomado por uma nova sensação. Não conseguiu fugir à "evidência da própria mudança, após a noite em que desejou vê-lo; depois dela é que foi capaz de realizar coisas prodigiosas, inclusive a referida travessia do Sussuarão"[437]. Junto do amanhecer, o sentimento de um orvalhar: "Tudo agora reluzia com clareza, ocupando minhas ideias, e de tantas coisas passadas diversas eu inventava lembrança, de fatos esquecidos em muito remoto, neles eu topava outra razão" (GSV: 305).

Era como num rito de iniciação, em que Riobaldo se transforma em Urutu Branco e ganha energias singulares para atravessar o Liso do Sussuarão e enfrentar as batalhas seguintes, culminadas no embate final do Tamanduá-Tão, quando morrem Hermógenes e Diadorim. Como indica Walnice Galvão:

> [...] na hora do combate final, o Diabo está na rua no meio do redemoinho, mas também está ao lado de Riobaldo e dentro

---

[436] CANDIDO, Antonio. **Tese e antítese**. 2. ed. São Paulo: Companhia Editora Nacional, 1971, p. 137.
[437] CANDIDO, Antonio. **Tese e antítese**, p. 136.

dele. Ao cabo, Riobaldo consegue cumprir sua missão de acabar com o Hermógenes. Mas o Diabo cumpre o prometido com as tramoias que a tradição lhe atribui, ou seja, da maneira mais dolorosa e mais inesperada para aquele que lhe vendeu a alma: Riobaldo acaba com o Hermógenes, mas no mesmo ato Diadorim morre[438].

O romance, que tinha começado com a expressão "Nonada", termina com a expressão "Travessia". E termina mantendo aceso o paradoxo que angustiou toda a epopeia de Tatarana: existe ou não o Demo? O narrador, ao final, sublinha: "Pois não? O senhor é um homem soberano, circunspecto. Amigos somos. Nonada. O diabo não há! É o que eu digo, se for... Existe é homem humano[439]. Travessia" (GSV: 435).

Depois da última batalha, Riobaldo resolve largar a jagunçagem, dirigindo-se para a grande cidade. Por recomendação de Zé Bebelo, o chefe jagunço e amigo, vai se encontrar com compadre Quelemém, pessoa de grande rareza, de espiritualidade plural e acolhedora: "perto dele todo-o-mundo para sossegado, e sorridente, bondoso" (GSV: 434). O encontro vai ser confortador, dando um novo significado para a vida. Termina sua história como fazendeiro, junto da amada Otacília, numa das duas fazendas herdadas de seu padrinho Selorico Mendes, e é ali que ele faz a narração de toda a sua trajetória. Ao final, uma réstia de esperança: "Tudo sai é mesmo de escuros buracos, tirante o que vem do céu" (GSV: 426).

---

[438] GALVÃO, Walnice Nogueira. **As formas do falso**, p. 132.
[439] Ver a respeito: Coutinho (2013, p. 98).

A PULSAÇÃO DA VIDA: PERTO DO CORAÇÃO SELVAGEM

Escrever sobre Clarice Lispector é das tarefas mais árduas que encontramos em nossa jornada acadêmica. O trabalho ganha complexidade, pois, por mais que busquemos clareza, nossa reflexão tateia o real, e nossas representações permanecem movediças, sobretudo em razão de estarmos diante de um pensamento complexo e existencial, que quebra radicalmente qualquer dicotomia entre ficção e memória ou poesia e confissão. Isso foi captado de forma extraordinária por um dos grandes amigos de Clarice, Lúcio Cardoso, em artigo no *Diário Carioca*, em março de 1944. Ele se referia ao primeiro romance de Clarice, justamente esse que é objeto da presente reflexão: *Perto do coração selvagem*, de 1943. Argumentava que apreciava o "ar mal arranjado, até mesmo displicente" da armação do romance e via como valor e qualidade do livro o seu traço "espontâneo", delineando, simultaneamente, algo de estranho e agreste[440].

Se há uma palavra que possa definir o percurso literário de Clarice é busca. É uma escritora consumida pelo fogo ardente da procura da coisa, do duro mistério do It, que se esconde "atrás do pensamento". Não sem razão Hélio Pellegrino comparou sua obra à de Van Gogh, justamente por estar habitada por um "incêndio", que lavra a partir de baixo e queima tudo o que há ao redor[441]. Ninguém sai impune da leitura de Clarice, que atua como um impetuoso golpe na barriga, desfazendo esquemas e preconceitos e revelando um olhar diferenciado sobre o mundo e o real.

Essa busca da coisa já aparece de forma viva desde o primeiro romance de Clarice, *Perto do Coração Selvagem*, como mostrou José Castelo. Essa procura incessante e sem sossego de algo que está além das possibilidades foi a "a grande paixão e o grande inferno" de Clarice. Ela "viveu para perseguir esse núcleo de vida pura que nos iguala aos animais e nos despe de nosso manto cultural"[442]. Essa busca "selvagem" vai animar Joana[443], alter ego de Clarice,

---

[440] Lúcio Cardoso. "Perto do Coração Selvagem". In: **Diário Carioca**. Rio de Janeiro, 12/03/1944. Ver a respeito: Lícia Manzo. **Era uma vez: Eu.** Juiz de Fora: Editora UFJF, 2001, p. 25.

[441] Marília Librandi. **Clarice Lispector e os romances da escuta**. Belo Horizonte: Relicário, 2020, p. 120.

[442] José Castello. Introdução. In: _____. (org.). **Clarice Lispector na cabeceira**. Romances. Rio de Janeiro: Rocco, 2011, p, 9.

[443] Uma vez referindo-se à personagem Joana, Clarice afirmou, citando Flaubert: *"Madame Bovary c'est moi"*. Benjamin Moser. **Clarice,** São Paulo: Cosac Naify, 2009, p. 253.

bem como outras personagens de seus romances, como Virgínia ou Lóri. Em *Perto do Coração Selvagem*, Joana quer não só sentir a coisa, mas "possuí-la". Para tanto, precisa tocar o fundo da existência, "surpreender o símbolo das coisas nas próprias coisas"[444]. Por traz das palavras, jaz, camuflado, um mistério que não se alcança, mas que se almeja e que anima o olhar sedento de Joana em todos os passos do cotidiano, vislumbrando-se no arranjo dos emaranhados que unem em uníssono o mar, o gato, o boi e ela mesma[445]. A que visa Clarice, por meio de seus personagens, é "buscar o sentido da vida, penetrar no mistério que cerca o homem"[446].

O romance *Perto do Coração Selvagem* foi escrito em nove meses sofridos, "como uma gravidez", como salientou Claire Varin[447]. Foi uma experiência amadurecida anteriormente numa escritora precoce, que começa a despontar na literatura com apenas 7 anos de idade. Joana, a personagem de seu primeiro romance, renasce nesse processo. Nesse primeiro romance, podemos encontrar vivamente traços do "conjunto de suas manifestações futuras". É um romance que "carrega em gérmen todos os seus outros textos"[448]. Por isso nos sentiremos aqui bem livres para fazer várias relações com outros trabalhos da escritora. O livro consta de duas partes, com 19 capítulos ao todo, sendo o primeiro "O pai". Como informa a professora e pesquisadora Nádia Battella Gotlib, em pesquisa realizada, o romance originalmente começava com o que hoje é o segundo capítulo: "O dia de Joana"[449].

A personagem Joana, como outras na obra de Clarice, é alguém que está sempre rompendo limites. É alguém cuja essência não pode ser fixada ou enquadrada, mas vem definida por um permanente "tornar-se"[450]. O estado em que vive é de perplexidade. É alguém que não traz paz a ninguém[451]. Em certo momento do romance, ela diz que nunca penetrou seu coração, mas sempre anseia. É como na *epektasis* de que falam os padres capadócios, como

---

[444] Clarice Lispector. **Perto do coração selvagem**. Rio de Janeiro: Rocco, 2019, p. 44 e 21. As citações do livro estarão aqui sigladas com PCS.

[445] PCS, 44.

[446] Antonio Candido. No raiar de Clarice Lispector. **Vários escritos**. São Paulo: Duas Cidades, 1977, p. 128 (publicado originalmente como "Perto do Coração Selvagem". **Folha da Manhã**, 16 de julho de 1944).

[447] Claire Varin. **Línguas de fogo**. Ensaio sobre Clarice Lispector. São Paulo: Limiar, 2002, p. 114-115. O romance foi escrito entre março e novembro de 1942, quando Clarice era ainda solteira. A publicação ocorreu no ano seguinte, em 1943.

[448] *Ibidem*, p. 111.

[449] Nádia Battella Gotlib. **Clarice Fotobiografia**. 3 ed. São Paulo: Edusp, 2014, p. 155.

[450] PCS, 137.

[451] PCS, 147.

Gregório de Nissa (século IV); aquele sentimento inestancável e imarcescível, de uma sede que jamais se esgota. Cada conquista da alma é sempre penúltima, e cada progresso no amor revela-se um novo ponto de partida. Ao contrário de seu marido, Otávio, para quem a vida não passava de uma "aventura individual", Joana se entendia como um animal indomável, marcado por uma "lâmina de aço no coração"[452]. Como mostrou com acerto Benedito Nunes, "a vida em comum, o aconchego da paz doméstica não podem conter a inquietação que permeia a sua experiência interior"[453]. O que define o mundo interior de Joana, sublinha Nunes, é a desmesura e a vocação para o excesso. É o que os gregos identificam como *hybris*, entendida como um "perigo demoníaco"[454].

O que o romance *Perto do Coração Selvagem* nos apresenta é um roteiro de vida, um "processo de emancipação, que inclui a possibilidade da experiência do sentir-se livre, como um 'animal perfeito', ciente de que 'é preciso não ter medo de criar' inclusive o seu próprio roteiro de vida sentimental"[455]. Ao ler o romance, assistimos também ao percurso de Clarice, à visão de Clarice sobre a dificuldade das relações entre humanos. Clarice, como Joana, entende que é impossível alcançar a verdadeira liberdade numa relação que aprisiona. Em momento de clara crise conjugal, Clarice escreve à irmã Tânia, em julho de 1944, que não nasceu para se submeter, e que poderia, sim, experimentar o amor de outra forma: "Talvez minha forma de amor seja nunca amar senão as pessoas de quem eu nada queira esperar e ser amada"[456]. É a mesma solidão que sente a personagem Joana com respeito a Otávio. Em certo momento do romance, no capítulo que trata de Lídia, Joana expressa sua visão crítica do casamento: "Imagine: ter sempre uma pessoa ao lado, não conhecer a solidão. Meu Deus! – não estar consigo mesma nunca, nunca. E ser uma mulher casada, quer dizer, uma pessoa com destino traçado. Daí em diante é só esperar pela morte"[457]. Em seu casamento, não suportava, igualmente, os tremendos "intervalos" que interditavam a conversa livre e querida[458]. As reflexões de Clarice sobre o tema acendem na mente a lembrança da visão de Rainer Maria Rilke, expressa nas *Cartas a um jovem poeta*. Para Rilke,

---

[452] PCS, 149.
[453] Benedito Nunes. **O drama da linguagem**. Uma leitura de Clarice Lispector. 2 ed. São Paulo: Ática 1995, p. 20.
[454] *Ibidem*, p. 20.
[455] PCS, p. 205 (posfácio de Nádia Batella Gotlibe – O romance inaugural).
[456] Clarice Lispector. **Minhas queridas**. Rio de Janeiro: Rocco, 2007, p. 36.
[457] PCS, 144.
[458] PCS, 31 e 50.

o amor de identificação talvez seja uma das coisas mais difíceis de serem concretizadas. Não há possibilidade de viver o amor desconsiderando a dimensão de solidão que nele está presente. A manutenção sadia do amor requer a preservação da solidão[459].

Publicado em 1943, o romance *Perto do Coração Selvagem*, revelou a potencialidade de Clarice Lispector, em particular, a rara e solar capacidade da vida interior. Vinha à luz o pensamento de Clarice, criativo e repleto de mistério. O livro provocou uma grande excitação na *intelligentia* brasileira[460]. Em março de 1944, veio a reação do amigo Lúcio Cardoso, em resenha no *Diário Carioca*. Falava sobre a importância do livro. Em resposta, Clarice relata que ficou assustada com o que leu e reagiu dizendo ser "horrível" sentir-se completa e imaginar-se uma escritora "bem instalada"[461]. Ocorreram também reações negativas, como as de Álvaro Lins, em artigo no *Correio da Manhã*, de 11 de fevereiro de 1944. Ele dizia que a obra revelava uma "experiência incompleta", mas se situava como um romance moderno original. A reflexão do autor entristeceu a escritora, sobretudo por aventar a hipótese de uma influência nela das obras de Joyce e Virgínia Woolf. Lamenta o fato em carta escrita às irmãs, em 16 de fevereiro de 1944[462]. A maioria das reações, porém, foi bem positiva, como as de Antonio Candido, Lúcio Cardoso, Fernando Sabino, Lêdo Ivo e Lauro Escorel. O crítico paulista, Sérgio Milliet, sublinhou que "pela primeira vez, um autor brasileiro vai além da simples aproximação neste campo quase virgem de nossa literatura; pela primeira vez, um autor penetra nas profundezas da complexidade da alma moderna"[463]. O jovem poeta, Lêdo Ivo, manifestou também o seu entusiasmo em artigo num jornal de Alagoas, em 25 de fevereiro de 1944. Assinalou que o mínimo que podia dizer da obra é que era "deslumbrante"[464]. O poeta reconhece no livro o valor de uma "obra prima" e como "o maior romance que uma mulher jamais escreveu em língua portuguesa"[465]. Passo importante veio em outubro de 1944, quando o romance ganha o prêmio Graça Aranha, como o melhor romance de 1943.

---

[459] Rainer Maria Rilke. **Cartas a um jovem poeta**. 4 ed. São Paulo: Globo, 2013, p. 55 e 56.
[460] Benjamin Moser. **Clarice**, p. 191.
[461] Clarice Lispector. **Correspondências**. Rio de Janeiro: Rocco, 2002, p. 42-43.
[462] Teresa Montero. À procura da própria coisa. Uma biografia de Clarice Lispector. Rio de Janeiro: Rocco, 2021, p. 526-527.
[463] Benjamin Moser. **Clarice**, p. 192-193.
[464] *Ibidem*, p. 192.
[465] Teresa Cristina Montero Ferreira. **Eu sou uma pergunta**. Uma biografia de Clarice Lispector. Rio de Janeiro: Rocco, 1999, p. 102.

A escrita de Clarice, já nesse romance, é inovadora e inaugural. Antonio Candido captou ali naquele primeiro instante o passo singular da "verdadeira exploração vocabular", da autêntica "aventura da expressão"; o crítico literário logo se dá conta da revolução que se apresentava para ele, detonando um "choque" inusitado, por revelar um "pensamento cheio de mistério", possuído por um enigmático espírito[466]. Emergia ali, com Clarice, uma literatura nova, anunciada como um "risco da aposta", da ousadia, para além da literatura do tempo, resguardada pela proteção do enquadramento tradicional. Clarice e Guimarães Rosa davam, simultaneamente, o passo do salto criador, com "o timbre que revela as obras de exceção"[467]. A escrita de Clarice, "parece manter a tinta fresca das palavras, conferindo-lhes um sopro, uma energia vital que circula naquilo que ela soube proteger sob a forma de mistério"[468].

Clarice era alguém que buscava algo mais que a liberdade, mas, como a personagem Joana, não conseguia nomear claramente[469]. A trilha possível estava escondida no interior mais profundo, no mínimo eu que se identificava com "o silêncio procurado"[470]. Na voz de Joana, Clarice anseia por águas profundas, pelo mar incógnito, embora reconheça sua incapacidade de ousar além das "aguas pequenas e de fácil acesso"[471]. Porém, em instantes raros, epifânicos, pode roçar horizontes inauditos e experimentar a possibilidade de frestas da graça, como expressou tão bem Clarice na crônica *Estado de Graça*[472].

Esse "estado de graça" de que fala Clarice, vem expresso por Joana em determinados momentos de seu percurso, como durante o banho, tomada por um "estado agudo de felicidade", pela sensação fantástica de que é livre[473]. Como indica Antonio Candido, nesse capítulo do banho, encontramos uma Joana que não se detém diante das barreiras, numa missão de liberdade que ninguém é capaz de interditar, quando avança impune para o "selvagem coração da vida"[474]. É a mesma Joana que, em outro capítulo, fala da sensação única vivenciada em momentos de graça, quando consegue inaugurar

---

[466] Antonio Candido. No raiar de Clarice Lispector, p. 127.
[467] *Ibidem*, p. 128
[468] Eduardo Jorge de Oliveira. A emoção segundo G. (D-). Posfácio. *In:* Georges Didi-Huberman. **A vertical das emoções.** As crônicas de Clarice Lispector. Belo Horizonte: Relicário, 2021, p. 52.
[469] PCS, 67.
[470] PCS, 67.
[471] PCS, 68.
[472] Clarice Lispector. **A descoberta do mundo**. Rio de Janeiro: Rocco, 1999, p. 91-93.
[473] PCS, 59.
[474] Antonio Candido. No raiar de Clarice Lispector, p. 129.

"círculos de vida". É quando ocorrem os "momentos tão intensos, vermelhos, condensados neles mesmos que não precisavam de passado nem de futuro para existir"[475].

Estamos aqui diante de uma Clarice que se sente próxima ao mundo animal, que recusa com audácia "qualquer moralidade antropocêntrica"[476]. É a Clarice que, por intermédio de Joana, se lança de coração aberto aos instantes que produzem uma rara e intensa alegria[477]. O instante é o grande "tema" de Clarice[478]. Sua experiência vital é a da imanência, sendo o natural "o maior mistério que existe"[479]. Nesse natural, para além do olhar superficial, a escritora busca a inspiração mais profunda, a coragem nobre der ir cada vez mais ao fundo, naquele lugar peculiar e secreto onde a única possibilidade é o silêncio e a contemplação[480].

Mas por que falamos aqui em mundo animal? Quando se fala em animal, toca-se num dado medular para Clarice e seus personagens. É o caso de Joana que se encanta, no primeiro capítulo de *Perto do Coração Selvagem*, com a galinha e a minhoca: da galinha que não sabe que vai morrer ou a minhoca que vai ser presa da galinha[481]. É no mundo animal que Clarice identifica "o núcleo da vida pura", assim como Rilke na oitava *Elegia de Duíno*, quando fala no "animal espontâneo", aquele que "diante de si tem apenas Deus e quando se move é para a eternidade, como correm as fontes"[482]. Em outro romance de Clarice, *Cidade Sitiada*, a personagem Lucrécia se transmuta em cavalo livre, e, em diversos momentos, o que captamos não é o seu passo, mas o casco do animal cavalo, que anseia por liberdade[483]. Isso também ocorre no romance *Paixão Segundo GH*, quando se fala da mulher que escuta o chamado, larga o bordado na cadeira e se põe calmamente de quatro, acolhendo com tranquilidade o reclamo da vida anterior[484]. Como lembra Marília Librandi, esse chamado da animalidade está presente no final do romance *Perto do Coração Selvagem*, quando Joana transcende as

---

[475] PSC, 97.
[476] Benjamin Moser. **Clarice**, p. 93.
[477] PCS, 68.
[478] Clarice Lispector. Água viva. Rio de Janeiro: Rocco, 2019, p. 28.
[479] Olga Borelli. **Clarice Lispector**. Esboço para um possível retrato. 2 ed. Rio de Janeiro: Nova Fronteira, 1981, p. 40.
[480] *Ibidem*, p. 35.
[481] PCS, 11.
[482] Rainer Maria Rilke. **Elegias de Duíno**. 6 ed. São Paulo: Biblioteca Azul, 2013, p. 67.
[483] Clarice Lispector. **A cidade sitiada**. Rio de Janeiro: Rocco, 2019, p.79, 97, 101 e 128. Ver ainda: Carlos Mendes de Souza. **Figuras da escrita**. Rio de Janeiro: Instituto Moreira Salles, 2012, p. 314 e 318.
[484] Roberto Cardoso de Oliveira (org.). **As palavras de Clarice Lispector**. Rio de Janeiro: Rocco, 2013, p. 130.

fronteiras binárias de gênero e avança no âmbito da animalidade. É quando a narradora Clarice "desobedece" à estrutura do romance, apontando para algo que encontrará o seu ápice em Água Viva[485].

Clarice traz para nós a complexa dinâmica da ambiguidade que pontua a dinâmica do humano. Há sombras, não há dúvida, mas também há luz, aquela que iluminou a infância de Clarice quando viveu no Nordeste. Em bonita reflexão sobre a escritora, Lêdo Ivo fala da "luminosidade solar" que envolveu Clarice em Maceió, cidade que acolheu a família depois das dores vividas na Ucrânia. Lêdo fala da luz que envolveu a criança Clarice e que está igualmente presente no "emblema de seu destino". Trata-se de algo que nem sempre vem lembrado por seus biógrafos, essa "alagoanidade inicial de Clarice", que significou, em verdade, o acolhimento essencial, com a abertura para ela de uma pátria nova[486].

A presença das epifanias nos escritos de Clarice indica essas frestas de luz que acendem em seus personagens um caminho novo, uma trilha distinta, capaz de facultar a mudança necessária para o ritmo da liberdade. Em bonita passagem de *Perto do Coração Selvagem*, Otávio – marido de Joana – lembra a ela que, além da "matéria bruta", existe igualmente a "transfiguração". Recorda o que ela mesma disse a ele certa feita: "A dor de hoje será amanhã tua alegria; nada existe que escape à transfiguração"[487]. Podemos detectar nos episódios epifânicos de Clarice um traço dessa luz essencial, que ajuda o exercício cotidiano do permanecer, do sobreviver. Afonso Romano de Santana, que se dedicou ao tema, nos esclarece o sentido que esse termo, que vem do campo teológico, ganha agora na literatura. A epifania se apresenta como:

> [...] o relato de uma experiência que a princípio se mostra simples e rotineira, mas que acaba por mostrar toda a força de uma inusitada revelação. É a percepção de uma realidade atordoante quando os objetos mais simples, os gestos mais banais e as situações mais cotidianas comportam iluminação súbita na consciência dos figurantes, e a grandiosidade do êxtase pouco tem a ver com o elemento prosaico em que se inscreve a personagem[488].

A dialética clariciana de sombra e luz aparece de forma nítida quando comparamos duas crônicas da escritora: *Desmaterialização da Catedral* e

---
[485] Marília Librandi. **Clarice Lispector e os romances da escuta**, p. 125.
[486] Disponível em: https://www.triplov.com/revista/Numero_05/Ledo_Ivo/index.htm
[487] Clarice Lispector. **Perto do coração selvagem**, p. 176.
[488] Afonso Romano de Santana & Marina Colassanti. **Com Clarice**. São Paulo: Unesp, 2013, p 88.

Espanha[489]. A primeira fala da catedral de Berna aos domingos à noite, da catedral "gótica, dura, pura". Sabemos que ali em Berna Clarice passou pelos momentos mais difíceis da sua vida, num "tédio" que provocou depressão crescente na escritora, que foi "salva" pelas cartas das irmãs e dos amigos, consolando-a e fortalecendo-a. Numa delas, de Fernando Sabino, ela ganha conforto, quando ele diz que ela "avançou na frente de todos", com sua ousada literatura. Ao mesmo tempo, porém, adverte para o risco do demasiado arroubo, que a poderia fazer "cair do outro lado"[490]. Em Berna, Clarice passou momentos difíceis, incluindo a ausência de inspiração[491]. Como em qualquer cidade estrangeira, ela reconhecia que ali era "terra dos outros". Em sua biografia sobre a escritora, Nádia Battella Gotlib sublinha que, naquela cidade, ela passava "dias, e por vezes, semanas inteiras sentada numa poltrona, sem fazer nada"[492]. Foram três anos muito difíceis na vida de Clarice, de convívio com a solidão, a dor, o tédio e o silêncio. Foi o período em que escreveu o romance *Cidade Sitiada* e ganhou o primeiro filho, Pedro.

Esse não é, porém, o único lado de Clarice. Mesmo em Berna, ela pôde vivenciar momentos de alegria e se mantinha atenta e esperançosa com a vinda dos gerânios vermelhos da primavera. Daí a importância de ver esse outro lado de Clarice, que vibra na crônica sobre a Espanha. A escritora vislumbra na dança flamenca um lado bonito e terrenal, algo que traduz o "fôlego humano", a vontade radical de vida, que, mediante modulações sanguíneas, expressa gritos e gemidos, num canto impaciente.

Essa singular dialética entre Berna e Espanha, que, na verdade, traduz dois espíritos de ânimo, veio retomada no romance *Uma aprendizagem ou o livro dos prazeres*, de 1969. Ela escreve ali, na voz de Lóri: "É tão vasta a noite na montanha. Tão despovoada. A noite espanhola tem o perfume e o eco duro do sapateado da dança, a italiana tem o mar cálido mesmo se

---

[489] Clarice Lispector. **Todas as crônicas**. Rio de Janeiro: Rocco, 2018, p. 541 e 346-348. Sobre Berna, há outra crônica singular de Clarice: "Lembranças de uma Fonte, de uma cidade": *Ibidem*, p. 273-274. Ao final da crônica, diz Clarice, lembrando-se das difíceis horas de crepúsculo em Berna: "Nessa hora eu me sentia pior do que uma mendiga porque nem ao menos eu sabia o que pedir".

[490] Fernando Sabino & Clarice Lispector. **Cartas perto do coração**. Rio de Janeiro/São Paulo: Record, 2011, p. 27.

[491] Em carta à Tânia, sua irmã, em janeiro de 1942, diz: "Não escrevi uma linha, o que me perturba o repouso. Eu vivo à espera da inspiração com uma avidez que não dá descanso": Clarice Lispector. **Minhas queridas**. Rio de Janeiro: Rocco, 2007, p. 23.

[492] Nádia Batella Gotlib. **Clarice uma vida que se conta**. 7 ed. São Paulo: Edusp, 2013, p. 270-271. Ver também: Teresa Cristina Montero Ferreira. **Eu sou uma pergunta**. Uma biografia de Clarice Lispector. Rio de Janeiro: Rocco, 1999, p. 156 (A obra depois veio ampliada com novo título: À procura da coisa. Uma biografia de Clarice Lispector. Rio de Janeiro: Rocco, 2021). Em carta às irmãs, de fevereiro de 1947, dizia que passava meses sem sequer olhar seu trabalho, mergulhada no tédio: Clarice Lispector. **Minhas queridas**, p. 159.

ausente. Mas a noite de Berna tem o silêncio"[493]. Um pouco adiante, no mesmo romance, há uma passagem que me faz lembrar o episódio de transformação de Riobaldo Tatarana, em *Grande Sertão: Veredas*, na sequência do pacto na encruzilhada[494]. A narradora fala dos fantasmas da noite em Berna, quando se vive na "orla da morte e das estrelas"[495]; é quando "o coração tem que se apresentar diante do Nada sozinho e sozinho bater em silêncio de uma taquicardia nas trevas"[496]. Não é fácil lidar com o "silêncio astral", diz a narradora, mas somente com o "pequeno silêncio"[497]. Para adentrar esse território, é preciso ter coragem, caso contrário, não se deve ousar. O que alivia o buscador, entretanto, é saber da presença de um elemento essencial, que está para além dessa neblina, que é "a luz da aurora"[498].

Nos romances de Clarice, e no seu romance inaugural, que, na verdade, já permite o vislumbre de todo o seu trabalho posterior, carregando em si o "conjunto das manifestações futuras"[499], captamos a presença de uma dinâmica que podemos identificar como espiritual, entendendo o termo aqui em sentido lato. Enigmática, Clarice carrega em si uma chama incontornável, vendo-se sempre diante de um mistério inapreensível. Em depoimento no livro de Olga Borelli, ela diz que se sente como "a chama da vela", atraída pela "flama vermelha e amarela", tem consciência de que é preciso "ter muita coragem para ir ao fundo da vida", aquele lugar resguardado onde a única experiência possível é a da contemplação; é quando nem mesmo mais "o pensamento pensa"[500]. Há em Clarice uma vida espiritual que está presente nos seus textos, que, em momentos precisos, ganha forma de oração, como em *Perto do Coração Selvagem*. Nos passos derradeiros do livro, já percebemos uma Joana que vem atraída para o jardim, para "fora de seu centro"; ela se sente viva ao olhar para o espelho, tomada por uma "aragem de saúde"[501].

No capítulo final de *Perto do Coração Selvagem*, já se envolvendo numa região insondável, Joana se sente capaz de ultrapassar o lado das sombras e, por meio do canto *De profundis*, passa a vislumbrar "o fio de água pura". Pode,

---

[493] Clarice Lispector. **Uma aprendizagem ou o livro dos prazeres**. Rio de Janeiro: Rocco, 2020, p, 33.
[494] Guimarães Rosa. **Grande Sertão: Veredas**. 22 ed. São Paulo: Companhia das Letras, 2019, p. 303-305.
[495] Clarice Lispector. **Uma aprendizagem**, p. 35.
[496] Clarice Lispector. **Uma aprendizagem**, p. 35.
[497] Clarice Lispector. **Uma aprendizagem**, p.35.
[498] Clarice Lispector. **Uma aprendizagem**, p. 35.
[499] Claire Varin. **Línguas de fogo**, p. 111.
[500] Olga Borelli. **Clarice Lispector**, p. 35.
[501] PCS, 186-187.

então, com os pensamentos no lugar, afastados do perigo, sorver a vida que se levanta de novo. E aqui podemos identificar sua espiritualidade natural, de corte spinozista. No transcurso de sua "oração" *De profundis*, Joana fala sobre a sua substância mais íntima, selvagem, sem "nenhum Deus"[502], quando se defronta com sua interioridade mais funda. Com sua "alma de animal", a personagem aponta para a esperança viva de um nascimento inaugural, que é, sobretudo, criação. Ela diz: "Erguerei dentro de mim o que sou um dia, a um gesto meu minhas vagas se levantarão poderosas, água pura submergindo a dúvida, a consciência, eu serei forte como a alma de um animal [...]"[503]. A virtude de Joana, como entende Antonio Candido, revela-se na violenta recusa das aparências, numa luta em favor de um "estado inefável, onde a suprema felicidade é o supremo poder, porque no coração selvagem da vida pode-se tudo o que se quer, quando se sabe querer"[504].

Clarice, como Joana, era alguém que se colocava sempre à escuta do tempo, da "descoberta do cotidiano", e dessa escuta participava com todo o seu corpo. Junto de sua criação, estava o temor de se transformar numa "escritora bem instalada", enquadrada. Expressava isso em correspondência com o amigo Lúcio Cardoso[505]. Como sublinha José Castello, "Joana sabe, desde logo, que tem uma alma feroz, que não se submete às boas regras da vida civilizada, nem se adapta aos protocolos do cotidiano burguês"[506].

Por meio da literatura de Clarice, como bem apontou Lícia Manzo, percebemos um claro percurso em direção ao eu, que acaba transformando-se em "personagem central de seus escritos"[507]; de um eu, porém, desvencilhado e despojado da perspectiva antropocêntrica. É o que também destaca Berta Waldman. Ela sublinha que, assim como em *Perto do Coração Selvagem*, "o modo de apreensão artística da realidade se faz a partir de um centro que é a consciência individual"[508]. Esse encaminhamento ao eu ocorre em momentos singulares de seus romances ou contos, como no clássico conto *Amor*, quando, diante da visão do cego mascando chicles, a personagem Ana

---

[502] É uma "ausência" dolorida em Clarice. Em seu livro sobre Clarice, Benjamin Moser reporta a uma inscrição da escritora num exemplar de *A hora da estrela*, dedicado a Alceu Amoroso Lima, em que ela diz: "Eu sei que Deus existe": Benjamin Moser. **Clarice**, p. 550.
[503] PSC, 197.
[504] Antonio Candido. No raiar de Clarice Lispector, p. 130.
[505] Clarice Lispector. **Correspondências**, p. 43.
[506] José Castello (org.). **Clarice Lispector na cabeceira**. Romances, p. 15.
[507] Lícia Manzo. **Era uma vez:** Eu, p. 4.
[508] Berta Waldman. Clarice Lispector. **A paixão segundo C.L.** 2 ed. São Paulo: Escuta, 1992, p. 35.

leva um "choque"[509] e se adentra no mundo interior, para depois viver um momento epifânico no Jardim Botânico. Na visão de Evando Nascimento, o que ocorre em Ana com a visão do cego é "a experiência do emaranhamento, que a lança para o desconhecido"[510]. Na visão de Evando Nascimento, Clarice é alguém que "desfigura nossos pré-conceitos para com os animais e para com a diferença em geral"[511]. A experiência de arrebatamento que ocorre com Ana no Jardim Botânico é desdobramento de sua abertura à alteridade, agora com o mundo vegetal. Evando abre, assim, um caminho bonito para captar em Clarice o encontro entre as alteridades humanas e não humanas[512].

Como bem lembrou Nádia Battella Gotlib, *Perto do Coração Selvagem* é um romance inaugural, que prenuncia temas que serão fundamentais em toda a sua produção posterior. Traz à literatura brasileira um clima novo, um ritmo de "penetração", com uma pontuação peculiar e livre. A cada passo da leitura, há novas descobertas que vão envolvendo e problematizando o leitor, que se sente enredado na trama desenvolvida. Ele, a certo momento, se percebe empoderado e, como Joana, grita: "Eu posso tudo"[513]. Sentimo-nos todos convidados a nos envolver no ritmo da água, que tanto toca Joana, partilhando o seu sentimento de "onda leve que não tem outro campo senão o mar"[514]. Joana pôde encontrar, no seu caminho, amigos e mestres, como o professor, que a favoreceram sintonizar-se com o ritmo do tempo, sem pressa. Como dizia ele, certa feita, a virtude maior é a da paciência e não se deixar tocar demais pela dificuldade de entender certos assuntos[515]. Tudo pode se esclarecer no tempo certo. Novamente nos vem à lembrança o grande poeta Rilke, com seus sábios conselhos, como o que deu a Franz Kappus, em julho de 1903:

> Gostaria de lhe pedir da melhor maneira possível, estimado senhor, que tenha paciência com tudo o que é insolúvel em seu coração e que tente se afeiçoar às próprias questões como quartos trancados e como livros escritos numa língua bem

---

[509] Clarice Lispector. **Todos os contos**, p. 147-148.

[510] Evando Nascimento. Clarice, os animais e as plantas. *In:* Júlio Diniz (org.). **Quanto ao futuro, Clarice**. Rio de Janeiro: Bazar do Tempo/Editora PUC Rio, 2021, p. 119.

[511] Evando Nascimento. **Clarice Lispector:** uma literatura pensante. Rio de Janeiro: Civilização Brasileira, 2012, p. 35.

[512] Evando Nascimento. **O pensamento vegetal**. A literatura e as plantas. Rio de Janeiro: Civilização Brasileira, 2021, p. 187.

[513] PCS, 48.

[514] PSC, 133.

[515] PSC, 53.

> desconhecida. Não busque agora as resposta; não lhe podem ser dadas porque não poderiam viver. E se trata de viver tudo. Viva agora as questões. Viva-as talvez aos poucos, sem notar, até chegar à resposta um dia distante. Talvez carregue em si a possibilidade de formar, criar um modo de vida especialmente feliz e puro[516].

No início do romance, Joana pergunta à professora "o que se consegue quando se fica feliz?" e reitera a questão, indagando o "para que" se é feliz? Sabiamente, a professora não respondeu logo a questão. Aguardou o recreio e pediu depois ao servente para chamar Joana a uma conversa em seu gabinete. Pediu, então, à Joana para escrever num bilhete a pergunta feita e guardar "durante muito tempo". Aconselhou-a a ler depois de adulta a pergunta feita anteriormente e respondeu tranquila: "Quem sabe? Talvez um dia você mesma possa respondê-la de algum modo"[517].

Essa é a pergunta fundamental que fez Clarice ao longo de toda a sua vida. A mesma pergunta que lança Caetano Veloso na canção Cajuína: "Existirmos: a que será que se destina?". É também a questão sublime lançada por Miguilim, de Guimarães Rosa, em *Canto Geral*, quando se volta para sua mãe e indaga: "Mãe, mas por que é, então, para que é, que acontece tudo?!". A pergunta é de difícil resposta... A sábia mãe responde com o gesto, de forma maravilhosa: "Miguilim, me abraça, meu filhinho, que eu te tenho tanto amor..."[518].

---

[516] Rainer Maria Rilke. **A melodia das coisas**. São Paulo: Estação Liberdade, 2011, p. 152.
[517] PCS, 27-28.
[518] ROSA, João Guimarães. **Campo Geral**. São Paulo: Global Editora, 2019, p. 129.

CLARICE LISPECTOR E O CHAMADO ANCESTRAL

Quando meus olhos estão sujos da civilização,
cresce por dentro deles um desejo de árvores e aves

(Manoel de Barros)

Introdução

O nosso momento atual é marcado por uma consciência nova, de interconexão entre todas as coisas. O ser humano reconhece o seu tecido terrenal, de alguém que é Terra e cujo corpo vem constituído por elementos do planeta[519]. Não há como desconectar o ser humano do todo em que ele habita. É no interior da textura do mundo que ele traça o seu crescimento, num "nexo singular de crescimento criativo dentro de um campo de relacionamentos desdobrando-se continuamente"[520]. O ambiente em que vive o humano é um feixe de emaranhamentos, uma trilha de relações que são marcadas por vida e movimento. É no seio do movimento que a vida se faz e se renova continuamente.

O que pretendo traçar aqui nesta reflexão é justamente desentranhar na literatura de Clarice Lispector esse passo fundamental da interligação. Talvez seja ela uma das mais importantes escritoras brasileiras a ser tocada pelo chamado animal e vegetal, avançando num campo desafiante que busca pensar para além da tradição humanista. Trata-se, como lembrou com acerto Evando Nascimento, de uma "literatura pensante", que situa com singularidade outros viventes, além dos humanos, no cenário da ficção e da poesia[521].

Clarice e o apelo da animalidade e vegetalidade

Clarice Lispector é uma escritora singular, marcada por uma sede diferencial, animada por "coração selvagem". Há nela, desde criança, uma

---

[519] PAPA FRANCISCO. **Carta Encíclica Laudato Si**. São Paulo: Paulinas, 2015, p. 3.
[520] INGOLD, Tin. **Estar vivo**. Ensaios sobre movimento, conhecimento, descrição. Petrópolis: Vozes, 2015, p. 12.
[521] NASCIMENTO, Evando. **O pensamento vegetal**. Rio de Janeiro: Civilização Brasileira, 2021, p. 31.

impaciência com a vida habitual e uma voragem que a incendeia, sempre em busca do mistério da coisa que está sempre ali, submersa na vida cotidiana. Como uma eterna criança, deixa-se hospedar, com espanto e admiração, pelo mistério do mundo que a rodeia, "com seus planetas e baratas"[522]. Numa de suas crônicas, *Dies Irae*, Clarice sublinha uma gula peculiar pelo mundo. Assinala querer "comer o mundo", embora reconheça que ele, o mundo, só se dá, de fato, aos simples[523].

É uma escritora de sentidos aguçados, sempre alerta para captar a música do cotidiano, em seus passos simples e naturais. Com o olhar afiado, como o de sua personagem Joana, Clarice reitera a urgência de uma silenciosa presença do existir, surpreendendo-se sempre "com o símbolo das coisas nas próprias coisas"[524].

Sua literatura é povoada por bichos, como os cachorros, os gatos, os cavalos, as galinhas, os micos, os peixes, as baleias, as minhocas, os besouros, as pombas, as tartarugas, os passarinhos, o louva-deus e o búfalo. Igualmente pelos bichos mais "repugnantes", como as baratas e os ratos. São os seres estranhos que emergem em seus romances, como *Cidade sitiada*, como as baratas velhas que saem dos esgotos, ou dos outros seres esquisitos, como os ratos, varridos do olhar público para manter uma aparência de limpeza no mundo civilizado. São seres que povoam também o mundo interior, como em grutas sombrias e obscuras, com seus animais soturnos, como os morcegos, o escorpião, os caranguejos e as aranhas.

Estamos diante de uma literatura animada pela maravilha que se combina com um "doce horror". Clarice é uma escritora que reconhece sua ancestralidade animal e a celebra. Sua vontade era mesma de nascer bicho, dada sua dificuldade e estupor com os humanos. Diz, por meio de uma personagem, que não ter nascido bicho é a "sua secreta nostalgia"[525].

O que anseia é pela "vibração do alegre", e, de repente, seus personagens humanos aparecem trotando com patas de cavalos. Diz, em *Água viva*, que "todos os seres vivos, que não o homem, são um escândalo de maravilhamento"[526]. Para a escritora, ter um bicho "é uma experiência vital. E a quem não conviveu com um animal falta um certo tipo de intuição do mundo vivo"[527].

---

[522] LISPECTOR, Clarice. **A paixão segundo G.H.** Rio de Janeiro: Rocco, 2020, p. 65.
[523] LISPECTOR, Clarice. **Todas as crônicas**. Rio de Janeiro: Rocco, 2018, p. 450.
[524] LISPECTOR, Clarice. **Perto do coração selvagem**. Rio de Janeiro: Rocco, 2019, p. 44.
[525] LISPECTOR, Clarice. Água viva. Rio de Janeiro: Rocco, 2019, p. 60.
[526] *Ibidem*, p. 63.
[527] LISPECTOR, Clarice. **Todas as crônicas**. Rio de Janeiro: Rocco, 2018, p. 375.

Autores como Maria Esther Maciel e Evando Nascimento falam dessa zooliteratura de Clarice como um marco singular de sua reflexão, a rica fauna que encanta os leitores, também na sua literatura infantil. Redescobre-se igualmente, com rara beleza, sua fitoliteratura, com o encanto das rosas e pitangas, como na crônica *Cem anos de perdão*. Ali encontramos a paixão da criança pela rosa proibida e a alegria de poder contê-la na mão[528]. A sua paixão pelas flores ressoa num repertório maravilhoso, a começar pelas rosas, mas que também envolve os cravos, girassóis, violetas, sempre-vivas, tulipas, jasmins, damas da noite, gerânios, crisântemos e edelvais[529].

Somos igualmente tocados por admiração diante das descrições feitas por Clarice da riqueza do Jardim Botânico e da Floresta da Tijuca, onde as árvores se revelam "mais vegetais que nunca". As "miúdas rosas silvestres", do conto *A imitação da rosa*, levaram quase ao êxtase Caetano Veloso e Marina Colasanti. A extrema beleza dessas flores era algo que "incomodava" e provocava fissuras de loucura. Bela também é a descrição clariciana do "milagre das folhas", no *Livro dos prazeres*. O olhar do leitor concentra-se numa delas que cai sobre os cílios de Lóri, e ela percebe no acontecimento a grande delicadeza de Deus[530].

Evando Nascimento sinaliza que, em geral, a crítica literária não levou assim a sério o papel singular dos vegetais na literatura de Clarice, e ele se dedica com afinco a ressaltar essa questão tão importante no tempo atual. É a escritora brasileira que promove o "encontro entre as alteridades humanas e não humanas"[531], conseguindo avançar para além dessa humanidade "ensopada de humanização". É autora que nos convida a transformar a dura "pegada" humana no planeta. Assinala-nos a importância da delicadeza e do cuidado com as coisas do mundo, que, sem atenção, pisamos "com uma pata humana demais"[532].

O mistério da coisa

Em todo o seu itinerário de escritora, Clarice teve sempre como marco referencial a busca da coisa, do neutro (IT) e do mundo real. Desde o seu primeiro romance, *Perto do coração selvagem*, de 1943, Clarice se vê tomada

---
[528] LISPECTOR, Clarice. **A descoberta do mundo**. Rio de Janeiro: Rocco, 1999, p. 299.
[529] LISPECTOR, Clarice. Água viva, p. 64-66.
[530] LISPECTOR, Clarice. **Uma aprendizagem ou o livro dos prazeres**. Rio de Janeiro: Rocco, 2020, p. 107.
[531] NASCIMENTO, Evando. **O pensamento vegetal**, p. 187.
[532] LISPECTOR, Clarice. **A paixão segundo G.H.**, p. 154.

pelo desejo imperativo de "perseguir esse núcleo de vida pura que nos iguala aos animais e nos despe de nosso manto cultural"[533]. Pode-se, talvez, identificar esse núcleo vital como aquele "é" que se encontra por detrás das palavras. Trata-se daquela "coisa mais primeira" que é "fonte de geração"[534]. Essa nervura do real é o que Clarice havia buscado a vida inteira e que percebia ser a "identidade mais última"[535], a fonte de alegria mais profunda e secreta. Para alcançar o que seria difícil expressar por palavras, Clarice fala em "fundo musical", que se camufla atrás do pensamento e que promove a "dança" mais significativa da vida, em busca da dinâmica do real[536].

Quando se margeia esse núcleo essencial, esse "fundo" (*Grunt*) que também foi expresso belamente pelo místico Mestre Eckhart no século XIII, toca-se no mistério da liberdade, que é vista por Clarice como seu "último refúgio". A escritora se disponibilizou a ouvir esse "grito ancestral", colocando-se numa posição de risco, bem rente à "beira" da normalidade, ao "outro lado" desconhecido e temido por todos.

Em ato de ousadia literária das mais aguçadas, Clarice decide avançar no mais íntimo interior, visando a "encontrar, no mergulho introspectivo do êxtase, uma realidade abismal e incontrolável, sem beleza ou consolo, ao mesmo tempo repulsiva e fascinante, inseparável do grotesco"[537]. Em romances específicos, podemos acompanhar esse movimento de ousadia da escritora, em personagens que refletem o seu alter ego. Deparamo-nos com passagens preciosas em que partilhamos uma experiência epifânica, também identificada pela autora como um "estado de graça". É o que ocorreu, por exemplo, num de seus mais belos contos, *Amor*, quando a personagem Ana, impactada pela imagem de um cego mascando chicles, vive a experiência de um tumulto interior que "despedaça" a arquitetura de sua vida normal e a direciona ao Jardim Botânico, quanto, então, vive uma epopeia íntima diante da natureza. Estava ali face à vastidão de árvores, frutas, caroços, ramos, pequenas flores e enxame de insetos que embaraçavam a sua visão e promoviam um trabalho secreto em seu mundo particular. A narradora sublinha que aquele mundo, ao mesmo tempo que imaginário, era vivamente real, "um mundo de se comer com os dentes, um mundo de volumosas dálias

---

[533] CASTELLO, José. Introdução. *In*: CASTELLO, José. (org.). **Clarice Lispector na cabeceira**. Romances. Rio de Janeiro: Rocco, 2011, p. 9.
[534] LISPECTOR, Clarice. Água viva, p. 33.
[535] LISPECTOR, Clarice. **A paixão segundo G.H.**, p. 133.
[536] *Ibidem*, p. 56.
[537] NUNES, Benedito. **O drama da linguagem**. Uma leitura de Clarice Lispector. São Paulo: Ática, 1995, p. 62.

e tulipas. Os troncos eram percorridos por parasitas folhudos, o abraço era macio, colado"[538].

Ana teve no Jardim Botânico uma experiência ambígua de alegria e sofrimento. Teve "medo do inferno", diante de tanta beleza. Deu-se conta de que a vida era mesmo "periclitante", mas que suscitava um amor magnífico. Não tinha como escapar ao evento, algo se rompia ali no ritmo habitual da rotina de seus dias, como a quebra de uma "crosta" assegurada. Por um instante, para Ana, "a vida sadia que levara até agora pareceu-lhe um modo moralmente louco de viver"[539]. Ela "amava o mundo" e teve ali uma experiência de graça. Como todo estado de graça, não tinha como aguentar aquela epifania por muito tempo. Tinha que retornar ao seu ritmo tradicional, mas já não era a mesma. A estudiosa de Clarice, Olga de Sá, assinala que "todos os que passam pelas epifanias de beleza", como Ana, acabam voltando. Voltam porém distintos pois experimentam as "manifestações instantâneas do núcleo da vida"[540].

Sobre esse estado de graça, Clarice Lispector falou por diversas vezes, como na crônica do *Jornal do Brasil*, em 06 de abril de 1968. Na presença dessa graça, vive-se um estado simultâneo de alegria, leveza e lucidez, possibilitando um olhar diferencial para o mundo e os outros. No olhar depurado e gratuito, consegue-se captar com eloquência "a profunda beleza, antes inatingível, de outra pessoa"[541]. Isso me faz lembrar do "ponto virgem" (*le point-vierge*) expresso por Thomas Merton em suas reflexões. Aquele "pontinho de nada", de "absoluta pobreza", que traduz o centro do próprio ser[542]. O estado de graça não é algo que está ancorado na vontade, mas gratuito e espontâneo. Vem, assim, sem que ninguém o provoque. Não é algo dado com frequência, nem pode durar muito, caso contrário, o sujeito que o experimenta corre o risco de passar definitivamente "para o outro lado da vida"[543]. O místico Bernardo de Claraval sublinha que um estado semelhante, de pura graça, ocorre numa rara hora e num breve tempo: *"rara hora et parva mora"*[544]. Trata-se de uma experiência de "existir". É algo tão fora do comum que,

---

[538] LISPECTOR, Clarice. **Todos os contos**. São Paulo: Rocco, 2016, p. 151.
[539] *Ibidem*, p. 152.
[540] DE SÁ, Olga. **Clarice Lispector**. A travessia do oposto. São Paulo: Anna Blume, 1993, p. 153.
[541] LISPECTOR, Clarice. **A descoberta do mundo**, p. 91.
[542] MERTON, Thomas. **Reflexões de um espectador culpado**. Petrópolis: Vozes, 1970, p. 183.
[543] LISPECTOR, Clarice. **A descoberta do mundo**, p. 92.
[544] CLARAVAL, Bernardo. **Sermoni sul Cantico dei Cantici**. Vol. 1. Roma: Edizioni Vivere *In:* 1996. (Sermão XXIII), p. 258.

se ocorresse com frequência ou demorasse mais tempo do que o devido, poderia levar à loucura[545].

O chamado primordial

A experiência do estar à beira vem radicalizada no romance *A paixão segundo G.H.*, de 1964. A história é aparentemente simples. Trata-se de um texto que relata um episódio na vida de G.H., uma escultora da classe alta que decide arrumar sua casa e opta começar pelo quarto da empregada Janair, que havia acabado de deixar o emprego. Tudo acontece no trajeto que vai da sala ao quarto de empregada. Até então, a vida de G.H. era marcada por uma rotina bem previsível. Ela era simplesmente o que os outros sempre haviam reconhecido: uma pessoa "agradável", de "amizades sinceras". Não podia jamais imaginar que naquele curto percurso estaria a "um passo da descoberta de um império"[546].

O que ocorrerá com G.H. é visto por ela como a perda de algo essencial, mas que, na verdade, é um processo vital de dessubstancialização, de despojamento das amarras do eu, de desorganização de um sistema. Estava diante da possibilidade de outro modo de ser e não se sentia assim preparada para tal aventura. Era como despertar para instintos que foram antes abafados[547]. Mas arriscou. Enquanto ela estava presa às suas circunstâncias tradicionais, estava segura e contente. O passo que daria era em direção a uma "aterradora liberdade" e podia ser fatal.

Foi por intermédio de uma barata que toda a mudança em G.H. processou-se. A metamorfose em G.H. dá-se como uma descoberta da ancestralidade. A escultora se vê confrontada com um ser que já estava na terra desde muito tempo, "há trezentos e cinquenta milhões de anos"[548], resistindo a todas as intempéries. E esse ser era de sua mesma substância. Nesse encontro inesperado, a personagem descobre com seu olhar estar diante de sua vida mais profunda, que é matéria vertente, inumana. Ela diz: "Eu fora obrigada a entrar no deserto para saber com horror que o deserto é vivo, para saber que uma barata é a vida. Havia recuado até saber que em mim a vida mais profunda é antes do humano"[549]. A barata, "que enchia o quarto de vibração",

---

[545] LISPECTOR, Clarice. **Uma aprendizagem ou o livro dos prazeres**, p. 146.
[546] LISPECTOR, Clarice. **A paixão segundo G.H.**, p. 21.
[547] LISPECTOR, Clarice. **Todas as crônicas**. Rio de Janeiro: Rocco, 2018, p. 375.
[548] LISPECTOR, Clarice. **A paixão segundo G.H.**, p. 46.
[549] *Ibidem*, p. 134.

era, na verdade, um chamado impactante, de uma fonte arcaica, de matéria viva similar. A escuta desse chamado vem representada de forma esplêndida pela escritora:

> Como se uma mulher tranquila tivesse simplesmente sido chamada e tranquilamente largasse o bordado na cadeira, se erguesse, e sem uma palavra – abandonando sua vida, renegando bordado, amor e alma já feita – sem uma palavra essa mulher se pusesse calmamente de quatro, começasse a engatinhar e a se arrastar com olhos brilhantes e tranquilos: é que a vida anterior a reclamara, e ela fora[550].

G.H. é tomada por esse "grito ancestral" e, hipnotizada, não consegue livrar-se do quarto onde a metamorfose se deu. Como aponta Olga de Sá, a escultora percebe "que o mundo não é humano e a pessoa é uma construção 'sentimentária' e útil, crosta superficial sob a qual lateja o inumano, a matéria do Deus. A crosta arrebenta como um dique e se refaz o silêncio primeiro da origem das coisas"[551]. É como se, do ventre "vivo e mole" do inseto, desfralda-se o fruto e a matéria-prima do mundo. A percepção desse "tecido misterioso" era também o mergulho num nada renovador.

A mudança que se processa desarma o mundo arranjado e seguro de G.H., desmorona construções assentadas e provoca uma alquimia fantástica. Trata-se, na verdade, de um exercício de desaprendizagem, que, mediante a quebra de um invólucro, se capta o núcleo da vida. No evento da despersonalização que se processa, G-H. "se perde como pessoa, para alcançar-se como ser e encontrar sua identidade, ao nível do puramente vivo"[552].

O que ocorre é também uma experiência de "deseroização", que quebra com o exclusivismo humano, a bipolaridade entre sujeito e objeto, de forma a resguardar a essencial inter-relação que vigora entre todas as coisas.

Conclusão

Toda essa rica dinâmica que se processa na reflexão literária de Clarice Lispector aponta para uma celebração da imanência. Poderíamos até falar numa "mística" da imanência radical, da epifania do cotidiano. O ritmo da **reflexão da escritora é pontuado pelo valor do aquém, a ideia diversas vezes**

---

[550] *Ibidem*, p. 68.
[551] DE SÁ, Olga. **Clarice Lispector**. A travessia do oposto, p. 137.
[552] *Ibidem*, p. 137.

repetida de que o "reino" é deste mundo. O divino se revela é no real, e o Deus está presente por toda parte, como "no barulho neutro das folhas ao vento", de forma muito mais arraigada que nas preces tradicionais[553]. No murmúrio do neutro, presente no canto das coisas, é que se dá o mistério mais profundo. Estamos, portanto, diante de uma "mística ao revés", uma santidade profana e leiga[554]; uma experiência vital que convoca o sujeito não a uma comunhão para além do tempo, mas ao encontro do mistério "nas coisas que compõem o presente humano"[555].

---

[553] LISPECTOR, Clarice. **A paixão segundo G.H.**, p.133,
[554] DE SÁ, Olga. **Clarice Lispector**. A travessia do oposto, p. 135.
[555] COSTA LIMA, Luiz. **Por que literatura**. Petrópolis: Vozes, 1969, p. 119.

GRACILIANO RAMOS E OS PERSONAGENS DO DRAMA SOCIAL BRASILEIRO

Introdução

Após terminar um curso sobre Graciliano Ramos no Instituto Humanitas da Unisinos (IHU)[556], resolvi desenvolver sinteticamente uma reflexão sobre o drama social brasileiro na ótica desse autor, tendo como parâmetro dois de seus romances fundamentais: *São Bernardo* (1934) e *Vidas Secas* (1938). O primeiro romance indicado foi escrito no auge do romance social, que vai de 1933 a 1936. O segundo foi publicado num tempo diverso, caracterizado como "o tempo da nova dúvida"[557]. Foi um período de grande riqueza na literatura nacional.

Graciliano era um ateu convicto, com uma simpatia declarada pelo comunismo, a ponto de se filiar no Partido Comunista do Brasil em 1945, ano da publicação de seu romance *Infância*. Permaneceu no partido até sua morte, em 1953. Há que recordar, porém, que sua relação com o partido foi sempre marcada por liberdade. Diferentemente de outros, não entregou o anel para preservar os dedos. Manteve-se sempre crítico ao socialismo real. Sabia muito bem diferenciar "servir sob uma ditadura" a "servir a uma ditadura"[558]. Em seu romance *Vidas Secas*, já captamos seu posicionamento crítico ao romance proletário. O livro traduz de forma viva o seu senso crítico e a "demonstração cabal de que a fatura artística pode servir para impulsionar o conteúdo político de uma obra, mas o contrário é muito difícil de acontecer"[559].

Graciliano era ateu, mas não deixava de ler a Bíblia todas as noites, como lembra o seu biógrafo, Dênis de Moraes. Tinha predileção pelo Livro dos Provérbios e pelo Eclesiastes. Em suas observações e narrativas, estava sempre se referindo ao Deus do céu ou Jesus Cristo[560]. Tinha a mania de

---

[556] Disponível em: https://www.ihu.unisinos.br/evento/graciliano-ramos. Acesso em: 21 jul. 2022.
[557] BUENO, Luís. Antonio Candido leitor de Graciliano Ramos. **Revista Letras**, Curitiba, n. 74, p. 71-85, jan./abr. 2008.
[558] MORAES, Dênis de. **O velho Graça**. Uma biografia de Graciliano Ramos. São Paulo: Boitempo, 2012, p. 9. Prefácio de Carlos Nelson Coutinho à primeira edição da biografia de Dênis de Moraes, em julho de 1992.
[559] BUENO, Luís. **Uma história do romance de 30**. São Paulo: Edusp, 2015, p. 664.
[560] MORAES, Dênis de. **O velho Graça**, p. 16.

se expressar com categorias religiosas: "graças a Deus", "Deus meu", "santo Deus", "se Deus quiser"[561].

O crítico literário Antonio Candido tinha o maior apreço por Graça, outra forma de nomear o romancista, e o considerava "um dos maiores escritores" da literatura brasileira, e "um dos raros cuja alta qualidade parece crescer à medida que o lemos"[562]. Como indica Candido, Graciliano era um romancista profundamente atento ao que via, com capacidade singular de captar detalhes que escapavam ao olhar do cidadão comum. Ele percorre situações diferentes, adentrando-se no sertão, na mata, na fazenda, na vila, na cidade e na prisão. Nada escapava ao seu perspicaz olhar: "fazendeiros e vaqueiros, empregados e funcionários públicos, políticos e vagabundos", que buscava com sua escrita integrar "ao seu modo peculiar de julgar e de sentir"[563].

Sua literatura não deixa espaço para o descanso. Estamos sempre convocados a participar de eventos que provocam nossa atenção e sensibilidade. E Graça o faz de forma árida, não concedendo espaços para respiro ou tranquilidade. O que vemos diante de nós é um Nordeste em toda a sua áspera paisagem. E essa rispidez se reflete em sua prosa, enxuta e descarnada[564]. Alguns identificam sua narrativa como pessimista, dada a dureza com que aborda o mundo social e a vida dos personagens.

No arco de sua redação, somos convocados a perceber o escrutínio que ele faz do eu, a partir de sua observação do mundo. O escritor é dotado de um incrível poder "de penetrar nos sentimentos escondidos, esmiuçar consciências e corações como um bisturi implacável separando carnes e vísceras"[565]. Seus romances trazem, de forma límpida para os leitores, o impacto da dolorosa vida social no mundo interior de seus personagens. Apesar de sua áspera prosa, o romancista tem uma alma "cheia de misericórdia", como bem lembrou Otto Maria Carpeaux, bem como uma simpatia por todas as criaturas que transborda por todo canto[566].

---

[561] *Ibidem*, p. 45.

[562] CANDIDO, Antonio. **Ficção e confissão**. 3. ed. Ensaios sobre Graciliano Ramos. Rio de Janeiro: Ouro sobre Azul, 2006, p. 13.

[563] *Ibidem*, p. 17.

[564] BRAYNER, Sônia (org.). **Graciliano Ramos**. 2. ed. Rio de Janeiro: Civilização Brasileira, 1978, p. 310 (Texto de Franklin de Oliveira: "Graciliano Ramos").

[565] LEBENSZTAYN, Ieda; MIO SALA, Thiago (org.). **Conversas** – Graciliano Ramos. Rio de Janeiro: Record, 2014, p. 89 (Texto de Joel Silveira: "Graciliano Ramos conta a sua vida").

[566] BRAYNER, Sônia (org.). **Graciliano Ramos**, p. 30.

As obras de Graciliano Ramos são marcadas por forte teor psicológico. Nas micronarrativas que subjazem nas macronarrativas, evidencia-se a grande maestria do ficcionista, que não consegue disfarçar a "imaginação enraivecida do apaixonado"[567]. Em romances peculiares, como *Angústia*, vemos emergir um "bicho subterrâneo" que nos habita, que expressa "o homem interior, com seus desejos recalcados, suas frustrações, seu sentimento de impotência"[568].

Esse "bicho subterrâneo" nos faz recordar a presença do "vapor do mal", como expressa Guimarães Rosa, no *Grande Sertão: Veredas*, para indicar a presença de uma ambiguidade que vige no interior de cada um. É quando emerge os "avessos" do humano, vindo de lados sombrios do humano, que tenciona com a "vozinha" do bem. A mão humana é capaz de atos de ternura, mas também de atos estranhos, marcados por um ódio que não carece de razão, com atos que ocorrem "sem o pensamento ter tempo"[569].

A reificação em São Bernardo

Graciliano Ramos é um escritor sempre atormentado pela questão do bem e do mal. Ele tem consciência, assim como Guimarães Rosa, de que o mal está presente no humano e só há saída positiva para a humanidade no dia em que puder ocorrer uma mudança substantiva no ser humano[570].

No romance São Bernardo, constatamos algo que ocorre nos romances de Graça, ou seja, sua preocupação essencial não é tanto com o ambiente ou a sociedade, mas com o impacto disso tudo no personagem. Assim acontece com Paulo Honório, o personagem-chave do romance de Graciliano. O escritor busca marcar literariamente o caráter perverso de Paulo Honório, cujo processo vital foi delineado pela dinâmica da reificação[571].

Paulo Honório é alguém que nasceu em condições de carência e pobreza, mas foi sendo tomado pela vontade de poder, com vigorosa ambição na vida. O traço que rege a sua atividade é a busca de propriedade, tanto das coisas como dos homens[572]. Como diziam os caboclos que o serviam, "todo o

---

[567] SANTIAGO, Silviano. Posfácio. *In*: RAMOS, Graciliano. **Angústia**. 87. ed. Rio de Janeiro / São Paulo: Record, 2021, p. 313.
[568] BUENO, Luís. **Antonio Candido leitor de Graciliano Ramos**, p. 80.
[569] ROSA, Guimarães. **Grande Sertão**: Veredas. 22. ed. São Paulo: Companhia das Letras, 2019, p. 284 e 338).
[570] BRAYNER, Sônia (org.). **Graciliano Ramos**, p. 40 (Texto de Wilson Martins: "Graciliano Ramos, o Cristo e o Grande Inquisidor").
[571] COSTA LIMA, Luiz. **Por que literatura**. Petrópolis: Vozes, 1969, p. 50.
[572] COUTINHO, Carlos Nelson. **Literatura e Humanismo**. Rio de Janeiro: Paz e Terra, 1967, p. 153.

caminho dá na venda"⁵⁷³. O fito de Paulo Honório vai ser, a qualquer custo, adquirir a propriedade de São Bernardo. E não foi uma trajetória fácil, mas envolveu muita luta, ambição e empenho:

> A princípio o capital se desviava de mim, e persegui-o sem descanso, viajando pelo sertão, negociando com redes, gado, imagens, rosários, miudezas, ganhando aqui, perdendo ali, marchando no fiado, assinando letras, realizando operações embrulhadíssimas. Sofri sede e fome, dormi na areia dos rios secos, briguei com gente que fala aos berros e efetuei transações comerciais de armas engatilhadas (Ramos, 1974, p. 37).

Paulo Honório não é alguém que está interessado na natureza ou nas pessoas como tais, mas, sim, enquanto significam possibilidade de ser rendosas. Para ele, todas as criaturas que o serviam eram vistas como "bichos"⁵⁷⁴. Até o casamento de Madalena foi pensado como um negócio. Foi uma ideia provocada não "por um rabo de saia", pois não estava preocupado com amores, mas queria, sim, "preparar um herdeiro para as terras de S. Bernardo"⁵⁷⁵. Como mostra Luiz Costa Lima, para Paulo Honório, "a educação, a religião, as criaturas servem e são aceitas conquanto não pretendam ser mais dos que instrumentos de lucro e de defesa da propriedade"⁵⁷⁶.

Em suas mãos, tudo se transforma em quantidade. Essa é a lógica de sua paixão. E vai ser esse mundo "quantificado" que o esmagará e destruirá, terminando sozinho, com sua dor e insensibilidade, incapaz de qualquer modificação, sobretudo após os tempos que se sucederam ao suicídio de Madalena, sua mulher. Como relata Franklin de Oliveira: "nas sociedades em que os homens são atomizados pela alienação, nas quais a reificação frauda os melhores impulsos humanos, a ligação amorosa, entendida como comunhão espiritual e física, torna-se cada vez mais difícil"⁵⁷⁷.

Impressionante na narrativa de Graciliano, quando fala de Paulo Honório, é a descrição de suas mãos. Elas são "enormes, calosas, cabeludas". Ao final do romance, o personagem se encontra só na casa deserta, e o que constata é que sua figura se transformou. Ao se ver no espelho, percebe não alguém humano, mas um "algo" com dureza na boca e nos olhos. Ao buscar

---

573   RAMOS, Graciliano. **São Bernardo**. 23. ed. São Paulo: Martins, 1974, p. 33.
574   *Ibidem*, p. 189.
575   *Ibidem*, p. 77.
576   COSTA LIMA, Luiz. **Por que literatura**, p. 65.
577   BRAYNER, Sônia (org.). **Graciliano Ramos**, p. 315.

"descascar fatos" de sua existência, dá-se conta de que estragou sua vida com essa vontade de poder.

Lamenta-se que nem sequer consegue modificar-se, uma vez que endureceu por dentro. Dá-se conta que os sentimentos e propósitos possíveis esbarram em sua brutalidade e egoísmo[578]. E relata, ao final: "Foi este modo de vida que me inutilizou. Sou um aleijado. Devo ter um coração miúdo, lacunas no cérebro, nervos diferentes dos nervos dos outros homens. E um nariz enorme, uma boca enorme, dedos enormes"[579]. Reconhece que gastou seus anos "sem objetivo", maltratando aos outros e a si mesmo. E declara: "O resultado é que endureci, calejei, e não é um arranhão que penetra esta casa espessa e vem ferir cá dentro a sensibilidade embotada"[580].

Os sinais de ressurgência em *Vidas Secas*

Para determinados críticos literários, o romance *Vidas Secas* se revela uma obra-prima de Graciliano Ramos. Como indicou Antonio Candido, o gênero literário do livro situa-se entre romance e livro de contos. Ele vem constituído "por cenas e episódios mais ou menos isolados, alguns dos quais foram efetivamente publicados como contos"[581]. O livro estrutura-se em "pequenos quadros justapostos", mas que encontram um encadeamento singular, como "textos solidários"[582]. Diferentemente de outros romances de Graça, esse vem narrado na terceira pessoa do singular.

É o último livro de ficção de Graciliano Ramos e guarda um traço distinto com respeito aos anteriores. A brutalidade que percebemos em Paulo Honório, de *São Bernardo*, ou o niilismo de Luís da Silva, em *Angústia*, vêm agora temperados por um ritmo mais esperançoso com Fabiano de *Vidas Secas*. Mesmo esmagado pelos outros e pela natureza, Fabiano guardava em seu ser mais íntimo, de "primitivo", uma dimensão de pureza[583].

Na visão de Otto Maria Carpeaux, esse é o livro relativamente mais sereno e talvez até mais otimista de Graciliano, deixando anunciado um toque de ressurgência vital[584]. Igualmente, Hermenegildo Alves, que fez o

---

[578] RAMOS, Graciliano. **São Bernardo**, p. 193.
[579] *Ibidem*, p. 194.
[580] *Ibidem*, p. 188.
[581] CANDIDO, Antonio. **Ficção e confissão**, p. 63.
[582] *Ibidem*, p. 64.
[583] *Ibidem*, p. 63.
[584] BRAYNER, Sônia (org.). **Graciliano Ramos**, p. 32.

posfácio da edição da Record, reconhece que "a condição humana em Vidas secas é degradada, mas a proximidade dos personagens da vida natural lhes confere uma espécie de reserva ética que não existe nos demais romances de Graciliano Ramos"[585].

Mesmo apontando na obra o traço oprimido de Fabiano, Graciliano deixa uma nesga de esperança. É verdade que a desgraça estava sempre por perto, provocando o risco do desânimo, mas uma pequena chama permanecia acesa, revigorando a caminhada. Ele não queria morrer. Sabia que "seria aquilo mesmo a vida inteira, cabra governado pelos brancos"; esperava poder viver ainda muitos anos, mas, caso a morte barrasse o seu caminho, "deixaria filhos robustos, que gerariam outros filhos"[586]. Fabiano reconhecia bem os seus limites e os seus dons. O que sabia mesmo era "lidar com bichos"[587].

Talvez não seja sem razão que Graciliano optou por fazer um romance não sobre a seca. As vidas, sim, são secas, mas a terra não. Como apontou Luís Bueno, "o ambiente em que circulam os personagens não é o de seca, com a exceção óbvia do capítulo inicial. Por incrível que possa parecer, a maior parte do enredo se passa em tempos de fartura"[588].

Há no romance momentos de alegria, como os representados pela presença amiga da cachorra Baleia, que é presença constante na vida dos retirantes. Bonitos igualmente os momentos em que a família está reunida em casa junto ao fogo, simbolizando "descanso e aconchego", com a presença de todos, também dos dois meninos sem nome: o menino mais novo e o menino mais velho. São momentos de alegria que ocorrem na casa, onde todos estão juntos: "a fogueira acesa, as pessoas se aquecendo umas nas outras, as histórias incompreensíveis e contraditórias de Fabiano, tudo é sinal de segurança, de alegria, que só é possível no espaço restrito da vida familiar"[589].

Na visão de Rui Mourão, outro grande estudioso de Graça:

> [...] o que aciona a todos é o quadro vital imediato [...]. Como além da seca não acontece nada naquele recanto do sertão, existir para a família significa apenas fugir com medo e, nos tempos de calmaria, prover à subsistência ou simplesmente se deixar estar dentro no mundo – contemplar uma paisagem, movimentar-se dentro dela, não com determinação, com

---

[585] RAMOS, Graciliano. **Vidas Secas**. Rio de Janeiro: Record, 2018, p. 250.
[586] *Ibidem*, p. 55.
[587] *Ibidem*, p. 73.
[588] BUENO, Luís. **Uma história do romance de 30**. São Paulo: Edusp, 2015, p. 662.
[589] *Ibidem*, p. 654.

> pressa ou ansiedade, mas descansadamente, largadamente, porque os minutos prometem ser sempre os mesmos em qualquer parte que se encontre, porque uma ausência continuada de surpresas já aboliu definitivamente o sentido da curiosidade e da expectativa e o que se cumpre invariavelmente é uma rotina tão regular como a sucessão dos dias e das noites. A festa a que assistem, numa data do ano, não passa de obrigação, de sacrifício a que se entregam periodicamente[590].

Podemos visualizar, no último capítulo, um aceno à seca vindoura. Ao examinar o céu, Fabiano vislumbrava o mau agouro da seca por vir e conjectura misérias[591]. Não havia como afastar os receios que prenunciavam o novo tempo, mas isso não impedia a presença de sonhos benfazejos, como manifestava Sinha Vitória: "Ela ainda se agarrava a fantasias", e a família mantinha a esperança de que "o mundo é grande"[592].

Segundo Luís Bueno, o que caracteriza *Vidas Secas* é a "representação do outro"; também da esperança de um outro tempo, de mais fartura. Mesmo impossíveis, as fantasias estão presentes, como as de Sinha Vitória, com o sonho da cama de "lastro de couro", e não aquela de varas em que dormiam. O sonho de um futuro melhor para as crianças, numa ocupação diferente daquela dolorosa de Fabiano. Nas fantasias presentes, a esperança de "um movimento para além do ciclo das sucessivas secas". É um romance que permite a permanência dos sonhos.

Apesar de não ser um escritor muito dado aos animais, Graciliano conseguiu brindar seus leitores com um dos mais impressionantes personagens, que é a cachorra baleia. Um dos capítulos do livro vem dedicado a ela. Desde o início do romance, vemos baleia, à frente do grupo, "arqueada, as costelas à mostra, corria ofegando, a língua fora da boca. E de quando em quando se detinha, esperando as pessoas que se retardavam"[593]. Não tinha tempo ruim para Baleia, sempre agitando o rabo com alegria, e não se incomodava de ser a última a sorver os ossos sobrantes. Não tivera o mesmo destino infeliz do papagaio, que morrera para aplacar a fome da família.

Graciliano Ramos destina várias páginas, das mais belas da literatura, para descrever a morte da Baleia. Ela ficou doente e estava condenada à

---

[590] MOURÃO, Rui. **Estruturas**. Ensaio sobre o romance de Graciliano Ramos. Belo Horizonte: Tendência, 1969, p. 126.
[591] RAMOS, Graciliano. **Vidas Secas**, p. 230.
[592] *Ibidem*, p. 238 e 236.
[593] *Ibidem*, p. 30.

morte. Tinha emagrecido, com perda dos pelos em várias partes do corpo, e feridas brotavam por toda parte, cobertas de moscas. Foi quando Fabiano resolveu apressar sua morte com sua espingarda.

Sinha Vitória e os meninos resistiram à decisão. Não queriam que ninguém bulisse com a cadela. Mas não tinha jeito, o tempo dela estava definhando. Quando os meninos ouviram o barulho da bala, estremeceram de dor, como se o mesmo ocorresse com eles. Aconchegaram-se junto à mãe, que "pegou-se à Virgem Maria". Rolaram então "na cama, chorando alto", enquanto Fabiano recolheu-se[594].

Ferida com tiro de morte, Baleia tentou ainda fugir, escapar precipitada, buscando um lugar de segurança. Em recanto perto dos juazeiros, viveu seu último drama. Buscou agarrar-se aos seixos miúdos, cravando as unhas no chão, até ir aquietando-se. Em momento de desespero, tentou morder Fabiano, mas se recolheu, mantendo-se mesmo ao final numa fidelidade extrema ao seu dono. Ainda sentia "o cheiro bom dos preás", mas o faro já não era o mesmo, nem a possibilidade de ir ao encalço delas.

Era difícil para ela entender o que acontecera: "o estrondo, a pancada que recebera no quarto e a viagem difícil do barreiro ao fim do pátio"[595]. Tudo agora não passava de "insensibilidade e esquecimento". O que queria era apenas dormir e acordar feliz "num mundo cheio de preás". Poderia, então, lamber "as mãos de Fabiano, um Fabiano enorme. As crianças se espojariam com ela num pátio enorme. O mundo ficaria cheio de preás, gordos, enormes"[596].

Nessa cena da agonia de Baleia como em outras do livro, assistimos, impactados, à beleza e riqueza da narrativa de Graciliano Ramos, ou, como diz Antonio Candido, toda a "pureza do livro", que provoca admiração e comoção. O livro também vem permeado pelo silêncio, pelo "drama de uma impossibilidade de comunicação humana"[597]. Há dificuldades precisas no campo do diálogo. Os personagens:

> [...] são incapazes de exprimir um mínimo de sua humanidade que, de tão precária, fixa no nível da animalidade. No esgarçado universo da incomunhão humana, a figura da cadelinha Baleia instaura um símbolo: a humanidade ainda não

---
[594] *Ibidem*, p. 169.
[595] *Ibidem*, p. 179.
[596] *Ibidem*, p. 181.
[597] MOURÃO, Rui. **Estruturas**, p. 121-122.

é privilégio dos homens. Eles não transpuseram a fronteira que dá ingresso ao humano: os dois meninos de Vidas secar sequer têm nome [598].

O romance começa com uma fuga, quando os infelizes retirantes caminham até encontrar guarida numa casa de fazenda aparentemente abandonada. Tinham passado por muitos sofrimentos sob aquele terrível céu azul da seca. O último capítulo também vem pontuado por uma nova fuga e pela presença ameaçadora da seca[599].

Como indica Antonio Candido, "entre a seca e as águas, a vida do sertanejo se organiza, do berço à sepultura, a modo de retorno perpétuo[600]. O começo e o fim se fecham num círculo de dor, em que os personagens estão "sufocados pelo meio", mas nada disso impede a presença da esperança. Ela é vigorosa entre os retirantes.

Conclusão

O que mais impressiona na narrativa de Graciliano Ramos é a precisão literária e o cuidado com a narrativa. É certamente um dos mais rigorosos escritores brasileiros, que está sempre insatisfeito com o resultado de seus trabalhos. Mas nós, leitores, nos regozijamos com sua preciosa escrita, que abre veredas inusitadas para a reflexão sobre a realidade social e o mundo subjetivo. Na última fase de sua vida, Graciliano abandonou a ficção, dando lugar ao mundo da memória. É o momento em que se dá a passagem da ficção para a confissão. É quando busca evocar sua infância[601], num livro de beleza ímpar, e depois relatar suas memória do tempo da prisão (Ramos, 1954), ocorrida em março de 1936[602].

Graciliano Ramos foi, de certa forma, um dos mais importantes escritores dos anos 1930, e não há dúvida sobre a riqueza de sua presença no âmbito geral dos romancistas brasileiros. Foi alguém que conseguiu, como poucos, expressar toda a virulência do sofrimento dos excluídos no Brasil, particularmente os nordestinos, e sobretudo o impacto dessa dor na vida de cada um dos personagens que ele escolheu para as suas narrativas. Foi alguém que, sem reticências, nos apresentou o que há de "seco, bruto e cortante"

---

[598] BRAYNER, Sônia (org.). **Graciliano Ramos**, p. 315 (Texto de Franklin de Oliveira).
[599] CANDIDO, Antonio. **Ficção e confissão**, p. 67.
[600] Ibidem, p. 67.
[601] RAMOS, Graciliano. **Infância**. 51. ed. Rio de Janeiro: Record, 2022.
[602] Foi libertado em janeiro de 1937.

na realidade brasileira. Com rigor e proeza, projeta sua límpida narrativa sobre os dramas nacionais a partir de sua experiência pessoal. Revela, como poucos escritores nacionais, a psicologia do homem-humano, sobretudo dos meandros de sua vida subterrânea, daquela parte que vem reprimida ou ocultada na padronizada dinâmica do ser social.

CANÇÃO

O MISTÉRIO NA TESSITURA DA VIDA: A ESPIRITUALIDADE DE GILBERTO GIL

Trata-se de tarefa desafiante tentar captar a experiência espiritual na trajetória criativa de Gilberto Gil. Foi o desafio que busquei responder nas breves notas que seguem, a partir de um convite de conferência realizado pelo Programa de Pós-graduação em Letras da UFJF. Seguiu-se um mergulho nas canções desse compositor singular e inaugural, assim como nas biografias disponíveis e entrevistas realizadas pelo compositor baiano. O panorama geral é convidativo, descortinando dimensões singulares da visão espiritual de Gil.

O amor pela vida

De início, podemos destacar o profundo amor pela vida[603], alimentado por Gil e cantado em diversas canções, como na estrofe de "Amo tanto viver" (1980):

> Todas as vezes que eu canto é amor
> Transfigurado na luz
> Nos raios mágicos de um refletor
> Na cor que o instante produz[604] (CR, 282)

O que vislumbramos é um canto de alegria, temperado pela fé na vida e nas forças que dinamizam o tempo:

---

[603] E otimismo de raiz: acredita com entusiasmo: "Um cenário mais de acordo com algo que está em nosso código genético, que é a procriação e a perpetuação da espécie": Bené Fonteles. **Gilluminoso**, p. 145. Mesmo tendo por todo lado a "desconstrução ou destruição desse projeto humano como tal, ainda assim, algo estará sendo criado para alguma maneira de continuidade garantida": Bené Fonteles. **Gilluminoso**, p. 146.

[604] Todas as letras das canções de Gil foram recolhidas de: RENNÓ Carlos (org.). **Gilberto Gil**. Todas as letras. São Paulo: Companhia das Letras, 2003. Para facilitar as referências, vamos utilizar o código CR.

Tudo que eu sei aprendi
Olhando o mundo dali
Do patamar da canção [...]

Tudo que eu canto é a fé, é o que é
É o que há de criar mais beleza
Beleza que é presa do tempo
E, a um só tempo, eterna no ser (CR, 282).

Seus primeiros alumbramentos vêm de longe, entre a infância e adolescência. Dizia ele: "Dos alumbramentos lembro de várias coisas: das telhas de vidro no teto do meu quarto, por onde via as estrelas e as noites de lua. As claridades do céu"[605].

Num ritmo de otimismo que encanta, Gil vai tecendo o seu canto com as marcas da alegria, como um hino de celebração da vida. É o que vemos também na canção "Cores vivas" (1980):

Tomar pé
Na maré desse verão
Esperar
Pelo entardecer
Mergulhar
Na profunda sensação
De gozar
Desse bom viver (CR, 293).

A canção tinha sido encomendada para a trilha de uma novela, Água Viva, e o compositor aproveitou o ensejo para destacar esse seu "encanto de viver", essa densa simpatia pela dinâmica vital que envolve todos os fenômenos. A canção, de fato, virou um "hino da vida oferecido à vida"[606]. Com base em Oswald de Andrade, Gil indica que "a alegria é a prova dos

---

[605] Bené Fonteles. **O luminoso**. Brasília: Imprensa Oficial/UNB/SESC, 1999, p. 113.
[606] Gilberto Gil & Regina Zappa. **Gilberto bem perto.** Rio de Janeiro: Nova Fronteira, 2013, p. 392.

nove", traduzido também no verso da canção "Geleia Geral" (1968; CR, 105), expressa poeticamente por Torquato Neto. Trata-se de algo "irrecusável", assinala Gil, que deve compor o ritmo do coração:

> Seja lá qual for a grande ou pequena vicissitude, seja lá qual for a grande ou a pequena tristeza, a grande ou a pequena decepção, o grande ou o pequeno flagelo, tem de achar um jeito de alegrar o coração[607]. E alegrar no sentido bem suave, moderado, a alegria na dose suficiente para a satisfação do equilíbrio interno, para o estabelecimento do silêncio obsequioso que a gente tem de ter em relação à loucura do mundo[608]

O mundo espiritual

Gilberto Gil foi alguém sempre marcado pela vida espiritual, mas curiosamente o passo de abertura para a experiência interior ocorreu por ocasião de sua prisão, em dezembro de 1968. Antes mesmo dessa época, já estava em curso o movimento tropicalista, com presença destacada do compositor, que foi um traço de vanguarda na música popular brasileira[609]. Em 1967, tinha sido lançada a canção inaugural, "Domingo no parque", com a presença dos Mutantes; e, em 1968, o disco tropicalista *Gilberto Gil*, com outras canções de destaque, como "Procissão" (1964). Nesta canção, em particular, manifestava-se um pensamento mais sintonizado com o marxismo, em conexão com o engajamento de Gil no Centro Popular de Cultura (CPC). A religião aparece ali como um dado de alienação, e Gil chega mesmo a ironizar o cristianismo:

> E Jesus prometeu vida melhor
> Pra quem vive nesse mundo sem amor
> Só depois de entregar o corpo ao chão
> Só depois de morrer neste sertão
> Eu também tô do lado de Jesus
> Só que acho que ele se esqueceu

---

[607] Expresso também por Gil na canção "Se eu quiser falar com Deus" (1980): "E apesar de um mal tamanho, alegrar meu coração" (CR, 291).
[608] Gilberto Gil & Ana de Oliveira. **Disposições amorosas**. São Paulo: Iyá Omin, 2015, p. 118.
[609] Na visão de Gil, o tropicalismo fazia uma síntese entre espiritualidade e marxismo: Sergio Cohn. Rogério Duarte. **Encontros**. Rio de Janeiro: Azougue, 2009, p. 218.

De dizer que na Terra a gente tem
De arranjar um jeitinho pra viver
(CR, 60).

A prisão de Gil aconteceu no final de dezembro de 1968, junto de Caetano Veloso. Os dois foram libertados em 19 de fevereiro de 1969, uma Quarta-Feira de Cinzas. Seguem, então, para Salvador, permanecendo em estado de confinamento até a partida para o exílio, em julho de 1969. Gil ficará no exílio até janeiro de 1972, quando retorna com sua mulher Sandra e o filho Pedro. Caetano e sua mulher, Dedé, tinham retornado antes.

A experiência na cadeia foi decisiva no desenvolvimento de sua vida espiritual[610]. Como ele mesmo diz, foi ali que sua busca manifestou uma "face mais visível", bem como sua "ânsia mística". E argumenta: "Todo esse primeiro polimento, essa primeira retirada da poeira da superfície do meu ser foi feita ali dentro da prisão" (CR, 113). Na prisão, Gil faz suas primeiras leituras sobre a alimentação macrobiótica e dá início a um "vegetarianismo incipiente". Acessa também informações sobre ioga e dá início a exercícios de relaxamento e respiração.

Naquele espaço limitado, restritivo, Gil busca caminhos de libertação, na linha de uma "visão ascética da vida" e de um "voo mais alto"[611]. Algumas canções nasceram no período, como "Vitrines", "Futurível" e "Cérebro eletrônico". Nesta última, aborda contrastes e ensaia diálogos entre o mundo dos homens e o mundo de Deus. O tempo era de modernização, do avanço cibernético, das primeiras viagens espaciais e da afirmação da ficção científica, exemplificada no filme de sucesso: *2001, uma odisseia no espaço*. Com "Cérebro eletrônico" (1969), Gil reconhece a força das máquinas, com seus "botões de ferro" e "olhos de vidro", mas sublinha também sua limitação. Elas comandam e fazem "quase tudo", mas permanecem penúltimas:

---

[610] *Cf.* Bené Fonteles. **Gilluminoso**, p. 140. E Caetano: "Na cadeia, ele achou oportunidade para exercitar uma espécie de ascetismo, deixou de comer carne". A alimentação macrobiótica o transformou: "Mudou sua vida: seu corpo, sua pele, seu temperamento mudaram para melhor e para sempre": *Apud* Rafael Julião. **Infinitivamente pessoal**. Caetano Veloso e sua verdade tropical. Rio de Janeiro: Batel, 2017, p. 211. Gil também fala disto, da situação angustiante e ameaçadora da prisão, que o fragilizava. A primeira reportagem que ele leu sobre a macrobiótica foi de John Lennon e Yoko Ono, pediu depois a Turíbio Santos e Sanda, então sua namorada, para lhe trazerem livros sobre o tema: Bené Fonteles. **Gilluminoso**, p. 139. Passa também a ler os livros de Mircea Eliade: Bené Fonteles. **Gilluminoso**, p. 142.

[611] Gilberto Gil. *Encontros*. Rio de Janeiro: Azougue, 2008, p. 247-248. Ele diz: "Tinha feito uma viagem para dentro, para o centro da Terra, da minha raiz terrestre e que me remetia ao cosmo, à minha raiz cósmica, quando chegava ao centro de mim mesmo": Bené Fonteles. **Gilluminoso**, p. 142.

> Só eu posso pensar se Deus existe
> Só eu
> Só eu posso chorar quando estou triste
> Só eu
> Eu cá com meus botões de carne e osso
> Hum, hum
> Eu falo e ouço
> Hum, hum
> Eu penso e posso
> (CR, 112)[612]

Naquela situação-limite da prisão, de seu encurtamento programado, firma-se um "sonho" que é real, do "conhecimento da condição divina" e da mudez das máquinas. São as primícias de um processo de interiorização e meditação que vai se irradiar posteriormente em outras canções, como "Preciso aprender a ser só" (1973) e "Realce" (1979). Mediante o recurso a uma brincadeira linguística, Gil revela a potencialidade do mundo interior: "Eu preciso aprender a só ser" (CR, 156)[613].

Uma verdade deve ser dita. Os caminhos desbravados pelo tropicalismo produziram uma aproximação à contracultura e, com ela, às formas e práticas extraocidentais de cultura. É o que sublinha Antonio Risério, em entrevista publicada na *Coleção Encontros*[614]. Ele acrescenta: "E agora estávamos de volta, por assim dizer, ao Brasil. Fomos de Krishna aos babalaôs. Do I-Ching ao Xingu"[615]. Outro companheiro de Gil, Rogério Duarte, fala desse mergulho interior[616]. Ele também esteve preso, sentindo igualmente um "chamado interno", com um processo que reconhece como "paralelo ao de Gil". Ao voltar do exílio em Londres, Gil foi morar com Rogério, e juntos começaram a estudar a Eubiose. Ele relembra um trecho da canção de Gil,

---

[612] Para Gil, a canção cérebro eletrônico "reflete esse contraste, esse diálogo entre o mundo dos homens e seu poder, o mundo de Fausto e o mundo de Deus": Bené Fonteles. **Gilluminoso**, p. 141.

[613] "Preciso aprender a só ser" (1973). Diz Gil que essa canção é também "um depoimento sobre certos esclarecimentos obtidos através de meditação, da yoga e essa visão que eu chamaria de superior, dos mestres iluminados". E aí veio esse "trocadilho existencial para "brincar" com a "ferramenta do poeta", com um "estilo mais reduzido, perto do sentido oriental de um hai-kai": Bené Fonteles. **Gilluminoso**, p. 161

[614] Antonio Risério. **Encontros**. Rio de Janeiro: Azougue, 2009, p. 152.

[615] *Ibidem*, p. 152.

[616] Rogério Duarte. Encontros. Rio de Janeiro: Azougue, 2009, p. 217.

"Objeto sim, objeto não" (1969), reconhecida como "panfleto neomitológico" que busca refundar a aliança da ciência com o mito:

> Eubioticamente atraídos
> Pela luz do Planalto Central
> Das Tordesilhas
> Fundarão o seu reinado
> Dos ossos de Brasília
> Das últimas paisagens
> Depois do fim do mundo
> (CR, 124)

Essa dimensão sincrética do tropicalismo, abraçada por Gil, veio reconhecida por Caetano Veloso na nova edição de *Verdade Tropical*: "O Brasil é religioso. Eu posso ser ateu, mas o tropicalismo não o é – e o Brasil muito menos"[617].

O clima que circundava o campo do tropicalismo era pontuado pela aura do Oriente, com pontuações precisas: de Hare Krishnas, tarôs e I Chings. Daí as referências contidas na canção "Oriente" (1971):

> Se oriente, rapaz
> Pela constelação do Cruzeiro do Sul
> Se oriente rapaz
> Pela constatação de que a aranha
> Vive do que tece
> Vê se não se esquece
> Pela simples razão de que tudo merece
> Consideração
> (CR, 143)[618].

---

[617] Caetano Veloso. **Verdade tropical**. 3 ed. São Paulo: Companhia das Letras, 2017, p. 32.
[618] Diz Gil: "De repente, uma estrela cadente chispou do Ocidente para o Oriente, cruzando o céu. E veio aquele exato: 'Oriente rapaz'": Bené Fonteles. **Gilluminoso**, p. 144.

Junto à busca interior, o processo de despojamento pessoal vai circundando Gilberto Gil a partir daquele momento. Ele lembra disso numa entrevista concedida a Cissa Guimarães:

> À medida que você se desprende de si próprio, a ideia de interiorização muda. Eu cada vez me desprendo mais de mim mesmo. Cada vez quero saber menos o que sou, o que significo, o que importo para os outros. Cada vez mais me atribuo menos importância. Então, a interiorização de Deus vai junto com isso. É aí que está Deus, para mim, exatamente onde já se diluíram quase todas as possibilidades de individuações[619].

Com a volta do exílio, a partir de 1972, Gilberto Gil toma contato mais próximo com o candomblé[620]. Isso não tinha ocorrido antes, em dimensão de profundidade[621]. O campo espiritual vem, assim, enriquecido com a nova presença. Junto dessa aproximação, vem a descoberta do profundo significado do carnaval da Bahia[622]. A alegria de ser baiano já tomava conta de suas composições anteriores, como "Eu vim da Bahia" (1965):

Porque na Bahia tem mãe Iemanjá
De outro lado o Senhor do Bonfim

---

[619] Cissa Guimarães & Patrícia Guimarães. **Viver com fé**. Histórias de quem acredita. Rio de Janeiro: GNT/Casa da Palavra, 2012, p. 261. Diz Gil em outra entrevista: "Desconfio muito do ego, tenho uma desconfiança brutal dele... mas gosto muito dele, é parte de mim. De tudo o que aprendi nos livros dos mestres, o que eles mais me ensinam é a desconfiança do próprio ego": Bené Fonteles. **Gilluminoso**, p. 137.

[620] Podemos dizer também, com base em Antonio Risério, que foi nesse momento que ele assume de forma mais decisiva sua negritude. Como diz Risério, "Gil foi cuidadosamente preparado pra ser um 'preto exemplar', no sentido liberal-integracionista da expressão": Antonio Risério. **Gilberto Gil Expresso 2222**. São Paulo: Corrupio, 1982, p. 254 (posfácio de A.Risério. Gil Brasil Bragil. Uma apreciação didática). O rompimento foi ocorrendo aos poucos, junto à sua aproximação ao candomblé, a partir de 1972, já aos 30 anos. Na avaliação de Risério, "não faltaram estímulos para a virada 'africanista' de Gil. A começar por ele mesmo, é claro. É de se imaginar o poderoso curso subterrâneo de lavas psíquicas ali forçando passagem, à espera da menor brecha, pra irromper com tensão vulcânica": *ibidem*, p. 278.

[621] Gil diz, em entrevista a Bené Fonteles: "O candomblé entra muito mais tarde. Na infância o que havia eram os símbolos e signos católicos [...]". A ideia que predominava antes era a de Deus como "senhor do mundo e tal, barbudo. Essa ideia de Deus ainda vive até hoje comigo, por mais que ela tenha se sofisticado através de imagens múltiplas dos deuses, dos vários deuses de todas as confissões e religiões [...]": Bené Fonteles. **Gilluminoso**, p. 117. Ele só entra num terreiro de candomblé – e foi num de Egum, na Ilha de Itaparica – quando voltava de Londres, do exílio: *cf*. Bené Fonteles. **Gilluminoso**, p. 120. E a razão dessa busca: "Fui pela busca de querer ir mesmo ver o mistério [...]. Fui completamente aberto, com a alma generosamente predisposta a ver, ouvir, pegar, tocar, sentir tudo que fosse possível": *Ibidem*, p.121. Foi lá que descobriu que era de Xangô, com a ajuda do Mestre Didi: *ibidem*, p. 121. E descreve sua sensação: "Como se tivesse anestesiado meu coração, porque eu sabia que ia passar por uma intervenção cirúrgica séria": *ibidem*, p. 122. Ver também: Antonio Risério (org.). **Gilberto Gil Expresso 2222**, p. 276-279.

[622] Gilberto Gil. **Encontros**, p. 253.

Que ajuda o baiano a viver
Pra cantar, pra sambar pra valer
Pra morrer de alegria
(CR, 63).

Depois do exílio, esse sentimento ganha vigor, somando-se à consciência vibrante da herança africana: "Não há brasilidade possível sem nossa ascendência africana em todos os sentidos: cultura, pulsação espiritual, herança genética, tudo"[623]. Nas canções, percebe-se agora a presença recorrente dos Orixás: de Iansã, a "Senhora do Mundo" (CR, 152)[624]; de Aganju e Xangô (CR, 218)[625], de Logunedé, filho de Oxum (CR, 271)[626] e do pai Oxalá, com seu toque de felicidade (CR, 294)[627]. Gil reconhece que "toda menina baiana tem um santo, que Deus dá" (CR, 270)[628], e que, em cada canto da Bahia, há uma conta e "pra cada santo uma mata, uma estrela, um rio, um mar" (CR, 331)[629]. E cada conta vai montando um colar singular de religiosidade, proteção e alegria, como na canção "Bahia de todas as contas" (1983):

Hoje já ninguém duvida
Está na alma, está na vida
Está na boca do país
É o gosto da comida
É a praça colorida
É assim porque Deus quis
(CR, 331).

---

[623] Gilberto Gil & Ana de Oliveira. **Disposições amorosas**, p. 79.
[624] Iansã, 1972 (letra de Caetano Veloso).
[625] Babá Alapalá, 1976.
[626] Logunedé, 1979. Veja: Bené Fonteles. **Gilluminoso**, p. 126-127. Gil descobriu isso no terceiro dia que foi no terreiro de Mãe Menininha: no terceiro dia, ela jogou os búzios e descobriu: "Ah, pois eu tô vendo aqui, tem um Logunedé aí". Logunedé "é aquele menino esperto que gosta de estar sempre no colo da mãe Oxum. Oxum é louca por ele, faz tudo quanto é mimo, tudo quanto é dengo, tudo quanto é vontade [...]. E ele é uma moça também, ele vira uma moça". É o "mimo de Oxum": *Ibidem*, p. 127. Gil assinala que ficou por muito tempo identificado com a doçura de Logunedé, mas, com o tempo, voltou a se identificar fortemente com Xangô. Diz que hoje é habitado pelos dois: filho de dois. Por sua vez, Caetano é de Oxossi e Moreno também de Logunedé: *Ibidem*, p. 128.
[627] "Axé, babá" (1980)
[628] "Toda menina baiana" (1979)
[629] "Bahia de todas as contas" (1983)

O vínculo é forte e se firma como rocha no coração. E quando as coisas titubeiam, é a eles que vem pedir ajuda ou consolo, como em "Filhos de Gandhi" (1973):

Omolu, Ogum, Oxum, Oxumaré
Todo o pessoal
Manda descer pra ver
Filhos de Gandhi
(CR, 169).

Em jogo de Búzios, pelas mãos de Mestre Di, Gil descobre que era de Xangô e, numa linda canção, "Babá Alapalá" (1976), reverencia o orixá Aganju, que é um Xangô menino:

Alapalá, egum, espírito elevado ao céu
Machado alado, asas do anjo Aganju
Machado astral, ancestral do metal
Do ferro natural
Do corpo preservado
Embalsamado em bálsamo sagrado
Corpo eterno e nobre de um rei nagô
Xangô
(CR, 218).

Gil recorda também sua amizade com Mãe Menininha, a quem visitou várias vezes e para ele jogou os búzios. Foram anos de singela aproximação, nas festas em Gantois e outras situações diversificadas[630]. Daí a tristeza de acompanhar sua travessia, compondo para ela um réquiem – "Réquiem pra Mãe Menininha do Gantois" (1989):

---

[630] Assinala que passou a ir ao Gantois lá pelos anos 1973: Bené Fonteles. **Gilluminoso**, p. 124. Mãe Menininha era para ele "uma rainha": "uma pessoa muito altiva, ao mesmo tempo muito doce, uma anciã carregada de experiência, das coisas do mistério": Bené Fonteles. **Gilluminoso**, p. 125. Ela o ajudou a compreender que todos eram seres iguais e únicos: "Ela me ajudou muito a compreender isso e colocou o meu destino na via certa, na rota e nos ritos da verdadeira e mágica Bahia. E aí senti o que era e é a bênção da ânima popular": Bené Fonteles. **Gilluminoso**, p. 126.

Foi
Minha mãe se foi
Minha mãe se foi
Sem deixar de ser – ora iêiê, ô [...]

Ouve nossa oração
Escuta a demanda de cada um
Manda teu doce axé
Recomenda ao santo o teu candomblé
Fala com cada um
Fala com cada um
Fala com cada filho fiel
Canta pra todos nós
Derrama sobre todos o teu mel
(CR, 393).

Por todo canto, o mistério

Envolvida por tantos aprendizados, a fé de Gil foi ganhando a forma de um mosaico, no qual se arregimentam várias coisas. Uma fé que abraça as diferenças e que vibra sob o toque da sede de unidade. Sublinha, em entrevista, essa vinculação: "A ideia de unidade, pra mim, é uma coisa do universo. O universo pra mim é uno, é integral"[631]. Essa unidade, porém, convive bem com a diversidade: "A minha fé ficou assim, um apanhado, um mosaico dessas coisas todas. Tenho respeito por elas e por quem, digamos assim, se confina num desses territórios religiosos por vontade própria, por natureza e índole"[632].

O que muitas canções de Gil buscam expressar, todo o tempo, é a presença do mistério, por toda parte[633]. Seu canto reflete esse pasmo diante

---

[631] Miguel Jost & Sergio Cohn. **Entrevistas Bondinho**. Rio de Janeiro: Azougue, 2008, p. 107.
[632] Cissa Guimarães & Patrícia Guimarães. **Viver com fé**, p. 259.
[633] Diz em entrevista a Bené Fonteles: "A vida é eivada desses mistérios profundos que a nossa consciência não dá conta": Bené Fonteles. **Gilluminoso**, p. 115. Reconhece também que "a arte, com a liberdade que tem, é quem vai mais fundo nessa questão de falar do mistério, abordá-lo, cercá-lo e iluminá-lo de todas as maneiras e de todos os lados ocultos possíveis": Bené Fonteles. **Gilluminoso**, p. 216.

da grandeza do mistério. É o que está claro na canção "Esotérico" (1976): "Mistério sempre há de pintar por aí" (CR, 213). E os olhos precisam ser educados para captar essa beleza, que se irradia pelos fenômenos da natureza, como o luar, em "Luar, a gente precisa ver o luar" (1980):

> O luar
> Do luar não há mais nada a dizer
> A não ser
> Que a gente precisa ver o luar
> (CR, 287)

Tudo o que brilha na natureza é uma prolongação do nosso corpo e, ainda mais, é parte integrante de nosso corpo. É o que reverbera em Gil: "Nós somos natureza". Tudo que acontece no tempo reverbera, irradia, provocando uma singular ressonância. Mesmo o movimento distante de uma folha na relva, em qualquer lugar do universo, tem um impacto sobre nós. Estamos todos inseridos numa malha de relações, como num rizoma, cujas linhas se remetem umas às outras. E a canção é capaz de expressar essa dinâmica, como em "Estrela (1980):

> Há
> De surgir
> Uma estrela no céu cada vez que ocê
> Sorrir
> (CR, 286).

O fascínio pelo mistério perdura nas canções de Gil e ganha um conteúdo vivo em todo o trabalho que antecedeu o CD *Quanta*, de 1997, que foi sendo gestado desde 1992. Captou a "ideação do mistério em ação" em suas leituras sobre o quantum da matéria. E revela: "Quando descobri o mundo quântico, eu disse: 'Ah, olha aí: dobraram-se finalmente'. Descobriram que não são nada sem o mistério"[634]. Como se vê em "Esotérico" (1976), o mistério envolve o mundo das pessoas[635] e o mundo transcendente:

---

[634] Gilberto Gil & Ana de Oliveira. **Disposições amorosas**, p. 40. Falando sobre a missão luminosa do artista, diz Gil: "Você é uma partícula daquilo tudo de que eles (todos os 'grandes arautos da bondade') também são feitos. É nessa hora que você fica apaziguado e sente a bênção da graça e grato por recebê-la. É graça que entre e graça que sai. É um redemoinho de graça [...]": Bené Fonteles. **Gilluminoso**, p. 219.

[635] Gilberto Gil. **Encontros**, p. 164.

Se eu sou algo incompreensível
Meu Deus é mais"
(CR, 213).

O que dardeja ocultamente na natureza vem captado de forma singular pelo artista e torna-se expressão poética, encontrado em "De onde vem o baião" (1976):

Debaixo do barro do chão da pista
onde se dança
Suspira uma sustança sustentada por
um sopro divino
Que sobe pelos pés da gente e de
repente se lança
Pela sanfona afora até o coração do
menino
(CR, 227).

A canção das coisas

O que encanta nas canções de Gil é a leveza, a sutil percepção dos pequenos e simples detalhes da vida. O cotidiano ganha um colorido particular. São construções poéticas delicadas e reveladoras, a exemplo de "Vamos fugir" (1984):

Vamos fugir
Proutro lugar, baby
Vamos fugir
Pronde haja um tobogã
Onde a gente escorregue
Todo dia de manhã
Flores que a gente regue
Uma banda de maçã

> Outra banda de reggae
> (CR, 347)

O compositor arma sua tenda no chão da vida, atento ao ritmo do dia a dia. A cabeça é leve, e os pés se firmam no chão. Em "Dos pés à cabeça" (1974):

> Eu estou onde tudo esteja
> Ou seja
> Onde quer que esteja em mim
> O céu, o chão, o não, o sim
> A vontade de Deus
> (CR, 173)

A vida e seu rumo são pontuados por desígnios gratuitos. O decisivo é a disposição de escuta, com leveza: "Agora calo, calço o chinelo, reparo a flor" (CR, 190). Ou, então, como na canção "Refazenda" (1975):

> Abacateiro
> Serás meu parceiro solitário
> Nesse itinerário
> Da leveza pelo ar
> (CR, 196)[636].

O bonito é poder demorar-se entre as coisas, captando as suas formas e o seu fragor, como expresso na canção "Retiros espirituais" (1975)[637]. O momento irredutível de "estar defronte de uma coisa e ficar" (CR, 202)[638].

---

[636] Foi bem nessa época de "Refazenda", segundo Gil, "onde surgiu a consciência clara daquela ideia de estar pousado no movimento". Foi quando avançou nas leituras do mundo oriental, tomando contato com várias tradições religiosas e outros tantos movimentos". Tudo refluiu para "Refazenda": Bené Fonteles. **Gilluminoso**, p. 152.

[637] Para Gil, a música pela qual tem "mais gratidão": Bené Fonteles. **Gilluminoso**, p. 153. Uma canção escrita com "precisão e elegância", adornado por uma "forma mais cristalina de dizer as coisas": ibidem, p. 153. E a que ele mais gosta é "Palco". E justifica: "Ser artista é ter a função de oficiar e essa música fala disso". Como diz a letra: "Subo neste palco, minha alma cheira a talco, como bumbum de bebê. Minha aula clara só quem é clarividente pode ver, pode ver...": ibidem, p. 211.

[638] "Retiros espirituais" (1975)

Aqui notamos o influxo positivo da fórmula *Wu Wei* (não ser, não fazer, não agir), tomada da tradição taoísta. Trata-se de um "deixar-ser", sem que isso signifique passividade, mas disponibilidade ativa ao canto das coisas. É o tempo de "Re-colhimento, Re-tornar, Re-cuar, Re-ciclar"[639], que se inaugura na cadência de cada instante (CR, 225)[640]. Gil, em estilo único, que faz lembrar a sétima Elegia de Duíno (Rilke), celebra a grandiosidade do momento: "O melhor lugar do mundo é aqui e agora" (CR, 234)[641]. E o compositor comenta a respeito: "O 'aqui e agora' reivindicado pelos místicos: a situação confortável, que deveria ser buscada e atingida pelo homem, de integridade na vivência de cada momento, de cada centímetro de espaço ocupado" (CR, 234). É um convite que se apresenta para todos, de refestança, em "Refestança" (1977):

> Só não pode quem não quiser
> Ver que o céu da Terra é azul
> Ver que o verde é verde
> Que a vida viaja
> E com a vida a gente vai
> Vai, vai, vai
> (CR, 240).

No rastro da canção, a percepção de que tudo está "interligado numa textura para juntar coisas aparentemente dissociadas, mas todas elas ligadas por essa rede de compaixão, de profundo amor, esperança e sonho"[642]; a percepção alerta dos passos que marcam o dia, dos dias lindos que tornam "mais branca a roupa no varal". Sem dúvida, "o sentido desta vida é ao invés, azular a cor do branco e clarear" (CR, 252)[643]. Tudo que brota e vibra no tempo é rebento. Em "Rebento (1979):

> Rebento, tudo que nasce é rebento
> Tudo que brota, que vinga, que medra

---

[639] Bené Fonteles. **Gilluminoso**, p. 153.
[640] "Era nova" (1976)
[641] "Aqui e agora" (1977). Quando compôs esta canção, Gil "pensava muito nos presos, na prisão, como um lugar, uma dificuldade pra uma pessoa": Gilberto Gil. **Encontros**, p. 144.
[642] Bené Fonteles. **Gilluminoso**, p. 153.
[643] "Belo Dia" (1978)

> Rebento raro como flor na pedra
> Rebento farto como trigo ao vento [...]
>
> Rebento, a reação imediata
> A cada sensação de abatimento
> Rebento, o coração dizendo "Bata"
> A cada bofetão do sofrimento.
> (CR, 269)[644].

Os versos dessa canção soam como mantras, aliás, como diz Gil, citando Hermes Trimegisto, "toda palavra é um mantra; todo pensamento, uma vibração"[645].

O sussurro do Deus Mu-dança

Em meio ao ritmo do mistério, a presença do Deus Mu-dança, utilizando aqui o recurso linguístico adotado por Gil para caracterizar o traço essencial da transformação, que também opera no mundo da divindade: "O eterno Deus Mu-dança" (1989) (CR, 390). Para além dos códigos rígidos que operam em muitas tradições religiosas, das reflexões sensatas, o recorte de um Deus que "está solto"[646], diluído e irradiado no tempo; de um Deus que convoca à transformação.

O clima espiritual que acompanha uma tal reflexão é de singular otimismo, de acolhida simpática, de esperança num horizonte benfazejo. Num ângulo um pouco distinto do "niilismo essencial" defendido por Caetano na canção "Oração ao tempo", Gil manifesta sua esperança na permanência e na transformação. Não se trata de deixar de ser, como aponta Caetano, mas ser de uma forma distinta, integrada, como em "Tempo rei"(1984):

---

[644] Como sublinha Gil, era uma canção para Elis cantar, "assim... distraidamente, 'como se o vento soprasse pela boca/vindo do pulmão'": Bené Fonteles. **Gilluminoso**, p. 177. Rebento, diz Gil é uma canção "para falar disso, desse ímpeto furioso de ser e da força irrecusável e irresistível da Luz": Bené Fonteles. **Gilluminoso**, p. 197. Diz também em entrevista: "É ali, exatamente no chamado 'olho do furacão', onde está a calmaria. É o lugar onde há mais quietude e onde as duas forças se anulam": *ibidem*, p. 220.

[645] Bené Fonteles. **Gilluminoso**, p. 224.

[646] Gilberto Gil. **Encontros**, p. 163.

> Não me iludo
> Tudo permanecerá do jeito que tem sido
> Transcorrendo
> Transformando
> Tempo e espaço navegando todos os
> Sentidos
> (CR, 344)

Com "Tempo rei" (1984), Gil deixa aberta uma porta para algo pós, sempre embalado pelo toque de otimismo. Assinala, em entrevista, que prefere "os corpos que ressuscitam e se levantam apesar de tudo"[647]. Daí sua tranquilidade de lidar com a questão da morte, entendida como deusa, como "rainha que reina sozinha" (CR, 153). E retoma a ideia em canção ("Então vale a pena", 1978):

> Se a gente teve o tempo para crescer
> Crescer para viver de fato
> O ato de amar e sofrer
> Se a gente teve esse tempo
> Então vale a pena morrer
> (CR, 250)

Numa espiritualidade de semblante feminino[648], regida pela busca da leveza, da ternura, do equilíbrio e da paz, Gil celebra a força da fé, do impulso que move as pessoas, as criaturas e as montanhas; de uma fé que "não costuma faiá" (CR, 311)[649]. E assinala: "Uma das características básicas

---

[647] Ibidem, p. 163.
[648] Para isso, foi tão importante a presença de Caetano. Diz Gil: "Eu tive a felicidade, num momento crucial da minha vida, de conhecer Caetano". Sublinha: "O mundo que aprendi com ele foi de uma arte e de uma cultura mais doce, o mundo da ternura e leveza" (veja o lindo exemplo na canção: "Pai e mãe", de 1975): Bené Fonteles. **Gilluminoso**, p. 199. Caetano, igualmente, se rasga em elogios para Gil. No seu livro, *Verdade tropical*, fala de "sua musicalidade exuberante, sua afinação, seu ritmo e sua fluência". E arremata: "Vê-lo tocar violão e cantar, me desinibiu para a música como nada o poderia ter feito": Caetano Veloso. **Verdade tropical**. São Paulo: Companhia das Letras, 2017, p. 292 e 294.
[649] "Andar com fé" (1982). E Gil sublinha que quis manter a corruptela da palavra "falhar": "A fé não costuma faiá", e isso "para poder localizar e contextualizar bem a expressão da praça e da rua": Bené Fonteles. **Gilluminoso**, p. 188. E a fé, diz ele, "é maior do que aquilo em que a gente pode acreditar": Bené Fonteles. **Gilluminoso**, p. 191.

da fé é a possibilidade dessa manutenção do elã vital, do gosto de viver, que é no que consiste a fé"[650].

Ao afirmar sua espiritualidade, ao defender o elã da fé, Gil entende que essa entrega não se compagina, em hipótese alguma, com qualquer seiva de intolerância ou exclusão[651]. Trata-se de uma espiritualidade que é ponte que acolhe e abraça as diferenças. Se há algo que não suporta é a intolerância com os outros.

Em entrevista a Bené Fonteles, Gil expressa com vitalidade sua rejeição à intolerância religiosa. Sinaliza que:

> [...] não é preciso invocar a guerra dos deuses para justificar a nossa própria guerra. Por que jogar Jeová contra Tupã, Tupã contra Maomé, Maomé contra não sei quem? É assim que os humanos fazem para justificar suas guerras. Inventamos nossa própria guerra, inventamos os nomes dos deuses e depois atribuímos a eles a faculdade de poder e, mais dos que isso, atribuímos-lhes o poder de contestar o poder do outro[652].

A busca espiritual requer do sujeito disposições que estão sempre ligadas ao desapego e à gratuidade. Para "falar com Deus", é necessário "ficar a sós", "calar a voz", "encontrar a paz" e "folgar os nós". É, antes de, tudo uma grande "aventura", que exige muita coragem para quem se dispõe, pois não há "cordas para segurar" (CR, 291)[653]. O acesso à "realidade última" não é algo simples. Há que enfrentar, delicadamente, os passos de uma travessia que implica a realidade do nada, de um "vazio-Deus". Daí a sequência ilustrativa de 13 nãos presentes na canção de Gil.

---

[650] Cissa Guimarães & Patrícia Guimarães. **Viver com fé**, p. 256.

[651] Temos o exemplo da canção "Guerra santa" (1995), em que lembra o triste episódio do chute na santa: "Ele chuta a imagem da santa, fica louco, pinel, mas não rasga dinheiro, não". Foi uma canção que nasceu com ele deitado em casa: Bené Fonteles. **Gilluminoso**, p. 135.

[652] Bené Fonteles. **Gilluminoso**, p. 242. A tolerância é algo essencial para Gil. Assinala que nasceu assim, tolerante, e que "a pluralidade é uma necessidade nesse sentido de saúde pública". A seu ver, "o propósito fundamental da existência humana, como a individualidade se manifesta, é criar a felicidade, ou seja, o bem estar": Bené Fonteles. **Gilluminoso**, p. 244.

[653] "Se eu quiser falar com Deus" (1980). Segundo Gil, há três movimentos nesta música: na primeira estrofe, ele fala de Deus Pai, "Deus como potencialidade, virtualidade, atualidade"; na segunda estrofe fala do Filho, do crucificado, que nos potencializa a "aceitar a dor" e "carregar a cruz", a "comer o pão que o diabo amassou". E na terceira estrofe, fala do "vazio búdico", da "estrada que ao findar vai dar em nada": Bené Fonteles. **Gilluminoso**, p. 213. A canção foi feita para Roberto Carlos cantar, mas ele "acabou não cantando". Gil sublinha que foi "bacana e sincera a sua recusa", "de muita grandeza". E o respeitou, "como uma religião deve respeitar a outra. É essa exigência do respeito que ele teve por ele mesmo, no sentido de não trair o menino cristão": Bené Fonteles. **Gilluminoso**, p. 215.

Ao final desse itinerário em que se buscou sinalizar os traços que marcam a experiência espiritual de Gil, fica a presença de uma sensação positiva, de energia singular, cujas expressões mais presentes são vida e alegria. Trata-se de uma espiritualidade bem terrenal, de integralidade, pontuada pelo sabor dos frutos da terra, como "um cesto de alegria de quintal" (CR, 29)[654]. Uma espiritualidade que traz consigo um convite que é para todos ("Amarra o teu arado a uma estrela", 1988):

> Amarra o teu arado a uma estrela
> E os tempos darão
> Safras e safras de sonhos
> Quilos e quilos de amor
> (CR, 385).

---

[654] "Palco" (1980)

JOÃO GILBERTO E O ENIGMA DA BOSSA NOVA

Quem ouvir o ho-ba-la-la
Terá feliz o coração

(João Gilberto)

Em sua obra, "o império dos signos" (1970), Roland Barthes fala da simplicidade do haikai e de seu alojamento no código geral de sentimento por ele nomeado como "emoção poética". É uma pequena "cápsula" que capta "um instante privilegiado"[655]. Ao ler sobre João Gilberto e, sobretudo, ao ouvir João Gilberto, algo semelhante vem ao coração.

Curioso constatar a ligação do povo japonês com a música de João Gilberto. No artigo de Shigeki Miyata, recolhido no recente livro sobre João Gilberto, organizado por Walter Garcia (2012)[656], ele relata sua admiração pelo conhecimento demonstrado por João Gilberto em sua viagem ao Japão, em 2003.

João manifestou um amplo conhecimento sobre o Japão e já começou falando sobre o zen budismo e os haikais. Estabeleceu-se ali uma sintonia de coração com o público japonês, retribuído com uma sessão de aplausos que durou 25 minutos ininterruptos. Que magia é essa?

Assim como ocorre na pequena cápsula poética do haikai, João também buscou trazer a simplicidade do significado dizendo o mínimo. Para ele, a perfeição do canto conseguia sua realização quanto mais roçava a "indefinição da fala".

Na base de tudo isso, uma visão contemplativa do mundo, já expressa em depoimento de 1959:

> Gostava de ficar horas e horas à beira do rio, ouvindo o coaxar dos sapos e vendo a luz, a claridade, os reflexos do sol na água. Tentava compreender aquilo tudo. Consegui sentir – compreender não compreendi. Mas aquilo ficou em mim e ainda hoje carrego comigo um bocado de todo aquele alumbramento[657].

---

[655] Roland BARTHES. **O império dos signos**. São Paulo: Martins Fontes, 2007, p. 90-113.

[656] João Gilberto e Walter GARCIA (org.). **João Gilberto**. São Paulo: Cosac Naify, 2012, p. 124-129 (O cotidiano de um deus).

[657] *Ibidem*, p. 28 (Em conversa – entrevistas).

Essa é a síntese mais clara da compreensão zen: "um modo de viver o real cotidiano sem complicá-lo com idéias"[658]. Num dos mais interessantes artigos do livro sobre João Gilberto[659], Tarik de Souza comenta o "comportamento musical enxuto, quase ascético" de João Gilberto, que, como o haikai, busca despertar a emoção estética por meio da alusão. Tarik faz referência a um dos mais fiéis e argutos retratistas de João, o americano John Wilson, do New York Times, que usa as palavras do próprio cantor para traduzir a riqueza do clima que o rodeia: "Hoje, vou me refinando, purificando minha música até que consiga atingir a verdade mais simples. Como quando eu era criança".

Nada de diverso fez o grande mestre dos haikais, Matsuó Bashô, que, com sua linda poesia, se limitava a traduzir com poucos elementos o instante privilegiado. Recorrendo à mesma entrevista com John Wilson, Tarik reproduz a fala de João: "Quando eu canto, penso num espaço claro e aberto onde vou colocar meus sons. É como se eu estivesse escrevendo num pedaço de papel em branco: se existem outros sons à minha volta, essas vibrações interferem e prejudicam o desenho limpo da música"[660].

No magnífico e esgotado livro de Marc Fischer, **Ho-ba-la-la**, o autor e sua assistente brasileira buscam, incessantemente, no Brasil alguma pista que conduza ao misterioso músico, uma missão quase impossível. Conseguem, porém, entrevistas maravilhosas que acentuam o traço enigmático e solitário de João Gilberto, sempre avesso a qualquer aparição pública.

O autor se pergunta, mais no início do livro, o porquê dessa resistência de João a qualquer relação, a não ser telefônica, em com pessoas que ele escolhe. E nos diz:

> Por que João Gilberto é um enigma. Porque não está claro o que o instiga, ou se alguma coisa ainda o instiga em seu quarto de hotel – ou onde quer que ele more no momento. Porque circulam histórias estranhas a seu respeito, e não se sabe quais são verdadeiras e quais são estapafúrdias, fantasiosas, inventadas[661].

O mistério de João Gilberto fica ainda mais distante quando fica cerrada uma janela fundamental para perceber a beleza e fineza de sua música, em

---

[658] Leyla Perrone-Moisés. **Fernado Pessoa**. Aquém do eu, além do outro. São Paulo: Martins Fontes, 1982, p. 119.
[659] Walter Garcia (org.). **João Gilberto**. São Paulo: Cosac Naify, 2012, p. 42 (Tárik de Souza. O mito sem mistério).
[660] Tárik de Souza. O mito sem mistério. *In*: Walter Garcia (org.). **João Gilberto**, p. 42.
[661] Marc FISCHER. **Ho-ba-la-la**. À procura de João Gilberto. São Paulo: Companhia das Letras, 2011, p. 14.

razão da inacessibilidade de seus primeiros álbuns: *Chega de saudade* (1959), *O amor, o sorriso e a flor* (1960) e *João Gilberto* (1961). Aqueles que conseguiram adquirir um dos três LPs são privilegiados: "Percussão leve, saltitante. Um ritmo de samba, bem seco, como se tamborilado num balde com as pontas dos dedos, mas ainda assim, firme. De muito longe vem o som de um violão, só algumas notas"[662]. Depois entra a voz, operando o milagre da delicadeza.

Em 1988, a gravadora EMI quis reunir os três discos em um CD, mas o problema é que os álbuns não cabiam no CD, e então foram feitas mudanças que desagradaram profundamente João Gilberto. A gravadora decidiu "encurtar três faixas ou reunir num *medley* 'O nosso amor' e 'Felicidade'. Supostamente a gravadora teria feito isso sem a permissão de João Gilberto, e se foi isso de fato o que aconteceu, com certeza a EMI errou. João ficou com tanta raiva que processou a gravadora"[663]. E os álbuns não vieram à tona.

A gravação de "Chega de saudade" ocorreu em 1958, em estúdio, com a presença de Tom Jobim, da orquestra e de Milton Banana, com registro num LP de 78 rotações para a Odeon. O clima da gravação não foi fácil, e as tensões com Tom Jobim foram duras, com consequências definitivas. Criou-se um estresse posterior, que comprometeu a amizade dos dois, abalada também pelo caso da gravação de Jobim com Frank Sinatra[664].

A repercussão da canção "Chega de saudade" no Brasil não foi abrupta. Ela "provoca o que toda forma de arte suscita, quando por ser bom, o novo ameaça o velho: resistência, repugnância, incompreensão"[665]. Ao falar mais tarde sobre sua impressão ao ouvir pela primeira vez a música, aos 13 anos, Nelson Motta assim se expressou: "Foi como um raio. Aquilo era diferente de tudo o que eu já tinha ouvido, fiquei chocado, sem saber se tinha adorado ou detestado. Mas quanto mais ouvia, mais gostava"[666].

A bossa nova de João Gilberto ganhou o mundo e, com ele, irradiou "um dos maiores bens culturais que o Brasil já produziu: a Bossa Nova de João Gilberto"[667]. Em 1965, o LP de João Gilberto com Stan Getz venceu o Grammy, ultrapassando tanto os Rolling Stones como Louis Armstrong.

Um dos grandes admiradores japoneses de João Gilberto, Toshimitsu Aono, também entrevistado por Marc Fischer, guarda como um tesouro

---

[662] *Ibidem*, p. 20.
[663] *Ibidem*, p. 152.
[664] *Ibidem*, p. 131.
[665] *Ibidem*, p. 132.
[666] *Ibidem*, p. 132.
[667] *Ibidem*, p. 143.

precioso o LP *Chega de saudade*. Considera João Gilberto "um dos maiores artistas de todos os tempos". E diz:

> Eu acho que ele não é brasileiro coisa nenhuma, mas japonês, por causa dessa sua estética tão reduzida, sucinta, exata, repetindo-se infinitamente. Além disso canta num ritmo que não bate com o que está tocando. E, ainda assim, tudo se encaixa, como se nascesse daí um instrumento completamente novo[668].

Algo semelhante diz João Donato, outro dos entrevistados por Fischer, em seu livro:

> João Donato, o pianista, há muito tempo o melhor amigo dele, explica a coisa da seguinte maneira: João Gilberto busca a perfeição. Perfeição absoluta. Ele maltratava Astrud, sua ex-mulher, que gravou *Garota de Ipanema*, mandando ela volta e meia para o banheiro, para que ela cantasse uma certa canção, um verso ou uma determinada nota[669].

Como também lembrou Claudia Faissal, o ouvido de João é absoluto:

> Ouve tudo, até os detalhes mais insignificantes! Nada nele funciona tão bem quanto os ouvidos. João é capaz de dizer em que tom um canário está cantando, se uma buzina de carro está desregulada ou que acorde combina com uma brisa de verão. Sabe direitinho como cada corda deve vibrar para que ela soe exatamente como ele quer[670].

Segundo Donato, a predileção de João pelo banheiro devia-se à acústica dos ladrilhos. E, muitas vezes, a busca da solidão era condição para o caminho da perfeição: "Quando você quer uma coisa específica, que só você sabe o que é, aí precisa estar sozinho, sem ninguém"[671].

Em artigo em torno de *João Gilberto e o projeto utópico da Bossa Nova*, Lorenzo Mammì sinaliza que a perfeição de João Gilberto é fruto de uma "intransigência pessoal"; ele "tenta reproduzir na melodia todos os parâmetros do som, sem que por isso a voz se torne instrumento – ao contrário, aproximando sempre mais o canto à fala"[672]. O compositor tem a proeza de, mesmo num estádio, manter o clima musical como se estivesse num apar-

---

[668] *Ibidem*, p. 22.
[669] *Ibidem*, p. 49.
[670] *Ibidem*, p. 142.
[671] *Ibidem*, p. 49.
[672] Walter Garcia (org.). **João Gilberto**, p. 160 (Lorenzo Mammì. João Gilberto e o projeto utópico da Bossa Nova).

tamento, "em que se pede ao convidado uma canção (com o risco, inclusive, de que não cante"[673].

Outro entrevistado do livro de Fischer foi Carlos Alberto Afonso, um ex-professor de literatura que era proprietário de uma pequena loja de discos chamada Toca de Vinícius, na rua Vinício de Morais, em Ipanema, no Rio de Janeiro. Na visão de Carlos Alberto, João era verdadeiramente um "arquétipo do grande artista".

Era alguém:

> [...] que nunca se deixou corromper, nem por dinheiro, nem pela indústria fonográfica ou pelo público. Nunca aceitou nada que não quisesse; nunca se apresentou onde não queria; nunca conversou com quem não quisesse conversar. Porque ele sabe que a grande arte é dádiva e dever ao mesmo tempo[674].

Como fórmula, continua Carlos, o compositor encontrou:

> [...] uma equação de canto e violão, respiração e harmonia, a partir da qual é capaz de transformar tudo o que canta em Bossa Nova. Ou seja, numa canção que flutua, cintila e rebrilha de um modo muito particular, tanto faz de autoria de um compositor brasileiro, como Dorival Caymmi ou Ary Barroso, se de contemporâneos seus, como Jobim, Menescal e Carlos Lyra, ou ainda se de Georges Gershwin ("S" wonderful), Cole Porter ("you do something to me") ou Charles Trenet ("Que reste-t-il de nos amours")[675].

Na pesquisa realizada por Marc Fischer, ele constata que há uma "lacuna na biografia de João. Trata-se da época em que ele viajou pelo Brasil, aquela que o levou, em primeiro lugar, a Porto Alegre; depois, até Diamantina, Juazeiro e, por um breve período. Isso antes de ele voltar ao Rio, em 1958, já de posse de sua formula"[676]. Para Fischer, "João encontrou sua personalidade num banheiro de Diamantina"[677]. Ali ele talvez tenha encontrado a fórmula mágica da Bossa Nova. Sublinha que essa história reveladora de João "é uma história quase bíblica", mas não um conto de fadas, pois está enredada também por muita tristeza.

---

[673] *Ibidem*, p. 164.
[674] Marc FISCHER. **Ho-ba-la-la**. À procura de João Gilberto, p. 32.
[675] *Ibidem*, p. 32-33.
[676] *Ibidem*, p. 33.
[677] *Ibidem*, p. 148.

No capítulo que aborda *A garota de João*, outros esclarecimentos ocorrem. Trata-se de Cláudia Faisall, com quem João teve uma filha, Lulu. Filha de um dentista famoso no Rio, Cláudia conheceu João desde nova, pois ele era amigo de seu pai. Ela chegou a estudar música No Berklee College de Boston e resolveu, a partir de sua convivência com João, produzir um documentário sobre ele. Dizia: "Registrar por escrito não basta. Escrever é coisa muito pouco moderna para nossos tempos, e as pessoas no Brasil quase não leem"[678]. O documentário ainda está em curso, e Claudia não adianta a previsão de sua produção. Assinala: "Tudo que fiz foi coletar a música de João, para que pelo menos alguma coisa sobreviva. Pode ser que, algum dia, Lulu precise terminar o filme"[679].

Claudia relata a grande decepção vivida por João depois dos conflitos em torno de seus primeiros LPs e dos embates com músicos fundamentais, como Tom Jobim. A verdade é que ele se isolou do mundo. A grande mágoa de João remonta aos anos de 1958:

> Foi o que acabou com ele. Desde então ele é um ser socialmente morto, como um mutilado de guerra. Imagine que você é Michelangelo, e alguém vai lá e rabisca uns bonequinhos na Capela Sistina. Ou que você é Joyce, e alguém resolve reformular as frase que você escreveu. O que aquilo ainda tem a ver com você?[680].

Todo o isolamento tem a ver com isto: "Assumiu seu sofrimento, sua dor, sua loucura, sua paixão e se sacrifica agora pelo gênio João"[681]. E Cláudia argumenta que tentou impedir essa radicalização: "Já sugeri tantas vezes, mas ele diz que a cura é sua música. Não percebe que não é saudável viver como ele vive, dentro de casa, no escuro, para sempre"[682]. E acrescenta: "O triste é ele tocar para as paredes, embora conheça todas aquelas canções faz muito tempo, porque domina esse repertório há décadas. É ele tocar a coisa mais linda do mundo como ela nunca foi tocada e, em seguida dizer: 'Ainda não está pronta, Claudia'"[683].

Fischer complementa o argumento, dizendo que a experiência de João é crucial, "quase religiosa. A gente percebe como a arte pode ser verdadeira. E

---

[678] *Ibidem*, p. 137.
[679] *Ibidem*, p. 149.
[680] *Ibidem*, p, 144.
[681] *Ibidem*, p. 144.
[682] *Ibidem*, p. 145.
[683] *Ibidem*, p. 149.

como pode ser ruim, quando é tão absoluta. Porque, aí, ela exclui um bocado de outras coisas. Seres humanos, por exemplo"[684].

São poucas as pessoas que puderam visitar João Gilberto em seu apartamento no final da vida: seu melhor amigo Otávio, Miucha, Claudia e Lulu. Miúcha, que também esteve casada com ele, relata o que ocorreu em seu primeiro encontro, quando o viu cantar: "Como se, antes, eu sempre tivesse enxergado tudo em preto e branco e, de repente, alguém tivesse inventado um filme colorido. Aquilo me tocou profundamente e mudou tudo para nós"[685].

João tinha grande apreço pela religiosidade. Falamos no início de sua relação com o budismo, mas há também sua devoção pelos mantras e pela meditação com base em Yogananda. Trouxe consigo uma religiosidade da Bahia, "mais rural, mais família, confiança, fé"; bebeu fundo na religiosidade de sua mãe, que rezava todo dia, e manteve acesa a prática meditativa: "Repete mantras e sons que levam a um nível mais elevado de consciência"[686].

Marc Fisher morreu logo após a publicação de seu livro. O cineasta Georges Gachot decidiu dar continuidade à pesquisa com o longa-metragem, de agosto de 2018, *Onde está você, João Gilberto?* Um filme guiado e inspirado pelo livro de Fisher:

> Com carreira dedicada a filmar a música brasileira, Gachot se identificou com o sonho do autor e, também tocado por seu trágico destino (Fischer se suicidou pouco antes da publicação), decidiu refazer sua jornada, gerando um filme sobre anseios, procuras, contatos e lembranças compartilhadas[687].

João Gilberto morreu no Rio de Janeiro, em 06 de julho de 2019, mas sua história continua aberta e enigmática. Surpreendentes revelações virão à tona quando as pesquisas e os documentários em curso saírem à luz do dia.

---

[684] *Ibidem*, p. 148.
[685] *Ibidem*, p. 170.
[686] *Ibidem*, p. 147.
[687] Disponível em: http://www.adorocinema.com/noticias/filmes/noticia-142549/.

GERALDO VANDRÉ E SEUS CANTOS DE AMOR

Eu sempre quis ser contente
Eu sempre quis só cantar
Trazendo pra toda gente
Vontade de se abraçar

(Geraldo Vandré)

Introdução

Minha relação com Geraldo Vandré vem de longe, desde a década de 1970, quando suas canções eram presença imprescindível em minha vida. Com os parcos recursos de minha mesada, buscava adquirir os LPs de Vandré e apreciava suas músicas com grande alegria. Com um timbre de voz aproximado ao dele, era movido por alegria ao cantar suas melodias líricas. Era tempo de vida universitária, quando cursava Filosofia e Ciências da Religião na Universidade Federal de Juiz de Fora. Nessa mesma década, participei de um grupo musical da cidade, A Pá, e Vandré estava em nosso repertório. Chegamos mesmo a fazer um show com músicas dele, com o nome de Aroeira. Ocorria também nessa ocasião, na Universidade, o Som Aberto, aos sábados pela manhã, e Vandré estava sempre presente em nossas interpretações.

Depois de um longo período, resolvi gravar algumas músicas dele, por incentivo de um amigo médico, Guto Gomes, cantor e violonista de primeira, que também participava da Pá. Como ele montou um estúdio, insistiu comigo para fazer uma gravação com músicas de Vandré, o que ocorreu no final de janeiro de 2023, quando, então, gravei 10 músicas do compositor paraibano, com a ajuda de meu irmão, Domingos Teixeira, no violão. Fui também muito incentivado por outro irmão flautista, Estêvão Teixeira, para atuar nas gravações. Ele e Guto cuidaram de tudo, e o resultado foi exitoso. Busquei escolher algumas canções líricas, que não eram as mais conhecidas, mas que me acompanharam em minhas incursões juvenis.

Em seguida, veio o desafio de escrever algo sobre Vandré, o que também nunca tinha realizado antes. Decidi, então, buscar um caminho que não tinha sido feito até então: apresentar sinteticamente a trajetória de Vandré a partir da apresentação cronológica de seus discos. E assim foi realizado este trabalho.

Para o título, escolhi o tema do amor, pois, na verdade, as canções de Vandré sempre rondam os motivos do amor. Em entrevista concedida por Vandré a Arthur José Poerner, citada em livro sobre o compositor paraibano, ele diz: "Todas as minhas músicas são de amor. De amor particular por uma mulher ou de amor geral por todo um povo"[688].

Um exemplo vivo dessa presença do amor nas canções de Vandré e encontrado naquelas que escreveu no exílio e, em particular, num maravilhoso LP gravado em Paris, em 1973, *Nas Terras de Benvirá*. O que se percebe nessa obra-prima é a singular referência amorosa à sua pátria amada, o Brasil. A ela se refere "como sua amiga, amante e companheira de todas as horas"[689].

Geraldo Vandré vai completar, em 12 de setembro de 2023, 88 anos. Dos grandes músicos e compositores de uma geração genial da MPB, composta por Gilberto Gil, Chico Buarque, Caetano Veloso, Paulinho da Viola e outros, Vandré é o primogênito. Nasceu em João Pessoa, em 1935, num tempo conturbado da vida social brasileira. Cinco anos antes, tinha sido assassinado João Pessoa, presidente de seu estado. No país, sob a regência de Getúlio Vargas, resistia-se à Revolução Constitucionalista, e, dois meses depois do nascimento do compositor, teríamos a Revolta Vermelha ou Intentona Comunista, liderada por Luís Carlos Prestes.

Os pais de Vandré, por desejo da mãe, saem de João Pessoa com destino ao Rio de Janeiro, passando uma pequena temporada em Juiz de Fora, onde Vandré cursou o quinto ginasial no tradicional colégio metodista Granbery. Foi a partir do Rio de Janeiro que Vandré deu início à sua linda trajetória no campo musical.

O enigma Vandré

Como expressa Jorge Fernando dos Santos, em sua obra sobre Vandré, o compositor paraibano foi sempre uma "esfinge indecifrável". Uma pessoa de grande lucidez, mas nem sempre preciso nas palavras. Seu comportamento era difícil. Tinha um gênio peculiar, com manias de grandeza e

---

[688] SANTOS, José Fernando dos. **Vandré, o homem que disse não**. São Paulo: Geração Editorial, 2015, p. 61.
[689] *Ibidem*, p. 172.

temperamento movediço, tendendo para a irritação. Não era uma pessoa de fácil relacionamento. Todos que lidaram com ele, num momento ou outro, esbarraram com tais dificuldades. Era igualmente arredio, não gostando de exposição pública[690].

O compositor e cantor paraibano sempre teve uma consciência social muito lúcida e candente, embora nunca estivesse filiado a partido algum.

Manteve-se sempre livre, sem deixar de estabelecer contatos com os militantes. Numa entrevista concedida à *Revista Manchete*, após a vitória de "Disparada", no Festival da Record, em 1966, Vandré explicita a sua visão com respeito ao lugar da canção:

> Não acredito que se possa fazer revoluções com uma canção ou com muitas. Alguns acreditam, não sei se de boa ou má fé. Eu não. Mas acredito que uma canção possa contribuir para despertar a consciência do povo. Eu pretendo mostrar uma realidade nossa. Há muita gente aí que fala do Vietnã ou da seca do nordeste, sem saber coisa alguma do Vietnã ou da seca, só para explorar os sentimentos baratos ou espantar a burguesia[691].

A trajetória músico-poética de Vandré sempre traduziu uma coerência política viva, que, como bem lembrou Tarik de Souza, o situou "em várias oportunidades, à frente de seu tempo"[692].

Vandré era um homem bonito e carismático, que primava pela elegância, de olhos verdes irradiantes. No campo da música, não tinha domínio sobre partituras, e seu processo de criação musical era singular, como lembrou Carlos Lyra, que foi um de seus parceiros. Ele dizia sobre Vandré:

> Era curioso, porque eu fazendo a música mostrava a ele, que ficava rodando em volta da minha cadeira. Enquanto eu mostrava a música com o violão, anotava a letra que ele ia dizendo enquanto se inspirava. Geraldo era rápido, não levava para casa, não. Fazia ali mesmo, sentado a meu lado. Ele era uma pessoa extremamente emotiva[693].

Tem razão Carlos Lyra, ao apontar esse lado emotivo de Vandré. Em todo seu processo de criação ou interpretação, ele expressa um sentimento

---

[690] *Ibidem*, p. 144.
[691] SOUZA, Tárik. **O som nosso de cada dia**. Porto Alegre: L&PM, 1983, p. 92.
[692] *Ibidem*, p. 92.
[693] SANTOS, José Fernando dos. **Vandré, o homem que disse não**, p. 54.

que vem do fundo do coração, e muitas vezes o choro ocorre com naturalidade. Nos momentos difíceis do exílio, como na gravação do LP *Nas Terras de Benvirá*, o choro acompanha a canção, criando uma trilha de caráter muito peculiar e contagiante. Não tinha nada de muito sofisticado em suas canções, recorrendo a apenas dois ou três acordes. Dizia que o mais importante era mesmo o texto e que "uma linha melódica mais elaborada distraía a atenção do público para o supérfluo"[694].

O LP *Geraldo Vandré* – 1964

O primeiro LP de Geraldo Vandré foi lançado em 1964, com arranjos bem trabalhados, contando com a presença de figuras como Erlon Chaves, Moacir Santos e Walter Wanderley. Dentre as canções do disco, três são com a parceria de Baden Powell e Vinícios de Moraes: "Berimbau", "Samba em Prelúdio" e "Só por Amor". Outras duas canções são com parceria de Vandré e Luiz Roberto: "Ninguém pode mais sofrer" e "Tristeza de amar". Uma com parceria de Vandré com Vera Brasil: "Quem é homem não chora". Há também uma canção composta por Theo de Barros: "O Meninos das Laranjas". As demais, são composições de Vandré: "Canção Nordestina", "Depois é só Chorar", "Fica mal com Deus" e "Pequeno Concerto que Virou Canção"[695].

As quatro canções de Vandré são de uma beleza singular, e enfatizo aqui o lirismo de "Pequeno Concerto que Virou Canção". Geraldo Vandré tinha casado-se, em 1964, com Nilce Trajan, em cerimônia realizada na igreja dos dominicanos, no bairro Perdizes, em São Paulo. Num dos conflitos entre o casal, Vandré compôs para ela o "Pequeno Concerto que Virou Canção". Ele mostrou a ela a letra, e os dois fizeram as pazes, numa relação que perdurou até 1967. Talvez seja uma das mais lindas canções de Vandré:

Não
Não há por que mentir
Ou esconder
A dor que foi maior do que é capaz
Meu coração

---

[694] SOUZA, Tárik. **O som nosso de cada dia**, p. 94.
[695] Em alguns encartes, aparece com título levemente alterado: "Pequeno Concerto que Ficou Canção".

> Não
> Nem há por que seguir cantando
> Só para explicar
> Não vai nunca entender de amor
> Quem nunca soube amar
>
> Ai, eu vou voltar pra mim
> Seguir sozinha assim
> Até me consumir ou consumir
> Toda essa dor
> Até sentir de novo o coração
> Capaz de amor.

O lirismo de Vandré está igualmente presente em outra canção do LP, "Depois é só Chorar", que partilho aqui um trecho:

> Que depois o amor é só chorar
> Sim, depois o amor é só chorar...

No mesmo LP, já vislumbramos o Vandré comprometido socialmente, com suas duras palavras na "Canção Nordestina":

> Que sol quente que tristeza
> que foi feito da beleza
> tão bonita de se olhar
>
> que é de Deus da Natureza
> se esqueceram com certeza
> da gente deste lugar
>
> Olhe o padre com a vela na mão
> tá chamando pra rezar

menino de pé no chão
já não sabe nem chorar

reza uma reza comprida
pra ver se o céu saberá.

Mas a chuva não vem não
e esta dor no coração
Aí quando é que vai se acabar,
quando é que vai se acabar?

O LP *Hora de Lutar* – 1965

O segundo LP de Geraldo Vandré, *Hora de Lutar*, foi lançado em 1965, pela gravadora Continental. Em linha de continuidade com o primeiro LP, esse segundo disco traz uma parceria de Vandré com Baden Powell ("Samba de Mudar") e outras de parceria com Carlos Castilho ("Despedida de Maria"), Moacir Santos ("Dia de Festa"), Erlon Chaves ("Canta Maria") e Carlos Lyra ("Aruanda"). O compositor também registra a clássica canção de Luiz Gonzaga e Humberto Teixeira ("Asa Branca"). De autoria de Vandré solo, estão outras quatro canções: "Hora de Lutar", "Ladainha", "Canto do Mar" e "Vou Caminhando". Baden Powell participa da gravação do LP, tocando em duas faixas: "A Maré Encheu" e "Vou Caminhando".

Vandré registra também a canção de Chico Buarque de Hollanda, "Sonho de um Carnaval", que ele interpretou no I Festival da Música Popular Brasileira, realizado pela TV Excelsior. Chico Buarque tinha, na ocasião, apenas 20 anos. Vale notar que Vandré igualmente concorreu no mesmo festival com a canção "Hora de Lutar". A canção de Chico Buarque, interpretada por Vandré, vence a eliminatória, em março de 1965, mas fica em sexto lugar. A canção vitoriosa foi "Arrastão", de Edu Lobo e Vinícius de Morais, com a interpretação de Elis Regina.

Temos novamente aqui o Vandré comprometido com a realidade social, como bem expresso na letra, que é título do álbum: *Hora de Lutar*:

Capoeira vai lutar
já cantou e já dançou

não pode mais esperar...
Não há mais o que falar
cada um dá o que tem
capoeira vai lutar...
Vem de longe, não tem pressa
mas tem hora p'ra chegar
já deixou de lado sonhos
dança, canto e berimbau
abram alas, batam palmas
poeira vai levantar
quem sabe da vida espera
dia certo p'ra chegar
capoeira não tem pressa
mas na hora vai lutar
por você... Por você...

A canção era expressiva e causou rebuliço entre os baianos, como sinalizou Gil a Vandré em depoimento. Segundo ele, a música mexeu com sua cabeça, contribuindo para a transformação da visão[696]. Gil será parceiro de Vandré em duas canções de 1966: "Pra que Mentir"[697] e com o acréscimo de Torquato Neto em "Rancho da Rosa Encarnada", que será gravada no LP *Louvação*, de Gil, em 1967. Uma parceria "tropicalista", antes dos embates que envolverão Vandré com os baianos, um pouco depois. Pela beleza da letra, partilho um trecho dessa última canção:

Somos cantores
Cantamos as flores
Cantamos amores
Trazemos também

A notícia da grande alegria que vem
Pra durar mais que um dia

---
[696] NUZZI, Vitor. **Geraldo Vandré, uma canção interrompida**. São Paulo: Kuarup, 2015, p. 72.
[697] Essa canção foi gravada pelo Trio Maraya, em seu LP gravado na Som Maior.

E ficar como antigas cantigas
Que não morrem
Que não passam jamais
Como passam sempre os carnavais.

O LP *5 Anos de Canção* – 1966

Um ano depois de *Hora de Lutar*, seu segundo LP, Vandré lança o disco *5 Anos de Canção*, no final de 1966. Ainda no mesmo ano, tinha participado com músicas em dois Festivais. No I Festival Internacional da Canção (FIC), promovido pela TV Globo, sua canção "O Cavaleiro" fica em segundo lugar, sendo superada pela bela canção "Saveiros", de Dori Caymmi e Nelson Motta, com interpretação de Nana Caymmi. Participou ainda do II Festival Nacional de Música Popular Brasileira, promovido pela TV Excelsior, ganhando o primeiro lugar com a música ""Porta Estandarte, de parceria com o baiano Fernando Lona.

No novo LP, Vandré retoma quatro das canções gravadas no seu primeiro disco: "Depois é só Chorar", "Fica Mal com Deus", "Pequeno Concerto que Virou Canção" e "Canção Nordestina". Introduz a canção vencedora no Festival da Excelsior, "Porta Estandarte", e outras sete músicas novas. Destaco a belíssima "Réquien para Matraga", composta para a trilha sonora do filme *A Hora e a Vez de Augusto Matraga*, dirigido por Roberto Santos (1928-1987), que representou o Brasil no Festival de Cannes, em 1966. A canção de Vandré vem também escolhida para compor a trilha sonora do recente filme de Kleber Mendonça e Juliano Dornelas, *Bacurau* (2019), exercendo um maravilhoso efeito ao final da projeção.

Das músicas presentes no disco, uma fez grande sucesso, "Fica Mal com Deus", que, segundo Tárik de Souza, é um "baião no estilo de cantiga de cego"[698], com a tradicional presença da temática social. O arranjo de Moacyr Santos foi elaborado com estilo e delicadeza, adornada por coros peculiares. E a letra, como sempre, cuidadosamente elaborada, como podemos perceber numa das estrofes:

Vida que não tem valor
Homem que não sabe dar

---

[698] SOUZA, Tárik. **O som nosso de cada dia**, p. 92.

> Deus que se descuide dele
> O jeito a gente ajeita
> Dele se acabar.

A temática do amor vem retomada na bela "Tristeza de Amar", em parceria de Vandré com Luiz Roberto. Num dos trechos diz:

> Ainda que o amor nos faça chorar
> Vive o teu bem e vive a cantar
> Boa é a tristeza e a dor que é de amar.

Destaco aqui duas lindas canções presentes no disco, feitas em parceria de Vandré com importantes compositores. Com Baden Powell, a composição "Se a Tristeza Chegar". Num dos momentos-chave da música, a letra indica que "se todos os tristes, querendo juntos, toda a tristeza vai se acabar". Um de nossos grandes letristas no Brasil, Paulo César Pinheiro, é um entusiasta de Vandré e recorda a beleza dessa letra, sempre citada por Baden Powell em seus shows. Segundo Paulo César, se não tivesse ocorrido tudo aquilo que sabemos com Vandré, "certamente teria feito muito mais músicas de sucesso"[699]. Baden Powell era não só parceiro mas também amigo de Geraldo Vandré, e os dois se apresentavam e frequentavam o tradicional João Sebastian Bach, em São Paulo. O talento de Vandré impressionava Baden, que reconhecia a beleza de sua voz e suas "letras magníficas"[700].

"Se a Tristeza Chegar" é canção com o selo-Vandré. Na gravação, a presença encantadora do violão de Theo de Barros, "livre e melódico", é assinalada por Budi Garcia, no prefácio da obra de Hermilson Garcia do Nascimento, sobre a obra do violeiro[701]. Com Carlos Lyra, outra linda parceria, na canção "Quem Quiser Encontrar o Amor". Dizia Vandré que "quem quiser encontrar o amor, vai ter que sofrer, vai ter que chorar".

Nesse LP de Vandré, temos a presença singular do Trio Novo, com as participações da viola de Heraldo do Monte, do violão de Theo de Barros e a percussão de Airto Moreira. Algo de inédito ocorria com essa presença

---

[699] SANTOS, José Fernando dos. **Vandré, o homem que disse não**, p. 160.
[700] DREYFUS, Dominique. **O violão vadio de Baden Powell**. 2. ed. São Paulo: Editora 34, 2020, p. 91.
[701] NASCIMENTO, Hermilson Garcia do. **As cordas livres de Heraldo do Monte**. São Paulo: Çaré / Contraponto, 2020, p. 48.

musical na vida de Vandré. No texto de encarte do LP, de autoria de Franco Paulino, ele assinala a novidade trazida pelo disco, com a assimilação profunda "de símbolos de comunicação mais coletivos e mais identificados com a nossa realidade"[702].

Como novidade na MPB, a introdução da viola; como lembra Heraldo do Monte, "esse foi o primeiro disco na emergente MPB a utilizar 'o instrumento autêntico da moda de viola do Centro-Sul do país', instrumental esse que era o do Trio Novo"[703]. O crítico e pesquisador musical, José Ramos Tinhorão, autor da *História da Música Popular Brasileira* (1998), reconheceu em Vandré "um dos primeiros da geração ligada à bossa-nova a escandalizar os jovens universitários da época com essa heresia da pesquisa de formas regionais brasileiras"[704].

Do Trio Novo, que acompanhou Vandré no trabalho com a Rhodia[705], uma empresa de Campinas, surgiu depois o Quarteto Novo, com a introdução do flautista Hermeto Paschoal. O grupo lançou um dos mais lindos e criativos discos instrumentais da MPB, em 1967, com cinco músicas de Geraldo Vandré, uma das quais de beleza única, "O Ovo", composta em parceria com Hermeto, que abre o disco[706].

O grupo chegou a pensar num segundo LP, que tinha por título *Missa brasileira*. O projeto, porém, não foi à frente, e o grupo se dissolveu em dois anos. Além da novidade da viola, o Quarteto Novo inaugurou algo de novo na percussão, com a queixada de burro utilizada por Airto Moreira em muitas gravações. O recurso era já utilizado na música cubana, mas no Brasil era novidade. Em depoimento a respeito, Theo de Barros se recorda de que essa experiência de Airto provocou perplexidade mesmo nos músicos do Quarteto Novo, mais afinados com a temática jazzística[707].

Ainda no precioso ano de 1966, teremos a presença de Vandré com a canção "Disparada", com a letra criada em julho do mesmo ano. A canção foi musicada por Theo de Barros, com letra de Geraldo Vandré. Foi um sucesso

---

[702] LP *5 anos de canção* (Som Maior, 1966)
[703] NASCIMENTO, Hermilson Garcia do. **As cordas livres de Heraldo do Monte**, p. 48.
[704] SANTOS, José Fernando dos. **Vandré, o homem que disse não**, p. 77.
[705] Vandré se viu acompanhado pelo Trio Novo em fundo musical para os desfiles de moda promovidos pela Rhodia, com "motivos brasileiros que percorreu o Brasil" (Santos, 2015, p. 89). Hermeto não participou da turnê, ao ser barrado pelo promotor do evento, em razão de sua aparência.
[706] Posteriormente, Hermeto fez uma correção, indicando que a canção era só de sua autoria (Santos, 2015, p. 89). Vandré logo percebeu o potencial do Quarteto Novo, sendo um grande incentivador da produção do primeiro disco do grupo.
[707] NUZZI, Vitor. **Geraldo Vandré, uma canção interrompida**, p. 84.

enorme, que colocou Vandré no circuito do sucesso. Foi um momento público de introdução da viola, para escândalo de alguns. A interpretação de Jair Rodrigues no II Festival da Record, em 1966, foi grandiosa. Foi uma ideia de Hilton Acioli, outro parceiro de Vandré. Jair Rodrigues foi perfeito, apesar dos receios de Vandré, que temia com a possibilidade Jair Rodrigues recorrer às suas tradicionais brincadeiras em cena.

A canção ficou empatada em primeiro lugar com "A Banda", de Chico Buarque. A princípio, como lembra Chico Buarque em depoimento, a escolha do júri recaía sobre "A Banda", com alguns votos de diferença. Segundo o depoimento, Chico interveio junto a Paulinho Machado de Carvalho, que estava no júri, e o resultado foi o empate. Chico Buarque manifestou o seu profundo apreço pela canção "Disparada" e foi o primeiro a reconhecer o mérito de um empate[708]. Com o acirramento das condições políticas no Brasil, essa canção foi proibida para execução pública no território nacional.

O LP *Canto Geral* – 1968

O ano de 1968 vem marcado pelo lançamento de dois LPs bem distintos. De um lado, o disco coletivo *Tropicália ou Panis et Circencis*, com músicas de Gil, Caetano, Torquato Neto, Capinan e Tom Zé. O tropicalismo, segundo Pedro Duarte, buscava as alegorias barrocas com "seus contrastes: samba e rock, rural e urbano, belo e feio, nacional e cosmopolita, dentro e fora, velho e novo, alegria e tristeza, mito e razão, arte e mercado, lírico e épico"[709]. De outro, o LP de Vandré, *Canto Geral*. São dois discos em tensão, não há dúvida. Havia também dificuldades de Vandré com a tropicália, e vice-versa.

A desavença envolveu também o grande maestro Rogério Duprat. Em entrevista de Vandré, concedida em julho de 2000 ao sítio *CliqueMusic*, ele sublinhou que o maestro "deve ter ficado surdo de tanto ouvir a barulheira dos tropicalistas". A tensão perdurou por décadas[710].

Em seu livro, *Verdade Tropical*, Caetano Veloso reconhece a presença dessa tensão e da rejeição à tropicália pela esquerda nacionalista. Sinaliza que Vandré foi sincero e apenas expressou "o que muitos sentiam" com

---

[708] TERRA, Renato; CALIL, Ricardo. **Uma noite em 67**. São Paulo: Planeta, 2013. 92-93; CASTRO, Ruy. **Chega de saudade**. A história e as histórias da Bossa Nova. São Paulo: Companhia das Letras, 1990, 402-403; CAVALCANTI, Cássio. **Nara Leão, a musa dos trópicos**. Recife: Cepe, 2008, p. 172-173.

[709] DUARTE, Pedro. **Tropicália ou Panis et Circences**. Rio de Janeiro: Cobogó, 2018, p. 16.

[710] NUZZI, Vitor. **Geraldo Vandré, uma canção interrompida**, p. 121.

respeito à tropicália[711]. Não deixa, porém, de se contrapor ao gênio difícil de Vandré, sublinhando o lado "tristemente mesquinho de sua personalidade"[712]. Durante o exílio, Vandré buscou uma reconciliação com Caetano, visitando o compositor em seu apartamento em Londres[713].

O LP *Canto Geral* vinha com 10 músicas, sendo cinco em parceria. Vandré não vinha mais acompanhado pelo Quarteto Novo, mas mantinha sua criatividade musical, com a incursão de novos instrumentos nos arranjos, como a viola caipira (Edgar), o oboé e o corne inglês (Cleon), bem como no vocal o Trio Marayá. Na contracapa do LP, Vandré dizia que, nesse disco, vinha com ele "uma vontade muito grande" de colocar-se "sem pudores como instrumento da comunicação", de tudo o que aprendeu "a ver, ouvir, pensar e sentir" a respeito de seu tempo[714].

Na bela canção "De serra, De terra e de Mar", presente no LP, estava a parceria de Vandré com Hermeto Paschoal e Theo de Barros. Numa letra de grande singeleza, cantava Vandré, entre outros versos:

> Eu sempre quis ser contente
> Eu sempre quis só cantar
> Trazendo pra toda gente
> **Vontade de se abraçar.**
>
> Eu tinha no sol mais quente
> A terra pra me alegrar
> E a serra florando em frente
> Lavava os seus pés no mar [...].

Essa canção de Vandré passou desapercebida no II Festival Internacional da Cação, promovido pela TV Globo, em 1967. A canção vencedora foi "Apareceu a Margarida", de autoria de Gutemberg Guarabira. Foi nesse mesmo festival que Milton concorreu com "Travessia", sua parceria com Fernando Brant, ficando em segundo lugar; e Chico Buarque, em terceiro lugar, com a canção "Carolina".

---

[711] VELOSO, Caetano. **Verdade Tropical**. 3. ed. São Paulo: Companhia das Letras, 2017, p. 290.
[712] *Ibidem*, p. 290.
[713] NUZZI, Vitor. **Geraldo Vandré, uma canção interrompida**, p. 149.
[714] SANTOS, José Fernando dos. **Vandré, o homem que disse não**, p. 115.

Outras quatro músicas do LP são parcerias com Hilton Acioli. Destaco a canção "Ventania", que tinha concorrido, em 1967, no III Festival da Música Popular Brasileira da Record. A canção chegou à final, mas foi derrotada por "Ponteio", de Edu Lobo, que contou com a participação do Quarteto Novo na sua execução. A meu ver, "Ventania" é de uma beleza impressionante, com uma riqueza de andamento dificilmente encontrada, além da beleza da letra, que parece, em verdade, mais uma grande saga.

Ainda em *Canto Geral*, temos a presença de uma linda canção de Vandré: "Aroeira"; e outra, também em parceria com Hilton Acioli, "O Plantador". Esse foi o último LP gravado por Vandré no Brasil antes do exílio. Tárik de Souza revela que, nesse LP de Vandré, a criatividade foi dominante, tendo o compositor trazido à baila "frevos (*João e Maria, Porta Estandarte*), moda de viola (*Ventania*), baiões, aboios e, principalmente toadas e canções"[715]. Também a presença de "Cantiga Brava", que "traz versos de domínio público recolhidos por Guimarães Rosa e musicados pelo mineiro de Alto Belo, Téo Azevedo"[716]. A canção vai ser incorporada na trilha sonora do filme *A Hora e a Vez de Augusto Matraga*.

O percurso musical de Vandré, a partir desse LP, culminou no belo ritual litúrgico, *Paixão segundo Cristino*, encenada na Igreja dos Dominicanos, em Perdizes, no dia 12 de abril de 1968, com o texto escrito por Vandré e executado por ele. Estava vestido com camisa branca, calça azul e sandália franciscana. Presente na celebração, estava Nelson Motta. As reações à celebração vieram rápido, nas penas de Agnelo Rossi e Gustavo Corção, para quem tudo aquilo não passava de uma "imbecilidade paralitúrgica"[717].

Ainda em 1968, Vandré fez história com sua presença ousada no III Festival Internacional da Canção, produzido pela TV Globo. Depois do insucesso de "Ventania", Vandré optou pela simplicidade mais pura, pelo minimalismo. Sem buscar outros recursos disponíveis, ele entra no palco munido apenas de sua voz e violão. Nelson Motta destaca a coragem de Vandré, cantando só com seu violão, em dois acordes, de modo a acentuar e valorizar a letra tão simples, contundente, provocativa e bonita da canção que ficou conhecida como "Caminhando" ("Pra Não Dizer que Não Falei das Flores")[718]. Estava ali Vandré cantando no "mais rico e mais polêmico de toda a série de festivais realizada no país"[719].

---

[715] SOUZA, Tárik. **O som nosso de cada dia**, p. 95.
[716] NUZZI, Vitor. **Geraldo Vandré, uma canção interrompida**, p.107.
[717] *Ibidem*, p. 130.
[718] MOTTA, Nelson. **Noites Tropicais**. Rio de Janeiro: Objetiva, 2000, p. 176.
[719] SANTOS, José Fernando dos. **Vandré, o homem que disse não**, p. 117.

O resultado do festival foi muito controvertido, sendo os vencedores Chico Buarque de Hollanda e Tom Jobim, com a canção "Sabiá". A reação do público foi imediata, envolvendo com vaias pesadas todo o ambiente do festival. Foi uma decisão muito difícil para o júri, que contava entre os seus membros Ziraldo e Billy Branco. Os dois deram 10 para a canção de Vandré, mas Billy reconheceu que a música de Jobim era simplesmente perfeita[720]. O interessante nisso tudo é que Vandré, diante do ocorrido, se colocou em defesa de Chico Buarque e Tom Jobim, dizendo na ocasião:

> Gente, sabe o que eu acho ? ... Antonio Carlos Jobim e Chico Buarque de Hollanda merecem o nosso respeito... A nossa função é fazer canções. A função de julgar, nesse instante, é do júri que ali está. Olha, tem mais uma coisa só. A vida não se resume a festivais[721].

Os críticos musicais entendem que a canção de Vandré tinha uma íntima relação com a passeata dos 100 mil, pois foi composta cinco dias depois desse evento que marcou a história do país, em 26 de junho de 1968. Do alto de um edifício, na Cinelândia, Vandré pôde observar a passeata, e dali nasceu a inspiração decisiva para a canção. Ela veio a se tornar, em seguida, o hino da esquerda brasileira, até os dias de hoje. Diversos críticos e personagens se posicionaram favoravelmente à canção, entre os quais Millor Fernandes, Fernando Sabino e Rubem Braga. Sua gravação foi proibida pela censura, e a música só recebeu nova gravação com Simone, em 1979.

Antes de partir para o exílio, quando teve o apoio de vários personagens, entre os quais a viúva de Guimarães Rosa, Dona Aracy Rosa, Vandré ainda compôs uma canção derradeira, que foi gravada posteriormente por Geraldo Azevedo. Seu nome é "Canção de Despedida", composta na casa de uma ex-namorada de Vandré, a modelo Mariza Urban. Trata-se de uma canção maravilhosa, cheia de simbolismos políticos:

Já vou embora

Mas sei que vou voltar

Amor, não chora

Se eu volto, é pra ficar

Amor, não chora

Que a hora é de deixar

---

[720] NUZZI, Vitor. **Geraldo Vandré, uma canção interrompida**, p. 171.
[721] SANTOS, José Fernando dos. **Vandré, o homem que disse não**, p.22.

O amor de agora
Pra sempre ele ficar

Eu quis ficar aqui
Mas não podia
O meu caminho a ti
Não conduzia

Um Rei mal coroado
Não queria o amor em seu reinado
Pois sabia, não ia ser amado

Amor, não chora
Eu volto um dia
O Rei velho e cansado já morria
Perdido em seu reinado, sem Maria
Quando eu me despedia
E no meu canto lhe dizia

Já vou embora
Mas sei que vou voltar
Amor, amor, não chora
Se eu volto, é pra ficar

Amor, não chora
Que a hora é de deixar
O amor de agora
Pra sempre, sempre ele ficar [...].

Vandré ainda permaneceu no país, como clandestino, até 16 de fevereiro de 1969, quando conseguiu deixar o Brasil pela fronteira do Uruguai, depois se estabelecendo por um tempo no Chile. Em todo esse período da clandestinidade, Vandré foi tomado por medo intenso de ser preso. Suas últimas apresentações foram feitas no final de 1968 com o Quarteto Livre, composto com a presenças de Nelson Angelo (violão), Franklin da Flauta, Naná Vasconcellos e Geraldo Azevedo. Em suas duas últimas apresentações, já estava envolvido por medo incontrolável da repressão[722].

O LP *Das Terras de Benvirá* – 1973

Já no exílio, em sua estadia no Chile, Geraldo Vandré grava o LP *Das Terras de Benvirá*. Foi um tempo extremamente duro para ele, tendo passado por muitas dificuldades de sobrevivência. Foi tomado pela depressão, numa situação psicológica muito difícil, tendo que recorrer a medicamentos e tratamentos pesados para lidar com a dor do exílio. Algo que também se esgarçava com a presença das drogas.

Tudo isso se somava com o aperto financeiro. Passou por vários países, como Chile, Alemanha, Áustria, Bulgária, Grécia e Iugoslávia. Muitas vezes, cantava e tocava em troca de hospedagem e comida[723]. No campo amoroso, também passou por experiências diversificadas, sem encontrar o pouso afetivo que necessitava.

As gravações do LP foram realizadas na França, e Vandré veio acompanhado por outros três músicos: Murilo Alencar, Marcelo Melo[724] e Francisco Xosé Peña Villar. Como relata Marcelo, as gravações foram realizadas em clima de muito improviso. Vandré marca sua presença, expressando sua dor, com incursões pontuadas por choro e lamento. Não havia muita preocupação técnica nas gravações, privilegiando-se o clima do momento e a emoção dos personagens[725].

O resultado, porém, foi precioso. Considero abençoados os que conseguiram adquirir o LP produzido depois no Brasil, em 1973, pela Phonogran. É de uma beleza única. Destaco o lirismo de algumas canções, em particular: "Na Terra Como no Céu", "Das Terras de Benvirá", "Canção Primeira" e "Maria Memória de Minha Canção"– todas de Vandré. Na França, o disco saiu como um compacto: *La Passion Brésilienne*.

---

[722] *Ibidem*, p. 134-136.
[723] *Ibidem*, p. 154.
[724] Marcelo Melo criará o Quinteto Violado no início de 1970.
[725] NUZZI, Vitor. **Geraldo Vandré, uma canção interrompida**, p. 246.

A primeira canção do disco, "Na Terra como no Céu", faz parte da *Paixão segundo Cristino*, que também foi encenada na França, em 22 de março de 1970, na Igreja de Saint-Germains-des-Prés, em Paris. Destaco ainda a beleza lírica da "Canção Primeira", que fala de forma sensível e preciosa sobre o desejo do retorno à pátria amada, identificada como a grande amiga:

> Compreende amiga
> que eu não marque ainda
> quando te encontrar
>
> Que eu faça cumprida,
> tanto quanto a vida
> que foi só cantar
>
> Dessa história antiga,
> às vezes cantiga
> pra eu poder contar
>
> De ti companheira,
> tu de corpo inteira
> como eu pude amar
>
> E perdoa amiga,
> que eu não vá correndo
> hoje te abraçar
>
> Nem cortar caminho,
> nessa caminhada
> que é pra te encontrar
>
> Que eu guarde a esperança,
> que vem vindo o dia
> de poder voltar

Sem ter na chegada,
que morrer amada,
ou de amor matar.

No exílio, contou com o apoio de amigos queridos, como Thiago de Mello e seu filho Manduka, no período em que esteve no Chile. Dentre os amores do exílio, elenco sua namorada chilena e depois esposa, Bélgica; e sua namorada Ana Clara, socióloga brasileira, que viveu com ele até seu retorno ao Brasil, em 17 de julho de 1973. Ana Clara chegou a organizar, junto a Matias Pizarro, músico chileno, um livro com os poemas de Vandré: *Cantos intermediários de Benvirá*[726].

Ainda no exílio, outra bela composição de Vandré, "Pátria amada, idolatrada, salve salve". A canção era parceria de Vandré com Manduka, filho de Thiago de Mello. Trata-se de composição de grande lirismo, falando de seu amor ao Brasil:

Se é pra dizer adeus
Pra não te ver jamais
Eu, que dos filhos teus
Fui te querer demais
No verso que hoje chora
Pra te fazer capaz
Da dor que me devora
Quero dizer-te mais
Que além de adeus agora
Eu te prometo em paz
Levar comigo afora
O amor demais

Amado meu
Sempre será
Quem me guardou

---

[726] SANTOS, José Fernando dos. **Vandré, o homem que disse não**, p. 163.

No seu cantar
Quem me levou
Além do céu
Além dos seus
E além do mais
Amado meu,
Que além de mim se dá
Não se perdeu
E nem se perderá.

A canção conseguiu o Grande Prêmio do Festival da Canção Popular Latino-Americana, junto de outra canção chilena. O festival foi realizado no Peru, e a canção de Vandré foi interpretada pela cantora venezuelana Soledad Bravo e Alexandre Manuel Thiago, o Manduka.

O retorno ao Brasil

Em seu retorno ao Brasil, Vandré expressava grande tristeza, já estampada em seu rosto durante o voo. O envelhecimento do cantor e compositor estava igualmente estampado no corpo enfraquecido. O Brasil que recebe Vandré não é o mesmo de quando saiu, em 1969. Vivia, então, um momento distinto, de grande euforia e ufanismo.

As forças da repressão sentiam-se vitoriosas com a derrocada da guerrilha no Araguaia, cujos últimos vestígios foram eliminados em 1974. Foi quando, então, se deu a triste e famosa retratação de Vandré, por exigência dos militares, em horário nobre do Jornal Nacional, naquela fatídica noite de 18 de agosto de 1973. Ele talvez esperasse uma outra recepção dos artistas brasileiros. Não foi o que ocorreu. Depois de seu depoimento do Jornal Nacional, alguns artistas o evitavam, como João Bosco, Elis Regina e César Camargo Mariano, como descrito no livro de Jorge Fernando dos Santos[727].

Vandré continua vivo, mas recolhido. Quase não temos notícia de seu paradeiro. Foram poucas e raras suas incursões públicas depois de seu retorno. Inúmeras controvérsias existem sobre o seu comportamento, paradeiro ou

---
[727] *Ibidem*, p. 181.

posicionamento artístico e político. Imagino que a verdade sobre o período que cobre o seu retorno ao Brasil possa um dia ser esclarecida com isenção de ânimos. O mais importante é que sua música permanece entre nós, ainda para ser descoberta em todo o seu valor e sua importância.

A ARTE DE HERALDO DO MONTE

Estudei música por puro amor,
acho que ela é uma espécie de deusa
que escolhe pessoas e as escraviza com sua beleza

(Heraldo do Monte)

Fiz a leitura atenta e cuidadosa do livro de Heraldo do Monte: *Brasil de dentro – as cordas livres de Heraldo do monte*. O texto do livro está primoroso, depois seguem as partituras. Baseio-me aqui na linda e singular introdução ao livro, escrita por Budi Garcia, intitulada: "Dedilhando as cordas"[728].

É impressionante ler sobre esse músico, dos mais finos instrumentistas que o Brasil já conheceu. Ele estudou 10 anos de clarinete. Sozinho, estudou também violão, cavaquinho e bandolim. Vai se lançar depois como um dos maiores intérpretes na viola. O que mais se destaca nele é a capacidade incrível de improviso.

Um músico "que pensa fora da caixa", se comparado a outros guitarristas. Como diz Airto Moreira, "ele tocava jazz muito bem, tinha aquele som aveludado e ele tocava música brasileira também... qualquer tipo de música [...]. O Heraldo, além de tocar guitarra e violão, tocava também viola captar, de dez cordas"[729]. Para Hermeto Paschoal, "Heraldo é um dos músicos mais completos do mundo". Na visão de Hermeto, Heraldo é um virtuose que marca presença não só no violão, mas também na guitarra, no cavaquinho e no bandolim. Ele é mestre em "tudo o que é instrumento de corda"[730].

Seu encontro com Geraldo Vandré foi decisivo. Foi contratado por ele para acompanhá-lo junto de outros dois grandes músicos: Airto Moreira (percussão) e Theo de Barros (violão). Era o Trio Novo. Eles saíram juntos em viagens para um trabalho com a Rhodia. Foi mais ou menos nessa ocasião que saiu o clássico disco de Vandré, *Cinco anos de canção* (Som Maior).

---

[728] NASCIMENTO, Hermilson Garcia do. **As cordas livres de Heraldo do Monte.** São Paulo: Instituto Sarê / Contraponto, 2020. A introdução é de Budi Garcia, com contribuições de: Zuza Homem de Mello, Hermeto Paschoal, Airto Moreira, Theo de Barros, Eduardo Gudin, Zuza Homem de Mello e outros.

[729] *Ibidem*, p. 42.

[730] *Ibidem*, p. 47.

Com a integração de Hermeto Paschoal, formou-se o Quarteto Novo, um dos mais espetaculares, criativos e geniais conjuntos músicas que o Brasil conheceu. O grupo vai trabalhar com Geraldo Vandré, que sempre percebeu o enorme talento do conjunto. O Quarteto foi muito ajudado e incentivado por Vandré.

A princípio, Heraldo não queria tocar viola, algo que nunca lhe passou pela cabeça. Era preconceito mesmo de um músico urbano como ele. Atuaram com Vandré no programa Disparada, na TV Record, até julho de 1967, quando a programação se encerrou.

O Quarteto Novo, incentivado por Vandré, lançou um dos discos mais preciosos da música instrumental brasileira, em novembro de 1967, depois III Festival da Música Popular, exibido pela TV Record, que teve como vitoriosa a canção Ponteio, com a presença do Quarteto acompanhando Maria Medalha.

A presença do Quarteto Novo nos festivais de música foi marcante, no acompanhamento de Vandré ("Disparada" e "Ventania"); Edu Lobo ("Ponteio"); e, depois ainda, a canção "O violeiro" (de Homero Moutinho Filho), defendida por Jair Rodrigues no I Festival de Música Popular Brasileira. Na canção "Ponteio", Heraldo tem uma participação singular, colaborando para a grande performance do refrão: "Quem me dera agora eu tivesse a viola pra cantar". E a viola de Heraldo cantou vibrante. De repente, ele passou a ser reconhecido como grande violeiro e teve o papel fundamental de quebrar um bloqueio da presença da viola na música instrumental: "A 'intelligentzia' (como diz Heraldo, com certa ironia) agora teria que aceitar que a viola é capaz de estar nos melhores palcos da nossa música instrumental, de tocar coisas antes impensadas ao instrumento"[731].

Tinha a viola de Heraldo e a maravilhoso queixada de burro do Airto Moreira, um verdadeiro achado; bem como a maravilhosa flauta de Hermeto Paschoal, que começou a usar esse instrumento na ocasião da formação do Quarteto.

Como assinala Budi Garcia, na introdução do livro:

> [...] o projeto do Quarteto Novo concentrava-se mais na criação de uma linguagem de improvisação brasileira, em oposição às improvisações características dos conjuntos de Bossa Nova, nas quais se notava uma tendência ao emprego sistemático daquilo que Heraldo se refere como Bebop.[732]

---
[731] *Ibidem*, p. 50.
[732] *Ibidem*, p. 50.

O único disco do Quarteto Novo tem como marca singular a potencialidade da improvisação. É o marco do disco, um caráter mesmo inovador, com a presença da "improvisação brasileira com elementos nordestinos".

O autor da introdução lembra a presença do "Ahhh!" de Vandré, ao fundo, durante a faixa "O ovo". No disco, comparecem músicas de Vandré: "Fica mal com Deus", "Canto Geral" e "Canta Maria". Também de Vandré no disco, a parceria com Airto Moreira em "Misturada". Uma das músicas presentes no disco, Vandré também já tinha gravado em seu primeiro disco, em 1963: "Vim de Santana" (Theo de Barros).

Sem dúvida, "o disco é uma obra prima". E realça Budi Garcia:

> Todos ali estão radiando. Hermeto está inacreditavelmente fluente à flauta, instrumento que ele vinha tocando há pouco tempo na ocasião daquele disco. Prova de sua enorme capacidade. Ele não só faz o uso convencional do instrumento - que já tem aquele timbre tradicional mágico, podendo ser delicado ou selvagem - como lança mão de recursos de expansão desse som clássico, com o uso de técnicas labiais alternativas e a própria voz emitida em conjunto com o som da flauta[733].

Os outros também brilharam, desde Theo de Barros, com seu violão harmonioso, também convincente ao contrabaixo a Airto Moreira, num equilibrado uso da bateria e da percussão, que depois ganhará um reconhecimento internacional, e Heraldo do Monte, "reinventando a viola, dando forma a uma guitarra brasileira, iluminando o som do grupo com os raios ensolarados de seu nordeste"[734].

Heraldo do Monte revelou-se um grande e influente violeiro. Assumiu com garbo a tarefa de inserir a viola na música instrumental brasileira: "Com o seu trabalho no Quarteto Novo houve um instantâneo enobrecimento da viola, como instrumento capaz de tocar coisas diferentes das costumeiras, que naquele contexto cada vez mais ganhavam valor simbólico"[735].

Heraldo sinaliza que algo que o fascina na música do Nordeste, em especial em Pernambuco, é a influência moura: "essa influência está presente no canto, na emissão de voz, dos repentistas e nos apoios"[736].

Na visão de Budi Garcia, "além do brilho individual do músico, há toda uma trama de sons, ritmos e texturas que fazem do trabalho uma

---

[733] *Ibidem*, p. 51.
[734] *Ibidem*, p. 51.
[735] *Ibidem*, p. 50.
[736] *Ibidem*, p, 51.

notável realização". O disco deu "uma chacoalhada no cenário da MPB e ecoou além-mar".

Era uma música:

> [...] que ia ao encontro dos anseios mais profundos de transformação que o espírito da época pedia, em relação à cultura brasileira, mas numa direção bem diferente daquela tomada pela Tropicália empreendida por Caetano Veloso e Gilberto Gil". O Quarteto buscava o ritmo brasileiro mais profundo, despindo-se de toda roupagem jazz, "para atingir os rincões da expressão mais radicalmente nossa que podia haver naquele momento"[737].

Como bem definiu Budi Garcia, o Quarteto Novo, com seu disco, "tornou-se uma espécie de 'chancela' da sonoridade de um Brasil 'de dentro', que veio inspirar a quem dela quisesse fazer uso, na época e mesmo depois".

Ficou conhecida a viagem que o Quarteto Novo fez à França, em 1967, junto de Edu Lobo e Nara Leão. O nome do espetáculo já dizia tudo: *Uma noite no Rio*. A repercussão foi singular, tendo no público figuras públicas como Brigitte Bardot, Sacha Distel e Bob Timons.

O grupo depois se dissolve. Em 1968, no disco de Geraldo Vandré, *Canto Geral*, já não constava a presença do Quarteto Novo. Conforme indica Budi Garcia, Vandré "pode ter se chateado um bocado com os últimos acontecimentos: o grupo acompanhar Edu Lobo no Festival e este vencer, de fazerem com ele o show na França, êxitos esses que o próprio Vandré bem quisesse ter alcançado em companhia do Quarteto"[738].

Airto Moreira seguirá carreira nos Estados Unidos, seguido depois por Hermeto Paschoal. Heraldo do Monte ficou no Brasil, tendo recusado diversos convites para trabalhar no exterior; também ficou Theo de Barros. Cada um, porém, seguiu o seu caminho particular.

Heraldo do Monte se firmou na carreira solo, com vários discos importantes, entre os quais: *O violão de Heraldo do Monte* (1970); *Heraldo do Monte* (1980); *Cordas Vivas* (1983); *Cordas Mágicas* (1986); Viola Nordestina (2000); *Guitarra Brasileira* (2004); *Heraldo do Monte* (2016 – pela Biscoito Fino).

Vale citar aqui o belo disco infantil de Heraldo do Monte: *MPBaby - Moda de viola*, com lindas interpretações voltadas para as crianças, de "Meu limão, meu limoeiro", "Viola enluarada" e "Trenzinho caipira". Na gravação, ele utiliza sua viola de 12 cordas, presenteada por Ivan Vilela.

---

[737] *Ibidem*, p. 53.
[738] *Ibidem*, p. 54.

Merecem destaque: sua participação com o Zimbo Trio, em particular no disco Tudo Bem; sua presença nos festivais de jazz em São Paulo (quando então firma sua amizade com o guitarrista Joe Pass); suas gravações na Eldorado, sua colaboração no espetáculo Consertão, que depois se transformou em disco (com Elomar e Arthur Moreira Lima). E ainda a colaboração bonita com Dominguinhos, sobretudo depois de 1990, "nos quais gravaram discos juntos, foram premiados, viajaram muito o Brasil e aproximaram-se ainda mais como músicos amigos que foram"[739].

Heraldo do Monte se firma, então, como músico consagrado no Brasil. Diz que, desde o Quarteto Novo, "nunca mudou de direção", entranhando-se na nervura da música popular brasileira. Ele é não só músico, mas tem um "lado caboclo" e igualmente um "lado inquieto, elétrico", fruto de sua paixão pela guitarra, seu principal instrumento. Foi "das cordas de sua guitarra que tirou o sustento da família, mas também o seu maior patrimônio. Em verdade todas as tantas cordas que toca, cordas vivas, mágicas, livres".

---

[739] *Ibidem*, p. 82.

O CANTO MUTANTE QUE ENCANTOU O BRASIL

Introdução

Um dos singulares estudiosos dos Mutantes no Brasil, o professor Eduardo Losso, indicou com pertinência que essa banda, tão especial para nós aqui dos trópicos, traduz algo de particularmente excepcional no roque brasileiro, e mesmo mundial, dando um colorido tropicalista único ao campo da música popular brasileira. Revela que, em particular, os três primeiros LPs do trio constituem "um feito único num país periférico"[740].

Suas palavras são elogiosas, e seu trabalho técnico na análise das canções dos primeiros álbuns da banda, e em particular do segundo, é pioneiro. Tem razão quando diz que o trio constitui "o melhor e o mais reconhecido grupo de roque brasileiro no mundo". Ele sublinha ainda que, infelizmente, são ainda raros os estudos especializados no Brasil dedicados à reflexão sobre o trabalho criativo e inaugural dos mutantes.

Não é minha pretensão aqui exercer essa tarefa, mas, ao menos, buscar irradiar minha reflexão particular, com base nas leituras realizadas, e sublinhar a riqueza do trabalho feito pelos Mutantes em prol da música brasileira.

No clima da tropicália

Em análise preciosa sobre o trabalho musical de Arnaldo Batista, Francisco Bosco pontua que os Mutantes nasceram no clima propício de tropicália, com muitos traços em comum, mas trazendo peculiaridades que são também distintas e significativas. Ele nos mostra que "o desígnio tropicalista era, portanto amplo, complexo, crítico e em larga medida consciente. Tudo isso o diferenciava tanto da jovem guarda quanto dos Mutantes"[741]. Segundo Bosco, dentre os traços que diferenciam os Mutantes, está "o princípio paródico". Não há sinais de intelectualismo ou reflexão propriamente crítica nas canções do trio, mas a anarquia e a irreverência. Como indicou Bosco, o trio não buscava "transformar a realidade", mas descontextualizar

---

[740] Disponível em: https://www.ihu.unisinos.br/categorias/614229-a-peregrinacao-artistica-de-um-tropicalismo-psicodelico-para-uma-analise-do-lp-mutantes-de-1969-artigo-de-eduardo-guerreiro-b-losso

[741] Francisco Bosco. **E livre será esse infortúnio**. Rio de Janeiro: Azougue, 2010, p. 131 (Canções da inocência e da experiência),

seus elementos, transformando a realidade desde dentro, com os toques de inocência e infância. Se há que falar em presença na realidade, ela se dá sem aderência ou resistência, e forma peculiar, com leveza e um jeito particular e lúdico de anarquismo[742].

Para entender os Mutantes, faz-se necessário situá-los no contexto da tropicália. A peculiaridade da tropicália, em meados do final da década de 1960, era trazer uma palavra nova, mas também capaz de recuperar traços diversificados com uma estética toda particular. Os ideais revolucionários estavam em processo de crise, e o tropicalismo revelou novas possibilidades, de uma abertura novidadeira. Os tropicalistas "aproximavam uma leveza engraçada vinda da cultura popular de uma sofisticação grave da poética nobre. Nisso, afrontam a hierarquia de valores bem assentados na sociedade"[743]. Traziam igualmente uma estética inovadora com recurso a "outras dicções" e outras roupagens, que incluíam a sátira, o humor e a ironia. A diversidade se fazia notar, inclusive, nas capas dos LPs, com a irreverência apresentada pelos álbuns dos Mutantes, bem diversa da estética de um João Gilberto, por exemplo[744].

Os tropicalistas recuperavam, a seu modo, o ideal antropofágico, sem maiores pudores de aproveitar e devorar o mundo da diversidade. Como indica Pedro Duarte, eles "citariam a Coca-Cola em suas letras, aceitariam o ritmo do rock e importariam seus instrumentos para a música popular brasileira"[745]. Trata-se de uma "antropofagia de tom romântico", que, inclusive, não reprime, em suas letras e em sua estética, os componentes da sociedade de consumo.

No LP *Tropicália*, de 1968, no mesmo ano em que saía o LP de Geraldo Vandré, com sua música de protesto ("Canto Geral"), é expressão viva de um novo momento, com destaque para duas canções: "Panis et circenses", de Caetano Veloso, e "Geleia geral", com música de Gilberto Gil e letra de Torquato Neto. Na letra, o projeto nascente vinha desfraldado:

> Um poeta desfolha a bandeira
> E a manhã tropical se inicia
> Resplendente, cadente, fagueira

---

[742] *Ibidem*, p. 133-134.
[743] Pedro Duarte. **Tropicália ou Panis et Circences**. O livro do disco. Rio de Janeiro: Cobogó, 2018, p. 105.
[744] *Ibidem*, p. 103.
[745] *Ibidem*, p. 124.

Num calor girassol com alegria
Na geleia geral brasileira
Que o jornal do Brasil anuncia [...]⁷⁴⁶.

"Geleia Geral" se tornou, em verdade, uma "canção manifesto", o hino mais singular da tropicália, com o vivo elogio à cultura brasileira, com seus traços híbridos e múltiplos. Trazia ainda consigo uma dimensão de reação crítica a um tempo de repressão. A expressão "Geleia Geral" teve sua origem num verso de Décio Pignatari. Podemos ainda citar a canção "Bat Macumba", no mesmo LP mencionado, com seu traço de deboche[747].

Com o tempo, os Mutantes vão se descolando da tropicália e traçando um rumo particular. Como aponta Dirceu Soares, em artigo publicado na revista *Realidade*, de junho de 1969, os Mutantes acabaram abandonando os baianos, buscando um caminho próprio, com suas canções e seus arranjos específicos. Os irmãos Arnaldo e Sérgio, junto de Rita Lee, apostaram num caminho alternativo e ousado, num desafio de comporem nos fins de semana músicas de um repertório diverso[748]. E assim ocorreu.

A formação dos Mutantes

Nascidos numa família de pais liberais, os irmãos Arnaldo, Sérgio e Cláudio César Baptista moravam num casarão no bairro da Pompéia, em São Paulo, um espaço de muita vida musical. Eles nasceram no final da década de 1940 e inícios de 1950: Cláudio Cesar Dias Baptista, em 06 de maio de 1945, Arnaldo Baptista, em 06 de julho de 1948, Sérgio Dias Baptista, em 01 de dezembro de 1951. Cláudio Cesar vai ser conhecido como o quarto mutante, em razão de seu trabalho na construção dos instrumentos elétricos utilizados pela banda. Os meninos, que já tocavam guitarra desde adolescentes, eram amigos de Rita Lee, nascida em 31 de dezembro de 1947. Era também uma menina com vocação musical, herdando de sua mãe a ligação com a música, e do pai, dentista, a afeição pela música sertaneja.

A primeira experiência musical dos garotos ocorreu no The Tunders (Os Trovões), e tocavam em festinhas de colégios e em igrejas do bairro de

---

[746] Carlos Renó. (org.). **Gilberto Gil. Todas as letras**. São Paulo: Companhia das Letras, 2003, p. 105.

[747] Carlos Calado. **A divina comédia dos Mutantes**. Rio de Janeiro: Editora 34, 1995, p. 144.

[748] Dirceu Soares. O mutantes são demais. *In:* Fred d'Orey; Sérgio Cohn; Frederico Coelho (org.). **Tropicália**. Rio de Janeiro: Azougue, 2008, p. 203. (Série Encontros).

Pompeia. Um passo importante na experiência musical dos irmãos foi o impacto causado pela primeira audição dos Beatles, em 1964. Se antes eram admiradores dos Ventures e dos Shadows, tornaram-se, rapidamente, fiéis admiradores da banda inglesa: "Agora deparavam-se com quatro inglesinhos que queriam mudar tudo, até os cabelos, numa época em que o corte oficial de cabelo era o americano (bem raspado atrás, quase como o dos militares) [...]. O twist instrumental estava com seus dias contados"[749].

A primeira audição dos Beatles causou perplexidade, mas logo em seguida veio uma admiração profunda, e os irmãos logo aderiram à "nova onda". A paixão de Arnaldo era pelo baixo, e de Sérgio, pela guitarra. O apreço de Rita Lee era pela bateria, rompendo com o desejo de seus pais para que ela se dedicasse ao piano. Desde cedo rebelde, Rita Lee fugia pela janela de sua casa para tocar bateria e banjo com os amigos de Vila Mariana, em São Paulo. Ela chegou a estudar com Magdalena Tagliaferro, mas não foi adiante. O encontro entre Arnaldo e Rita Lee ocorreu em 1964, no Teatro João Caetano. Rita Lee era, na ocasião, vocalista do Teenage Singers, e ele, baixista do The Wooden Faces. Dali nasceu uma amizade duradoura, e juntos integraram uma nova banda de rock, Six Sided Rockers, que chegou a se apresentar na TV Record, com músicas covers, em programas como a Jovem Guarda. As canções dos Beatles fazia parte do repertório central do grupo[750].

No ano de 1966, a banda ganha um novo nome, O'Seis, chegando a gravar um compacto. Nessa ocasião, Arnaldo e Rita Lee começaram a namorar[751]. Depois de dissolvido o grupo é que nasceu o nome de Mutantes, sugerido pelo cantor Ronnie Von, e assim se apresentaram no tradicional programa do cantor na TV Record, em 15 de outubro de 1966, revelando-se como a grande novidade do programa. Na ocasião, já era um trio, formado pelos irmãos Arnaldo e Cesar, acompanhados por Rita Lee. Foi a partir desse programa que o grupo foi ganhando visibilidade, sendo convidado para participações em outros programas da emissora, entre os quais o de Hebe Camargo[752]. O casarão na Pompeia torna-se o espaço dos ensaios do grupo, para o desconforto da vizinhança, em razão do alto volume nos ensaios do

---

[749] Carlos Calado. **A divina comédia dos Mutantes**, p. 40.
[750] Chris Fuscaldo. **Discobiografia Mutante**. Álbuns que revolucionaram a música brasileira. 2 ed. Rio de Janeiro: Garota FM Books, 2020, p. 24.
[751] Apesar dos inúmeros entreveros que marcaram a relação entre os dois, eles acabaram casando-se em 30 de dezembro de 1971.
[752] Carlos Calado. **A divina comédia dos Mutantes**, p. 84-89.

grupo, que ocorriam muitas vezes num estúdio de Claudio Cesar, localizado no fundo do quintal, espaço onde ele fabricava instrumentos musicais.

Foi nesse contexto de sucesso do grupo que veio o convite de Gilberto Gil para que o grupo o acompanhasse numa canção que concorria no III Festival da Música Popular Brasileira. O título da canção era "Bom dia", de autoria do próprio Gil. Os Mutantes começaram a frequentar, já no início de 1968, os encontros musicais em apartamento no Hotel Danúbio, com a turma da tropicália. Em encontros que reuniam Gil, Caetano Veloso, Torquato Neto, Tom Zé, Gal Costa e o maestro Rogério Duprat, os Mutantes passaram a se sentir à vontade.

Algo de relevante começava a surgir daqueles encontros: "Espalhados pelo sofá, ou sentados no chão em volta de uma mesinha retangular, uns mostravam para os outros suas últimas canções, tocavam, cantavam, ofereciam e recebiam palpite, discutiam e planejavam seus próximos passos musicais"[753]. Havia um desnível de idade entre os jovens dos Mutantes e a turma mais velha da tropicália, que era também cultural, mas isso não importava muito. Os baianos foram tomados pela "vivacidade adolescente e a alegria iconoclasta dos Mutantes", que acionavam neles ideias diversificadas. O maestro Duprat também se encantou com a "maluquice musical" do trio mutante, e vínculos importantes foram criados a partir de então, com participação do grupo em gravações organizadas pelo maestro[754]. Desses primeiros encontros do trio com a turma da tropicália, é que nasceu o convite para a participação nos festivais da MPB.

A presença dos Mutantes nos festivais

O maestro Rogério Duprat, que já vinha de experiência com música eletrônica, firmou uma bonita amizade com Gilberto Gil, e tornaram-se parceiros. Ele teve a intuição profunda de que o encontro de Gil com os Mutantes abria horizontes novidadeiros. Foi algo que ele sentiu como revigorante[755]. Foi assim que nasceu o convite de Gil para que o trio o acompanhasse no III Festival da Record, em 1967, quando interpretou a canção "Domingo no Parque", de sua autoria. Ocorreram vaias no início da apresentação de Gil, mas o baiano foi conquistando aos poucos, ao longo do desenvolvimento

---

[753] *Ibidem*, p. 113.
[754] *Ibidem*, p. 118.
[755] *Ibidem*, p. 103.

da apresentação[756]. Foi uma canção que deslumbrou os jurados. Ela ficou em segundo lugar, sendo ultrapassada por "Ponteio", de Edu Lobo, que veio acompanhada pelo Quarteto Novo.

No livro de Renato Terra e Ricardo Calil, que aborda o grande acontecimento que foi o Festival da Record, em 1967, há o reconhecimento de que a apresentação de Gilberto Gil foi "gloriosa em todos os aspectos". O arranjo de Rogério Duprat foi fantástico, recorrendo a ideias que vinham das orquestrações dos Beatles e a conjunções impensáveis na ocasião, como o berimbau e a guitarra elétrica, mas igualmente a estética que acompanhou o visual dos músicos e de Gil[757]. A canção de Gil era um "baião muito bem elaborado, com determinados aspectos, com determinadas mudanças, achados, encaminhamentos da melodia"[758]. Foi algo, assim, espetacular e uma apresentação única.

Há uma cena curiosa que envolve os Mutantes no III Festival Internacional da Canção (FIC), no ano seguinte, em 1968, quando a *performance* do trio, com suas distorções sonoras e os ruídos no início da canção interpretada por Caetano Veloso, "É proibido proibir", recebeu uma tremenda vaia do público, e um segmento da plateia virou as costas para o cantor. A atitude provocou, por sua vez, uma reação irreverente dos Mutantes, que acompanhavam o cantor, que viraram de costas para o público. Na sequência, ocorreu o clássico discurso de protesto de Caetano Veloso, quando disse: "Mas é isso que a juventude que diz que quer tomar o poder? [...]. Se vocês, em política, forem como são em estética, estamos feitos!"[759].

Em suas participações em festivais, os Mutantes chegaram a apresentar uma canção, "Caminhante noturno", de autoria de Arnaldo Baptista e Rita Lee, no mesmo FIC, de 1968, alcançando o sexto lugar, com a surpresa do prêmio de melhor interpretação no Festival[760]. Com singularidade, a presença de Rita Lee no palco com um vestido de noiva usado por Leila Diniz numa novela na novela da Globo, "O Sheik de Agadir". Ela conseguiu por empréstimo, mas nunca devolveu. No artigo já mencionado de Dirceu Soares, em livro sobre a tropicália, ele comenta que, quando os Mutantes foram à França, em Cannes, e apresentaram essa canção, a crítica elogiou muito a

---

[756] Foi algo semelhante ao que ocorreu com Caetano Veloso, na apresentação da música "Alegria, Alegria", no mesmo festival, que também começou sendo vaiado e, aos poucos, conquistou o público, sendo ovacionado no final.
[757] Renato Terra & Ricardo Calil. **Uma noite em 67**. São Paulo: Planeta, 2013, p. 37.
[758] *Ibidem*, p. 37-38.
[759] *Ibidem*, p. 21.
[760] Carlos Calado. **A divina comédia dos Mutantes**, p. 139.

música, comparando-a com as preciosidades dos Beatles e do The Mamas and The Papa's, mas com "um jeito todo brasileiro de cantar"[761].

Pode-se ainda registrar a presença dos Mutantes no IV Festival de MPB da Record, em 1968, interpretando uma canção de parceria de Rita Lee com Tom Zé, ficando em quarto lugar. Os dois tinham-se conhecido nos clássicos encontros no Hotel Danúbio, naquele momento de gênese da tropicália. A música tinha como título "Astronauta Libertado" e depois foi nomeada como "2001", por sugestão de Guilherme Araújo. Era uma canção singular, que ganhou o apreço de Caetano e Gil, antes de sua apresentação oficial no festival[762].

Os álbuns dos Mutantes

Os Mutantes produziram sete LPs[763], a começar pelo primeiro, lançado em junho de 1968, que tinha como título *Os Mutantes*. Dentre as 11 músicas do LP, a presença de "Panis et Circences", "Baby", "A minha menina" e "Bat Macumba". No segundo LP, cujo título era *Mutantes*, estavam presentes outros clássicos como "Dom Quixote", "Não vá se perder por aí", "2001", "Banho de Lua" e "Caminhante Noturno". Foi um disco concebido em uma semana e meia, no final de 1968, o que é impressionante. Foi lançado em 1969. Na capa do LP, vemos Rita Lee com o famoso vestido de noiva de Leila Diniz. Como curiosidade da gravação desse segundo LP, a malandragem do trio ao final da música "Dom Quixote", em que Chacrinha vem citado, e um violino faz uma citação de "Disparada", em clara ironia a Geraldo Vandré. Na direção do disco, estava Manoel Barembein.

O terceiro LP, cujo título é *A Divina Comédia ou Ando Meio Desligado*, teve Arnaldo Sacomani na direção da produção, sendo lançado nos tempos difíceis da ditadura militar, em 1970. Na capa, uma foto impressionante de Arnaldo Batista saindo de um túmulo[764]. Dentre as canções, estão "Ando meio desligado", "Desculpe Baby", "Hey, boy", "Preciso urgentemente encontrar um amigo", "Haleluia". O grande destaque do álbum está presente na faixa-título, "Ando meio desligado", que traduz uma clara menção ao ritmo de experimentação psicodélica do período, que escapou imune do olhar crítico da censura. Na faixa 3, temos a canção "Ave, Lúcifer", de autoria de

---

[761] Dirceu Soares. **O mutantes são demais**, p. 211.
[762] Carlos Calado. **A divina comédia dos Mutantes**, p. 146-147.
[763] Foram sete LPs com a presença do trio original.
[764] Foto de Cenyra Arruda.

Arnaldo Batista e Rita Lee. É uma canção que fala no "éden infernal", com anjos e arcanjos, em flecha do selvagem, em serpente traiçoeira e o "Lúcifer da floresta". Essa canção veio analisada pormenorizadamente por Eduardo Losso, em artigo publicado na *Revista Cultura Brasileira Contemporânea*, da Fundação Biblioteca Nacional, em novembro de 2006[765]. Segundo Eduardo, a canção parece estar ambientada em estranho paraíso, com uma sonoridade que remete ao cinema ou à ópera, com feições impressionista e orientalizante. Na visão de Eduardo, é um tempo extremamente rico da banda, com arranjos singulares de Rogério Duprat e o vivo ecletismo do trio, "num de seus melhores momentos"[766].

No quarto álbum, *Jardim Elétrico*[767], é o momento em que o trio manifesta mais vivamente a sua ironia e seu deboche. Com produção de Arnaldo Batista e capa psicodélica de Alain Voss, o LP foi gravado em novembro de 1970 e lançado no mercado em março de 1971. Parte do disco foi gravada em estúdio francês, aproveitando a turnê feita pelo grupo no país europeu. A faixa de abertura, "Top top", já vem carregada de sarcasmo e irreverência. Tornou-se um grande sucesso, retomando uma metáfora utilizada pelo cartunista Henfil. O mesmo ocorre em outras composições, como "Tecnicolor", bem psicodélica, e "El Justiciero", em que o trio brinca com os heróis da esquerda latino-americana. Na faixa "Portugal de navio", há a sugestão de um palavrão: "E hoje eu vou te mandar pra Portugal de Navio".

No quinto álbum, *Mutantes e seus cometas no país do Baurets*, lançado em 1972, há uma homenagem a Tim Maia, que criou a expressão "Bauretz", num encontro com o trio em um show em Bauru, no estado de São Paulo. O grupo buscava descolar um baseado, e Tim Maia indagava: "Cadê o baurets de baurutuz?". O LP remete a tempos de boa convivência com o cantor carioca. O álbum foi produzido por Arnaldo Batista, com capa de Alain Voss. Dentre as canções: "Posso perder minha mulher, minha mãe, desde que eu tenha o rock and roll", "Vida de cachorro", "Rua Augusta", "Cantor de Mambo" e "Balada do Louco", uma das mais conhecidas e irradiadas, composta por Rita Lee e Arnaldo Baptista:

Dizem que sou louco
Por pensar assim

---

[765] Eduardo Guerreiro B. Losso. Elogio à megalomania pop: culto do eu e delírio auto-irônico na balada "Balada do Louco". **Cultura Brasileira Contemporânea**, Rio de Janeiro, Ano 1, n. 1, novembro de 2006, p. 76-79.
[766] *Ibidem*, p. 77.
[767] O mesmo título da canção da faixa 8.

Se eu sou muito louco
Por eu ser feliz
Mais louco é quem me diz
E não é feliz
Não é feliz [...]

Em análise preciosa da canção, Eduardo Losso indica que os autores da letra tiveram uma extrema "habilidade retórica" de trabalhar com o dado da imaginação. Mediante essa ferramenta da mente, as pessoas podem sentir-se poderosas diante dos donos do poder. É toda uma letra, confirma Eduardo, que sustenta a vitalidade da imaginação em derrubar muros e legitimar a possibilidade de uma vida não amarrada aos padrões burgueses. Na verdade, é uma canção que celebra o delírio da imaginação, uma "brincadeira hippie" que consagra a possibilidade de outro mundo, regido agora pela força da imaginação[768]. Essa crítica já estava vivamente presente na canção "Panis et circenses", do primeiro álbum, quando se procede a virulenta crítica às pessoas burguesas acomodadas na "sala de jantar", cuja ocupação precisa é "nascer e morrer".

O sétimo álbum, *Tecnicolor*, é de 1970, mas só foi lançado em 1999. Foi fruto de um achado do jornalista Carlos Calado, em entrevista feita com o artista plástico Antonio Peticov, na preparação de seu livro sobre os Mutantes. Soube que o artista tinha em seu poder a cópia de uma gravação da banda, provavelmente feita na Europa. O trabalho foi então lançado 29 anos depois, aproveitando o sucesso do grupo junto aos novos roqueiros internacionais. Foi com Antonio Peticov que o trio fez sua primeira experiência com o LSD. O álbum foi produzido por Carl Holmes, e o grupo agora contava com a presença de Liminha (Arnolpho Lima) e Dinho (Ronaldo Leme). O último álbum, *Mande um abraço pra velha*, de 2014, é uma coletânea do grupo, sendo quatro faixas do álbum do maestro Rogério Duprat, grande admirador da banda.

Mesmo sem a presença de Arnaldo e Rita Lee, o grupo ainda permaneceu em cena, com Sérgio Dias, Dinho e Arnolpho Lima (Liminha), e contou com uma nova presença: Túlio Mourão. Juntos, gravaram *Tudo foi feito pelo sol*, em 1974. O álbum alcançou a marca de 30 mil cópias. No ano anterior, os Mutantes tinham produzido o álbum *O A e o Z*, que só foi lançado em 1992.

---

[768] Eduardo Guerreiro B. Losso. **Elogio à megalomania pop...**, p. 79-82.

Como se pode perceber, os Mutantes alcançaram grande sucesso, com presença no cenário internacional. Bandas como a Red Kross e a L 17 manifestaram sua admiração pelo grupo; assim como grandes nomes do rock internacional, como Ken Stringfellow, vocalista dos Posies. Em sua visão, os Mutantes revelavam um sonoridade única, que irradia com criatividade sons que procedem de diversos lugares, com presença transformadora no rock psicodélico inglês e americano[769]. Outro grande admirador do grupo foi Kurt Cobain, do Nirvana, que se suicidou em 1994.

Assim como ocorreu com outras bandas de rock, os Mutantes também enfrentaram uma grave crise a partir de 1969. O ambiente vigente no grupo foi-se tornando cada vez mais insustentável, corroborado pelo abuso das drogas e brigas internas, que envolveram também a relação de Arnaldo Baptista e Rita Lee. Como mostrou Carlos Callado, "com o tempo, porém, o tom romântico do casal começou a desafinar"[770]. Os desdobramentos que se seguiram depois que o grupo resolveu morar na Serra da Cantareira foram bem problemáticos. Ali o grupo já estava "meio desligado" do tempo, envolvido com ufologia, astrologia, magia e ocultismo em geral, além do pesado ritmo das drogas[771]. Era o tormento que pagavam pela sede de uma liberdade absoluta e radical carência de limites. Como se realizasse o que estava previsto no álbum de 1970, os Mutantes começaram a se desligar, perdendo o contato com o chão. Como apontou Francisco Bosco, "começava ali uma passagem da infância, não à maturidade, mas a uma crescente evasão da realidade. Nas canções do grupo, o humor vai cedendo lugar a um misticismo lisérgico que se revela tanto nas letras quanto nas músicas"[772].

Os desentendimentos no grupo relacionavam-se, também, com a dificuldade de alcançar públicos maiores. A insatisfação de Rita Lee foi crescendo, a ponto de não mais conseguir permanecer com a banda. Dizia que estava cansada de ser "o John Anderson da banda", em clara referência ao cantor do Yes[773]. Rita passa a ser um peso para o grupo, e Arnaldo Baptista chega mesmo a sinalizar que ela não tinha mais lugar na banda[774]. Os interesses musicais não eram mais comuns, e a banda se inclinava cada vez mais na direção do rock progressivo. Essa talvez seja a razão mais plausível para a decisão de Rita deixar o grupo.

---

[769] Carlos Calado. **A divina comédia dos Mutantes**, p. 332.
[770] *Ibidem*, p. 212.
[771] *Ibidem*, p. 305.
[772] Francisco Bosco. **E livre será esse infortúnio**, p. 135.
[773] Carlos Calado. **A divina comédia dos Mutantes**, p. 290.
[774] *Ibidem*, p. 293. Era o que sinalizava na ocasião Rita Lee.

Rita Lee foi ficando cada vez mais frágil e deprimida, chegando mesmo a pensar em largar a música; por sua vez, Arnaldo, cada vez mais estranho, diferente e mais susceptível ao poder das drogas. Evidenciava-se que ele "não tinha estrutura psíquica para tomar LSD todos os dias", além de outras drogas, como a mescalina e cocaína[775]. Era "como os seus versos da 'Balada do Louco' tomassem forma, Arnaldo começou a acreditar que era um Deus"[776]. Rita percebia que Arnaldo não estava bem. Foi quando ela começou a se afastar dele, até a separação final. Num dos gestos estranhos de Arnaldo, ele leva para a Cantareira uma estátua de pedra, de um anjo de 1,5 metros de altura, provavelmente roubada de um cemitério paulista[777]. Rita Lee não deu conta de acompanhar toda essa "viagem" de Arnaldo.

A crise instaurada acabou provocando as saídas de Dinho e Liminha. Mesmo Sérgio Dias foi perdendo o ânimo, buscando novos caminhos musicais, até se instalar depois nos Estados Unidos. Sem nunca romper com o sonho de um reencontro da banda, Sérgio relata que o maior problema que marcou a vida dos Mutantes foi o "romance eterno e inacabado do Arnaldo e da Rita"[778].

Os caminhos de Rita Lee e Arnaldo Batista diversificaram-se. Ela buscou uma carreira solo, que se mostrou exitosa, a começar pelo disco *Build Up*, de 1970. Por sua vez, Arnaldo Batista se afundou numa melancolia, sobretudo após a separação de Rita Lee, em 1977. Daí em diante, a dor foi tomando o artista, a ponto de ele buscar uma saída definitiva em tentativa de suicídio ocorrida em 1982, quando tinha 33 anos, justamente no dia do aniversário de Rita Lee. O gesto radical provocou uma imensa dor na cantora[779], que já estava junto ao seu novo companheiro, Roberto de Carvalho. Mais tarde, no documentário *Loki*, de 1975, ele dirá que o que buscou não foi a morte, mas a fuga do hospital em que estava internado.

Do salto no escuro a uma nova infância

Depois da ruptura com Rita Lee, Arnaldo Baptista passou por vários momentos difíceis de depressão, com cinco internações hospitalares, sendo a última, no final de 1982, por iniciativa de sua mãe. O salto no escuro

---

[775] Ibidem, p. 307.
[776] Ibidem, p. 307.
[777] Ibidem, p. 309.
[778] Ibidem, p. 334.
[779] Ibidem, p. 15-16.

ocorreu no final do ano, justamente no aniversário de Rita Lee, no dia 31 de dezembro. Como disse Lobão no documentário *Loki*, Arnaldo, na verdade, "estava querendo fugir daquele tipo de coisa". Arnaldo mesmo comenta, no mesmo documentário:

> Eu me vi perdido na vida, internado 5 vezes. Então plenamente consciente e cansado de falar com os médicos, cansei disso e pensei: "Eu vou me ver livre. Me joguei da janela. Eu vi o réveillon e pensei: eu vou comemorar o aniversário de quem me internou pela primeira vez e me botou no arquivo médico. Então eu me joguei. Eu sabia que estava jogando o jogo mais alto que existe, a vida. E deu no que deu. E parece um milagre. De repente, eu acordei na cama de minha menina (Lucinha)".

Em razão de sua queda, Arnaldo teve um edema cerebral e outro pulmonar, além de inúmeras costelas fraturadas e lesões por todo o corpo[780]. Ele passou por um longo tratamento, que se iniciou a partir do coma. Perdeu cerca de 30 quilos em sua internação, saindo do hospital em cadeira de rodas, em 7 de maio de 1982. No hospital, contou com a preciosa ajuda de uma fã, Lucinha, que o acompanhava desde a época dos Mutantes. Sem poder contar com a ajuda da família, Arnaldo foi acolhido por Lucinha, que esteve junto dele durante todo o período de sua recuperação e depois o levou para Juiz de Fora, onde ainda residem, numa chácara um pouco afastada da cidade.

Antes do acidente, Arnaldo Baptista tinha dirigido e produzido um álbum que já estava para ser lançado naquele período. Era o *Singing Alone*, de 1982, com todas as músicas de autoria de Arnaldo Baptista. O álbum veio depois remasterizado, em 1995. Trata-se de um trabalho de grande beleza, mas também envolvido por uma dor profunda. Entre as canções, a "Balada do Louco"[781], "I Fell In Love One Day", "Train", "Corta-Jaca", "O Sol" e "Hoje de manhã eu acordei". Nessas duas últimas canções, deparamo-nos com letras de grande melancolia. Na letra de "O Sol", Arnaldo sinaliza sua vontade de "ver nascer o sol", "apoiado num céu genuíno, estrear no carnaval". Lamenta ainda a ausência de pessoas no seu quintal. A sede do sol retoma na canção "Hoje de manhã eu acordei", quando lança seu profundo anseio de ver o arco-íris.

Antes do álbum de 1982, Arnaldo Baptista fez uma viagem pela Europa, quando, então, nasceu a inspiração para fazer novas canções, que resultaram

---

[780] *Ibidem*, p. 15.
[781] A canção vem interpretada maravilhosamente, banhando com todo sentimento.

no álbum *Loki*, em 1975. O álbum inteiro foi gravado sob o efeito de LSD[782]. Arnaldo contou com a preciosa ajuda de Roberto Menescal, que, na época, era o diretor artístico da Polygram. Ele resolveu assumir a produção do trabalho. Arnaldo entrou no estúdio Eldorado, em São Paulo, no final de 1974, contando com a presença dos companheiros dos Mutantes, Dinho e Liminha (bateria e baixo). O trabalho foi realizado em 16 canais. O álbum tem músicas singulares, emocionantes, como "Será que eu vou virar bolor?" e "Desculpe". Essa última soa como uma despedida, de alguém buscando ardentemente sua glória. Segundo o jornalista e pesquisador Bento Araújo, o álbum vem definido como "um disco em que 'Arnaldo caminhou pela fina linha que divide o amor e o ódio, a genialidade e a loucura'"[783].

Junto desses dois álbuns citados, podem ainda ser destacados outros, como *Let It Bed*, produzido por John Ulhoa, com gravações realizadas em 2002, na casa de Arnaldo Baptista, em 2003, no Andar Estúdio de Belo Horizonte, e ainda uma canção gravada ao vivo, em fevereiro de 1981, no TUCA, em São Paulo. Dentre as canções, "Gurum Gudum", "L.S.D", "Bailarina", "Deve ser amor", "Cacilda" e outras. Há também os dois trabalhos realizados em parceria de Arnaldo Baptista com a Patrulha do Espaço: "Faremos uma noite excelente ao vivo", em 1978 e "Elo Perdido + Elo mais que perdido". Esse último trabalho, de 1996, é preciso com interpretações maravilhosas, como "Oh trem", "Corta Jaca", "Sentado ao lado da estrada" etc.

Em 2008, saiu o esplêndido documentário *Loki*, dirigido por Paulo Henrique Fontenelle e produção executiva de André Saddy, com fotografia de Marco Moreira. O documentário de 120 minutos ganhou reconhecimento, sendo escolhido como o melhor documentário do Festival de Cinema Brasileiro de Miami (júri oficial), bem como o melhor documentário do Festival do Rio, no voto popular. O estudo mais importante realizado sobre esse documentário é de autoria de Francisco Bosco e está no livro *E livre seja este infortúnio*, de 2010. Bosco relata com intensa sensibilidade todo o processo que envolveu a produção do documentário, que saiu em DVD. Ele discorre sobre as imagens que acompanham o trabalho, nas quais aparece o Arnaldo:

> [...] que não é aquele da primeira inocência dos anos 1960, tampouco aquele melancólico que atravessou os 70. Seu rosto adquire uma expressão permanente de inocência, mas uma inocência tardia, como que alheada, sem vitalidade.

---

[782] Chris Fuscaldo. **Discobiografia Mutante**, p. 165
[783] *Ibidem*, p. 169.

> Sua voz, seu jeito de falar, seus gestos, tudo nele se torna extremamente delicado[784].

A câmara passeia pela chácara em Juiz de Fora, onde ele vive com sua companheira Lucinha, com imagens belíssimas. As músicas presentes no documentário são simplesmente esplêndidas, tratadas com um merecido cuidado e esmero. Bosco nos remete a uma imagem "que se repete e vai ganhando extraordinária força conceitual. De dentro da chácara, Arnaldo olha para uma janela. Lá fora, uma árvore está parada, indecifrável, com seus verdes, quase colada a ela"[785]. Já ao final do documentário, em cena que Arnaldo, abraçado a Lucinha, fecha a janela, percebemos com clareza que ela:

> [...] é o ponto de passagem entre a realidade e o real. A casa, com seus objetos reconhecidos, sua humanidade, é o espaço da realidade; a árvore, natureza irredutível, intratável, é o real. É como se, ao ter deixado para trás a realidade, nos lisérgicos anos 1970, Arnaldo tivesse passado os anos seguintes sendo ameaçado, espreitado pelo real – sem entretanto poder alcançá-lo. A realidade é o que protege o real[786].

Há uma passagem sublime no documentário, quando Arnaldo, em sua singeleza de criança, relata que "muitas vezes o lado triste é mais comovente que o lado alegre, sorridente. Então, nesse sentido, a tristeza me coloriu". Alguém diz no documentário que Arnaldo representa "a arte em si". O grande maestro e arranjador, Rogério Duprat, também deixou seu testemunho em *Loki*: "Os Mutantes foram a coisa mais importante do tropicalismo. Ninguém conseguiu deixar isso claro. E o Arnaldo, eu sei bem disso, talvez nem todos saibam, mas eu sei bem disso, que a cabeça disso tudo, a cabeça dos Mutantes, era o Arnaldo Baptista. Ele é o responsável por quase tudo o que aconteceu no Brasil de 1967 pra frente".[787]

Para quem quer conhecer a música popular brasileira em toda a sua beleza e complexidade, não há como relativizar a força da presença dos Mutantes, de Arnaldo Baptista e Rita Lee. O trio paulista deixou para nós um selo de qualidade que enaltece o trabalho da música brasileira e nos apresenta uma faceta do rock nacional que não pode ser deixada de lado.

---

[784] Francisco Bosco. **E livre será esse infortúnio**, p. 140.
[785] *Ibidem*, p. 141.
[786] *Ibidem*, p. 141.
[787] As citações foram tiradas do documentário:

CANTO DE DOR E BELEZA: A ARTE DE SÍNEAD O'CONNOR

Nós, que trabalhamos com mística, somos, às vezes, tomados por experiências que nos tiram do eixo. É o que ocorreu comigo após a morte prematura dessa maravilhosa compositora e cantora irlandesa, Sinéad O'Connor, que fez sua travessia no dia 26 de julho de 2023, pouco mais de um ano após o triste episódio da morte de seu filho, Shane Lully, em janeiro de 2022, aos 17 anos.

Era uma cantora que já estava no meu radar há tempos. Eu a acompanhava de longe, mas sem tanta intensidade. Após sua passagem, fui envolvido por emoções impressionantes, que me levaram a aprofundar a sua vida e sua arte. O resultado foi um encantamento do qual não consegui me desvencilhar.

Comecei a me dedicar ao seu estudo, a ouvir os seus discos, a seguir o que havia na internet sobre ela, a ver os vídeos a respeito. Tudo só fez crescer minha grande admiração por sua criação, sua ousadia, seu profetismo e sua delicadeza. Pude agora entender as razões profundas que molduraram sua vida, fazendo-a uma artista tão singular e controvertida.

Dentre as cantoras que já ouvi, digo a vocês que Sinéad é a das que mais me impressionaram, pela sua potência de voz, conjugada com uma delicadeza que é exemplar. A porta de entrada que provocou esse choque pessoal foi rever o vídeo com a música que a fez conhecida universalmente: "Nothing Compares 2 U", de autoria de Prince. Foi o grande auge de sua presença no palco, revelando também toda a sua beleza.

Digo que não é só de beleza física que falo, e ela é mesmo linda, mas de uma beleza envolvente que provém de seu mundo interior machucado. No seu canto, ela combina, como ninguém, a alternância entre agudos impressionantes com sussurros inacreditáveis[788], criando uma harmonia que encanta. Recorre a uma técnica de inversão no uso do microfone: ela sempre se afasta dele quanto canta mais baixo, e dele se aproxima quando eleva sua voz. Ao contrário do que normalmente vemos.

Os temas de suas composições envolvem sempre amor, dores, religião e culpa. Sabemos, por sua biografia, que ela foi habitada por uma sensibilidade

---

[788] Podemos observar isso na impressionante interpretação das canções "Molly Malone" e "Peggy Gordon", que se encontram no álbum *Sean-Nós Nua* (2002).

frágil, de alguém vulnerável, que sofreu abusos violentos na infância e que traz a marca dessa dor em seu canto. Chegou a revelar, em certa ocasião, que era portadora de bipolaridade[789]. Sua tradicional rebeldia se manifestava também concretamente por suas atitudes: manter a cabeça raspada e usar roupas bem diversas do usual. Não suportava as pressões para se adaptar ao estilo convencional e às exigências para uma postura propiciadora do sucesso. Foi alguém que não deixou de gritar sua dor com o recurso de seu precioso canto e sua originalidade.

Numa entrevista, ela disse que "cantar é um pouco como atuar". Aquele que se expressa no canto acaba confundindo-se com a canção, deixando-se habitar por ela[790]. No caso de Sinéad, o canto lida com emoções difíceis e pesadas. Sua religiosidade, que é bem diversa da tradicional, tem algo que lembra a dinâmica mística sufi, para além das superfícies dogmáticas[791], embora guarde também ambiguidades e enigmas. Ela dizia que, desde jovem, sempre foi muito tocada pelo tema da religião, em seu sentido mais amplo. O grande mistério para ela era o Espírito Santo, que estava sempre no seu horizonte espiritual[792].

A cantora e compositora irlandesa, que nasceu em dezembro de 1966, na cidade de Glenageary, teve uma infância bem difícil, sobretudo a partir da separação dos pais, ocorrida em 1975, quando ela tinha 8 anos[793]. O seu pai, Sean O'Connor, foi engenheiro, formando-se também em advocacia. Sua mãe, Marie O'Connor, era uma mulher sarta, com grande paixão pela criatividade, mas tinha uma personalidade forte. Eles tiveram cinco filhos, sendo Sinéad a terceira. Os outros eram Joseph O'Connor, que se tornou escritor, além de Eimear, John e Eoin.

Na dura infância, Sinéad passou por reveses que delinearam sua personalidade, irradiando-se por toda a sua vida. Sua família era católica. Na adolescência difícil, estudou num colégio de freiras, que detestava. Não suportava viver ali um minuto sequer. Depois passou também por um repressivo

---

[789] Disponível em: https://aventurasnahistoria.uol.com.br/noticias/historia-hoje/sinead-oconnor-sofria-com-transtorno-bipolar-e-estresse-pos-traumatico.phtml

[790] No documentário *The Song of Hearts de Site*, que está como extra no extraordinário DVD *Sinead O'Connor. Goodnight, thank you you've been a lovely audience*. Live in Dublin, 2020.

[791] No folheto que acompanha o seu CD *Universal Mother* (1994), dedicado aos rezadores da Irlanda, há uma bela imagem de uma mulher em gesto rodopiante como o dos dervixes sufis.

[792] Documentário *The Song of Hearts de Site*, no DVD Live in Dublin, de 2020.

[793] Para um apanhado preciso sobre sua trajetória, aconselho o documentário de Kathryn Ferguson, *Nothing Compares*, de 2022, bem como o livro de sua autobiografia, de 320 páginas, *Remembranzas: Escenas de una vida complicada*, publicado em junho de 2021, pela editora Libros del Kultrum.

internato, que lidava com a recuperação de delinquentes juvenis, isso em razão de uma experiência de furto em que esteve envolvida. Sofreu ainda abusos na infância, que a marcaram para sempre. Em tempos mais recentes, tentou o suicídio após o fracasso de seu último casamento[794].

Sinéad se casou quatro vezes. A experiência mais duradoura foi com o produtor musical e baterista, John Reynolds, com quem se uniu em 1987, permanecendo com ele até 1991. Os dois tiveram um filho, Jack Reynolds, nascido em 1987[795]. Casou-se depois com o jornalista Nicholas Sommerlam, com quem ficou entre 2001 e 2004; em seguida, com Esteve Cooney, em 2010, num casamento que durou apenas oito meses – ele era músico e produtor, dedicado às canções tradicionais irlandesas (Irish Music); por fim, com o psiquiatra e terapeuta Barry Herridge, com quem ficou casada apenas 16 dias, em 2011[796]. Anteriormente, no ano de 2000, aos 33 anos de idade, revelara a uma revista americana, *Curve*, que era lésbica[797]. A revelação coincidiu com o lançamento de seu álbum *Faith and Courage*.

A cantora irlandesa teve quatro filhos e apenas um do primeiro casamento, que foi Jack. Os demais filhos nasceram de outras relações: Roisin (da união com o jornalista irlandês John Waters – nascida em março de 1996), Yeshua (nascido em 2006, da união com o empresário americano, Frank Bonadio). De sua relação com o músico e produtor irlandês, Donal Lunny, nasceu Shane, em 2004, que, aos 17 anos, em janeiro de 2022, colocou um ponto final em sua vida com suicídio, em meio a um processo de tratamento de depressão[798]. Foi um golpe fatal na vida de Sinéad O'Connor. Após o ocorrido, numa sequência de postagens, a cantora compartilhou nas redes sociais uma música de Bob Marley, que dedicou ao filho, a quem nomeava como o "bebê de olhos azuis" e a "luz da minha vida". Tomada por uma dor ininterrupta, a cantora faleceu 16 meses depois da morte do filho, em 26 de julho de 2023, aos 56 anos.

Sinéad O'Connor teve uma passagem "turbulenta" pelo campo religioso. Desde muito cedo, manifestou sensibilidade para o tema, com um traço espiritual que a acompanhou durante toda a sua vida. Foi muito crítica à Igreja

---

[794] Disponível em: https://www.estadao.com.br/cultura/musica/sinead-oconnor-tenta-suicidio-e-pede-ajuda-no-twitter/

[795] Foi quem possibilitou à Sinéad realizar seu sonho de ser avó, em julho de 2015.

[796] Disponível em: https://oglobo.globo.com/ela/gente/noticia/2023/07/27/sinead-oconnor-casamento-com-barry-herridge-durou-16-dias-e-terminou-por-causa-da-maconha.ghtml

[797] Disponível em: https://www.estadao.com.br/cultura/musica/sinead-oconnor-declara-se-lesbica/

[798] Sinéad optou por fazer um funeral hindu para o seu filho, dado o apreço que ele tinha à tal tradição.

Católica, em razão da complacência da Igreja com os abusos sexuais cometidos pelo clero com as crianças e os jovens na Irlanda. Ela mesma reconheceu ter sofrido tais abusos. Mais tarde, com uma atitude que causou perplexidade em muitos, foi ordenada sacerdotisa pelo líder da Igreja Tridentina Latina, o bispo excomungado Michael Cox. Posteriormente, em outubro de 2018, anunciou sua conversão ao Islã, adotando o nome de Shuhada'Davitt. Na vida artística, porém, manteve seu nome de nascimento.

Ao longo de sua carreira, Sinéad O'Connor gravou 10 discos em estúdio: *Lion and the Cobra* (1987), dedicado à sua mãe; *I Do Not Want What I Haven't Got* (1990); *Am I Not Your Girl?* (1992); *Universal Mother* (1994); *Faith and Courage* (2000); *Sean-Nós Nua* (2002); *Throw Down Your Arms* (2005); *Theology* (2007); *How About I Be Me (And You Be You?)* (2012); *I'm Not Bossy, I'm The Boss* (2014)[799]. Além desses álbuns, houve compilações, como as de 1997, 2003 e 2005[800]. A cantora irlandesa estava trabalhando num novo álbum de inéditas, bem como se preparando para uma turnê que incluiria a Oceania, a Europa e os Estados Unidos. A ideia era lançar o trabalho 10 anos depois de seu último álbum, que foi em 2014. A morte interrompeu seus planos.[801]

Ao me dedicar a ouvir com cuidado suas canções, minha reação é de grande emoção e atenção silenciosa. São maravilhosos os seus dois primeiros trabalhos: *Lion and the Cobra* (1987) e *I Do Not Want What i Haven't Got* (1990). O primeiro alcançou um grande sucesso em âmbito internacional, mas foi com o segundo álbum, de 1990, que a irradiação aconteceu de forma extraordinária, tendo a gravadora vendido mais de 7 milhões de cópias em todo o mundo. No álbum, estava presente a canção de Prince, que consagrou a cantora: "Nothing Compares 2 U", que foi considerada a número 1 do mundo, em 1990, pelo Billboard Music Awards. O vídeo com a canção rodou o mundo, com o foco concentrado no lindo rosto da cantora irlandesa[802].

O título do primeiro trabalho relaciona-se com uma passagem do Salmo 91: "Poderás caminhar sobre o leão e a víbora, pisarás o leãozinho e o dragão" (Sl 91, 13). Ali já percebemos a singularidade de uma intérprete peculiar, que harmoniza melancolia e revolta.

---

[799] Para a minha análise, foi de grande utilidade este trabalho de Renan Guerra, publicado em 08/07/2014: http://screamyell.com.br/site/2014/07/08/discografia-comentada-sinead-oconnor/

[800] *So Far... The Best of Sinéad O'Connor* (1997), *She Who Dwells in the Secret Place of the Most Shall Abide Under the Shadow of the Almighty* (2003), *Collaborations* (2005), dentre outras.

[801] Disponível em: https://www.otempo.com.br/entretenimento/sinead-o-connor-anunciou-que-lancaria-novo-album-semanas-antes-de-morrer-1.3094283

[802] Disponível em: https://www.youtube.com/watch?v=0-EF60neguk

A força expressiva da cantora e seu grito de protesto percorrem as letras desse primeiro trabalho, como na canção "Mandinka":

Não conheço nenhuma vergonha, não sinto nenhuma dor
Não consigo
Não conheço nenhuma vergonha, não sinto nenhuma dor
Não consigo ver a chama
Mas conheço os mandinka[803].

E em outra canção, "Just Like U Said It Would be":

Vou andar no jardim
E sentir a religião interna
Eu vou aprender a correr com os meninos grandes
Eu vou aprender a mergulhar e nadar.

Estamos diante do grito de alguém que aspira por uma atmosfera diversa, como na letra de Troy:

Você se erguerá
Você retornará
A fênix vinda da chama
Você aprenderá
Você se erguerá
Você retornará
Por você ser o que é
Não há outra Troia
Para você queimar.

O trabalho vem envolvido por dinâmica de um misticismo pontuado por fragores de *new age*. Percebemos, igualmente, o interesse da cantora pelos

---

[803] Já podemos observar, nessa canção, o grito em favor da recuperação da dignidade das pessoas e o desejo de liberdade, que vai ser um grande mote na vida da cantora.

temas da música pop e das canções celtas. O passado da música tradicional irlandesa já se anuncia vivo.

No segundo álbum, ela alcança o auge de interpretação na canção de Prince, "Nothing Compares 2 U", que ela faz vibrar pensando em sua mãe, com quem teve um relacionamento difícil na infância:

> Todas as flores que você plantou, mamãe, no quintal
> Todas morreram quando você se foi, oh oh oh
> Eu sei que viver com você, baby, foi duro às vezes
> Mas estou disposta a fazer outra tentativa
> Nada se compara, nada se compara a você.

Com sua mãe sempre presente, Sinéad relata as dificuldades de seu caminho, mas também o empenho na busca da liberdade e da felicidade, como na letra da canção "I Do Not Want What I Haven't Got":

> Estou caminhando através do deserto
> E não tenho medo, embora esteja quente
> Tenho tudo o que pedi
> E não quero o que não tenho
>
> Aprendi isso com a minha mãe
> Veja como ela me fez feliz
> Pegarei esta estrada mais além
> Apesar de não saber aonde ela me leva
>
> Tenho água para minha jornada
> Tenho pão e tenho vinho
> Não terei mais fome
> Pois o pão da vida é meu.

No terceiro álbum, *Am I Not Your Girl?*, de 1992, há a presença de covers clássicos, incluindo "Gloomy Sunday" (uma música irlandesa que aborda o tema do suicídio), "Don't Cry for Me Argentina", bem como a versão inglesa da canção brasileira de Tom Jobim e Vinícius de Morais, "How Insensitive" (Insensatez). É o disco que, segundo a cantora, traz canções que ela cresceu ouvindo.

O ano de 1992 foi capital na vida da cantora, quando polêmicas severas envolveram a sua vida, com repercussões no seu trabalho. Foi o ano em que aconteceu uma tensão com a Igreja Católica, quando, num popular programa de televisão americana, após cantar uma música de Bob Marley ("War"), ela rasgou uma foto do papa João Paulo II. Foi a forma que encontrou para denunciar o silêncio da Igreja Católica com respeito ao abuso sexual do clero contra as crianças inocentes.

Movida por profunda revolta, ela sublinhou que o "verdadeiro inimigo" era outro. Manifestava, com sua ira, uma reação de algo que ela mesma tinha sofrido na infância. Vale registrar que, um tempo depois, já no pontificado de Bento XVI, ocorreu a primeira autocrítica da Igreja Católica contra a pedofilia exercida pelo clero. Falo aqui da carta de Bento XVI aos católicos da Irlanda, de 19 de março de 2010, quando, pela primeira vez na história, um papa pede publicamente perdão pelos abusos sexuais praticados por muito tempo, sem qualquer reconhecimento[804].

Após aquele ano crítico, de 1992, a cantora lançou outros trabalhos: *Universal Mother* (1994), seu quarto disco de estúdio, recebido de forma amena. No álbum, algumas belas canções de ninar, demonstrando um momento de felicidade. Um destaque particular para a versão de "My Darling Child", de Kurt Cobain, que tinha tirado a vida um pouco antes do lançamento desse disco de Sinéad; e "Faith and Courage" (2000), quando captamos a presença de um influxo Rastafari. Em sua vida, estava ocorrendo uma passagem para um momento de maior influência da vertente experimental e religiosa.

Um dos mais belos álbuns de Sinéad O'Connor, a meu ver, é o seu sexto CD (*Sean-Nós Nua*), de 2002. Aqui encontramos um trabalho de marca bem pessoal e foco regional, em que a cantora recupera lindas canções tradicionais irlandesas, de "uma Irlanda medieval, daquelas dos filmes e dos clássicos da literatura". Talvez seja o seu álbum mais fortemente marcado pelo influxo *new age*.

---

[804] Marco Politi. *Joseph* **Ratzinger, crisi di un papato.** Roma-Bari: Laterza, 2011, p. 219-220.

Há canções de uma delicadeza singular, como "Peggy Gordon", que traz, em sua letra, reverberações de uma linda visão de amor, que nos faz lembrar os poemas sufis:

> Eu queria estar em algum vale solitário
> Onde as mulheres não pudessem ser encontradas
> Onde os passarinhos cantassem sobre os galhos
> E em cada momento um som diferente.

Ou, ainda, "The Singing Bird":

> Se eu pudesse atrair meu pássaro canoro
> De seu próprio ninho aconchegante
> Se eu pudesse pegar o meu pássaro cantor
> Eu o aqueceria no meu peito.
> Pois não há pássaro que cante tão doce.

São passagens de um lirismo único, como igualmente na canção "The Moorlough Shore":

> Onde a prímula sopra e a violeta floresce
> Onde a truta e o salmão brincam
> Com minha linha e anzol, senti prazer
> em viver meus dias de juventude.

Sublinho um momento forte do trabalho, que é o dueto que a cantora faz com Christy Moore, tradicional cantor folk. Trata-se da longa balada, de 11 minutos, intitulada "Peggy Gordon", em que se relata a força de um amor puro que atravessa as escadas com uma energia interior que é única, e tudo para alcançar o amor:

> E então Lord Baker correu para sua amada
> e de vinte e um degraus, ele fez apenas três

> E com seus braços envolveu a filha da Turquia
> e beijou seu amor verdadeiro com maior carinho.

Sinéad O'Connor, no folheto interno que acompanha o CD, fala entusiasmada sobre o significado desse disco tão especial, que traz, lá de trás da tradição irlandesa, as palavras mais nobres do amor:

> Muitas das músicas deste disco são histórias de amor duradouro e incondicional, amor que não pode ser apagado por fogueiras ou enchentes. Elas são dores maravilhosamente nascidas de pessoas reais, que realmente existiram. Ensinam que a dor pode se transformar em algo positivo e belo quando é cantada, e assim a dor pode ser curada cantando, pois as canções são mágicas [...]. Considero todas essas canções orações mágicas e, portanto, de maneira nenhuma tristes.

Nesse sexto álbum, no qual me detive mais longamente, destaco, em particular, a fantástica banda que acompanhou a cantora nas gravações, com destaque para o baixista Bernard O'Neil, o guitarrista Dónal Lunny, o flautista Rob O Geibheannaigh, também com presença no piano e banjo, e da encantadora Sharon Shannon no acordeão.

Outros trabalhos se sucederão, como *Throw Down Yor Arms*, de 2005, um álbum de estúdio gravado na Jamaica, de forte presença reggae, com um contagiante ritmo. Na sequência, o álbum duplo *Theology*, de 2007, o trabalho mais religioso da compositora irlandesa, com destaque a canção "We People Who Are Darker Than Blue".

Em trabalho produzido pelo ex-marido, John Reynolds, Sinéad volta aos estúdios para gravar o álbum *How About I Be Me (And You Be You?)*, em 2012. Há, nesse trabalho, o retorno a um aroma presente nos primeiros tempos da cantora, que convoca para trabalhar nele alguns dos mesmos artistas que trabalharam naquele início. É uma busca de reconexão da cantora com o seu passado. Como disse um autor em resenha, trata-se de um álbum "quase vulnerável, de religiosidade frágil e pronta pra remexer feridas, seja abuso de remédios, problemas familiares e profissionais e os abusos sexuais que perpassam o universo da irlandesa"[805].

---

[805] Renan Guerra. **Discografia comentada**: todos os discos de Sinéad O'Connor. Scream & Yell, 08 jul. 2014: Disponível em: http://screamyell.com.br/site/2014/07/08/discografia-comentada-sinead-oconnor/. Acesso em 11 jul. 2024.

No último álbum, *I'm Not Bossy, I'm The Boss*, de 2014, a cantora se apresenta com uma nova aparência, com destaque para os cabelos. O trabalho se mantém em linha de continuidade com o anterior, ainda sob os cuidados de John Reynolds[806], que busca realçar a presença de uma cantora mais sintonizada com aquela dos anos 1990, envolvida pelo pop e pelas guitarras.

Além dos diversos álbuns aqui comentados brevemente, aconselho também o DVD *Live in Dublin*, de 2002, com um excepcional documentário envolvendo as gravações do sexto álbum da cantora. Há, ainda, um recente documentário, muito rico, sobre a trajetória da compositora e cantora, de autoria de Kathryn Ferguson, cujo título é *Nothing Compares* (2022). Ele ainda está inédito no Brasil, e seu propósito é acompanhar detalhadamente a complexa trajetória da artista, desde seus 23 anos de idade.

Concluindo, por toda a riqueza que acompanha essa nebulosa e enigmática trajetória de Sinéad O'Connor, independentemente das avaliações que se sucederão, creio que vale muito a pena debruçar-se sobre as melodias que acompanham os diversos álbuns e DVDs dessa cantora e compositora tão especial e singular. Será uma oportunidade única de apreciar uma das mais impressionantes vozes femininas que eu pude conhecer nas minhas audições musicais, bem como crescer espiritualmente banhado pelas cores.

---

[806] Que já a acompanhava desde o primeiro álbum, como um dos músicos, na bateria.